Handbuch Trinkwasservorschriften

Alle relevanten DIN-Normen und gesetzlichen Vorschriften praktisch kommentiert zur Hand

6. überarbeitete und geprüfte Auflage

Autoren:

Dr. Marc von Essen
Bastian Horst
Michael Magiera
Maximilian Mertens
Jana-Maria Seiferth

FORUM

WISSEN,
DAS ANKOMMT.

Bibliografische Information der Deutschen Bibliothek

Die Deutsche Bibliothek verzeichnet diese Publikation in der Deutschen Nationalbibliografie; detaillierte bibliografische Daten sind im Internet über http://dnb.dnb.de abrufbar.

Mandichostraße 18
86504 Merching

Telefon: +49 (0)8233 381-123
Fax: +49 (0)8233 381-222
E-Mail: service@forum-verlag.com
Internet: www.forum-verlag.com

Hinweis: Aus Gründen der besseren Lesbarkeit und Einfachheit wird in den folgenden Texten meist die männliche Form verwendet. Die verwendeten Bezeichnungen sind als geschlechtsneutral bzw. als Oberbegriffe zu interpretieren und gelten gleichermaßen für alle Geschlechter.

Titelfoto/-illustration: © winston – stock.adobe.com
Satz: Reemers Publishing Services GmbH, 47799 Krefeld
Druck: Druckerei Joh. Walch GmbH&Co. KG
Printed in Germany

ISBN 978-3-98875-224-6 (Print-Ausgabe)
ISBN 978-3-98875-225-3 (Kombi-Ausgabe)
ISBN 978-3-98875-226-0 (Premiun-Ausgabe)
ISBN 978-3-98875-227-7 (E-Book)

Vorwort

Wasser ist unser wichtigstes Lebensmittel. Für unser Leben ist es unentbehrlich. Mit großer Selbstverständlichkeit nutzen wir es täglich. Im Februar 2025 ist der turnusmäßige Bericht des Bundesministeriums für Gesundheit über die Qualität des Wassers für den menschlichen Gebrauch in Deutschland veröffentlicht worden. Für die Jahre von 2020 bis 2022 ist dem Trinkwasser wieder eine sehr gute Qualität bescheinigt worden. Bei über 99,9 % der untersuchten Proben wurden die Grenzwerte für die meisten mikrobiologischen und chemischen Qualitätsparameter eingehalten.

Das ist aber alles nicht selbstverständlich. Dass dieses Niveau über Jahre gehalten werden konnte, ist vielen Fachkräften zu verdanken, die im Bereich der Wasserversorgung an unterschiedlichen Stellen tätig sind, sei es in der Planung, Installation, Bedienung und Überwachung von Anlagen, in Behörden oder wissenschaftlichen Einrichtungen.

Die Herausforderungen sind in den letzten Jahren größer geworden. Neue Schadstoffe, neue chemische Verbindungen, neue Materialien haben ihren Weg in die Umwelt gefunden und leider so auch in den Kreislauf des Wassers. Vor den gesundheitlichen Folgen müssen insbesondere kleine Kinder, Menschen mit Immunschwäche, aber auch Ältere geschützt werden. Besonders schwierig wird es, wenn es sich bei den Schadstoffen um sog. „Ewigkeitschemikalien“ mit extremer Stabilität und Beständigkeit handelt, die sich in der Natur nicht auf natürlichem Weg abbauen und so in der Natur anreichern wie PFAS, TFA und Bisphenol A.

Und mit den neuen Herausforderungen haben sich auch neue Regelungen und Anpassungen bestehender erforderlich gemacht. Wie schwer Entwicklungen rückgängig zu machen sind, ist am Werkstoff Blei zu beobachten. 2026 sollen fast alle Bleileitungen aus Trinkwasserinstallationen endlich verschwunden sein. Aber sie verschwinden nicht von selbst, sondern müssen aufwändig entfernt werden. Dieses Schicksal teilen sie mit vielen Schadstoffen. Wenn diese erst einmal in den Wasserkreislauf gelangt sind, sträuben sie sich Abschied aus dem Wasser zu nehmen. Schadstoffminimierung ist deshalb ein Gebot der Stunde. Was nicht ins Wasser gelangt, muss auch nicht aus ihm entfernt werden, um den Schaden für Mensch und Umwelt zu minimieren. Auch der Aufwand für die Trinkwasseraufbereitung muss dann nicht weiter ansteigen.

Um die vielen Abhängigkeiten im Bereich der Wasserversorgung beherrschen zu können, ist ein umfangreiches Regelwerk in den letzten Jahren entstanden, an dessen Aktualisierung ständig gearbeitet wird. Die wichtigsten Regeln zur Erfüllung der Anforderungen in Bezug auf Planung, Errichtung und Betrieb von Trinkwasserinstallationen in Gebäuden haben Verbände, in denen Unternehmen, die im Bereich der Wasserversorgung tätig sind, zusammengestellt.

Auf wichtige Gesetze, Normen und Empfehlungen wird in diesem Handbuch eingegangen. Nicht jedes Detail kann dabei ausführlich behandelt werden. Der Überblick soll helfen, an anderer Stelle auf detaillierte Informationen zugreifen zu können. Deshalb sind im Text immer wieder Verweise auf Paragrafen, Artikel und Absätze in Gesetzen und Normen zu finden.

Auch denjenigen, die nicht als Akteure in der Wasserversorgung tätig sind, sondern deren Arbeit nur aus der Sicht der Verbraucher kennen, soll damit ermöglicht werden, die vielen Abhängigkeiten, mit denen sich Wasserversorger herumschlagen müssen, besser zu verstehen. Vielleicht können die folgenden Seiten eine Antwort auf die eine oder andere Ihrer Fragen geben.

Viel Spaß bei Lesen wünscht Ihnen

Jana-Maria Seiferth
und die FORUM VERLAG HERKERT GMBH

Autorenverzeichnis

Dr. Marc von Essen

Als ausgebildeter Chemielaborant verfügt Dr. Marc von Essen über 20 Jahre internationale Laborerfahrung, in der er die Wasserchemie von der Pike auf erlernte. Ursprünglich galt sein Interesse dem industriellen Abwasser, doch bereits während des Studiums folgten bei Tätigkeiten an renommierten Forschungsinstituten bald Untersuchungen von Flüssen und Meeren. Die Promotion über die chemischen Faktoren zur Ausbreitung des Choleraerregers im indischen Ganges bildete den Brückenschlag zwischen Fluss-, See-, Trink- und Abwasser.

So ist es ihm ein besonderes Anliegen, jedem Menschen sauberes, genießbares Trinkwasser zugänglich zu machen. Aus dem Engagement im Bereich des Trinkwassers entstand die Verbindung zur Lebensmittelanalytik, da auch hier Wasser mit verschiedensten Verwendungszwecken eine integrale Rolle spielt. Als Lehrbeauftragter an der Technischen Universität München (TUM) gibt er dieses Wissen an Studierende weiter. Hauptberuflich ist er für eine weltweit führende, europäische Laborgruppe tätig und unterstützt als ausgewiesener Experte für Sicherheit sowie umwelt- und lebensmittelanalytische Themen verschiedene Werke der FORUM VERLAG HERKERT GMBH als Stammautor.

Bastian Horst

Bastian Horst ist ausgewiesener Experte in dem Bereich Trinkwasser-Hygiene. Als technischer Kaufmann und technischer Sachverständiger verfügt er über einen Erfahrungsschatz von mehr als zwölf Jahren intensiver Arbeit mit der Thematik Trinkwasser, Betriebs- und Anlagentechnik.

Als Hauptgeschäftsführer der KEBOS GROUP leitet er seit mehreren Jahren erfolgreich die Bereiche Wasser- und Lufthygiene. Seine Schwerpunkte liegen in der Produktentwicklung, dem technischen Vertrieb und der Geschäftsfeldentwicklung. In der Wohnungswirtschaft ist Herr Horst als anerkannter Referent für die Thematik Verkehrssicherungspflicht Trinkwasser bekannt.

Die KEBOS GROUP ist ein Spezialdienstleister im Bereich Luft- und Trinkwasserhygiene, der für seine Kunden als bundesweiter Ansprechpartner zur Verfügung steht. Der Fokus des Angebots liegt dabei auf Dienstleistungen zur Luft- und Trinkwasserhygiene, die Kunden des Unternehmens sind seit Jahren Unternehmen aus der Wohnungswirtschaft, dem Gesundheitswesen und der Industrie. Das Unternehmen hat ein transparentes und umfangreiches Dienstleistungsportfolio, angefangen bei der Beprobung über Laboranalytik bis hin zur technischen Beratung.

Das Dienstleistungsangebot erklärt sich dabei als Quintessenz aus den spezifischen gesetzlichen Vorgaben und Regularien einerseits und den Bedürfnissen der jeweiligen Kundenklientel andererseits. Dank seiner im Bereich der Hygiene und Mikrobiologie breit gefächerten Aufstellung und seiner in allen Bereichen laufend qualifizierten Mitarbeiter, ist das Unternehmen zu jeder Zeit in der Lage, sich auf die Anfragen unterschiedlichster Kunden flexibel einstellen zu können.

Das komplette Team unter Leitung von Bastian Horst steht seinen Kunden dabei als Partner zur Seite.

Michael Magiera

Michael Magiera ist geschäftsführender Gesellschafter und Gründer der DIWA – Institut für Wasseranalytik GmbH (DIWA Gruppe). Die DIWA Gruppe war 2011/2012 der „First Mover“ im Bereich der rechtskonformen Abwicklung aller erforderlichen Einzelleistungen der Trinkwasserverordnung und ist bundesweit an mehreren Standorten tätig. Neben seiner langjährigen Erfahrung in der Immobilienwirtschaft vertritt er heute als anerkannter Experte die DIWA Gruppe in zahlreichen Verbänden des Immobilien-und Trinkwasserfachs. Michael Magiera ist darüber hinaus nach DIN EN ISO / IEC 17024 zertifizierter Sachverständiger für Trinkwasserhygiene und Desinfektion.

Maximilian Mertens

Maximilian Mertens lernte bereits nach dem Abitur als einer der ersten Mitarbeiter die DIWA kennen, die 2011 als Dienstleister mit Spezialisierung auf die Umsetzung der Trinkwasserverordnung (TrinkwV) gegründet wurde.

Neben seinem Studium baute er partnerschaftlich mit Michael Magiera das Unternehmen auf, in welchem er auch kaufmännisch ausgebildet wurde, und führte über viele Jahre als Prokurist und seit 2021 als Geschäftsführer (COO) erfolgreich das bundesweite operative Tagesgeschäft, durch das er für das exponenzielle Unternehmenswachstum der DIWA Gruppe verantwortlich zeichnet.

Durch die fokussierte Beschäftigung mit allen Facetten der TrinkwV in den vergangenen neun Jahren vertritt er als praxisnaher Experte die DIWA Gruppe in diversen Fachverbänden und Organisationen des Trinkwasserfachs.

Darüber hinaus ist Herr Mertens seit 2021 Mitglied des Ausschusses für Umwelt und Energie des DIHK sowie Mitglied der Vollversammlung der IHK für München und Oberbayern.

Jana-Maria Seiferth LL.M. & Dipl.-Kffr. (FH)

Seit 2010 ist Jana-Maria Seiferth selbständig u. a. als langjährige Beraterin bei bundesweiten Transfergesellschaften, als Consultant und Dozentin für unterschiedliche Auftraggeber der Privatwirtschaft und öffentliche Einrichtungen.

Sie ist Autorin zahlreicher Veröffentlichungen im Arbeitsrecht, Rentenrecht, Umweltrecht sowie zur Betriebssicherheit. Sie verfügt über Studien der Betriebswirtschaft, Rechtswissenschaften und Umweltwissenschaften.

Zudem hat sie diverse Qualifikationen in den Bereichen Rente, Umwelt-, Arbeitssicherheits- und Qualitätsmanagementbeauftragung sowie als Auditorin für Umwelt- und Qualitätsmanagementsysteme.

Inhaltsverzeichnis

DIN-/Vorschriften-Verzeichnis

Aufgelistet nach Kapiteln

Kapitel	DIN-Vorschrift
► Kap. 1.2 Anwendungsbereich	DIN EN 1717
► Kap. 1.3 Begriffs-bestimmungen	DIN 2001-2
	VDI/BTGA/ZVHSK 6023 Blatt 2
► Kap. 1.4 Pflichten des Unternehmers und Betreibers	DIN EN 1717
► Kap. 1.5 Rechtliche Umsetzung	Verbändeinformation mit Umsetzungshinweisen vom 17.07.2024
	DIN EN ISO 19458
	DIN EN 10204:2005
	DIN EN ISO 228-1

Kapitel	DIN-Vorschrift
► Kap. 2.1 Technische Regeln	DIN EN 806-1
	DIN EN 806-2
	DIN EN 806-3
	DIN EN 806-4
	DIN EN 806-5

Kapitel	DIN-Vorschrift
► Kap. 2.2 Schutz vor Verunreinigungen	DIN EN 1717
	DIN EN 13434
	DIN EN 13077
► Kap. 2.3 Ergänzungsnormen zu Technischen Regeln	DIN 1988
	DIN 1988-100
	DIN 1988-200
	DIN 1988-300
	DIN 1988-500
	DIN 1988-600
	DIN EN 1717
	DIN EN 806
	DIN EN 806-2
	DIN EN 806-3
	DIN 14462
	Ergänzungsnormen zu Technischen Regeln
► Kap. 2.4 Armaturen in Grundstücken und in Gebäuden	DIN 3266
	DIN EN 13828
► Kap. 2.5 Hygiene in Trinkwasser-Installationen	VDI 6023 Blatt 1

Kapitel	DIN-Vorschrift
▶ Kap. 2.6 Wassereffizienz in Trinkwasser-Installationen	VDI 6024
▶ Kap. 2.7 Gefährdungsanalyse	DIN 1988
	DIN EN 808
	DIN EN 1717
	VDI 3810
	VDI 6023 Blatt 1
	VDI/BTGA/ZVSHK 6023 Blatt 2
	DVGW W 551
▶ Kap. 2.8 Betrieb und Instandhaltung	VDI 3810 Blatt 2
	VDI 6023
	VDI 6023 Blatt 3
	DIN EN 1717
	DIN 806-5
	DVGW W 551
	DIN 1988
▶ Kap. 2.9 Reinigung und Desinfektion von Trinkwasser-Installationen	DVGW W 551

Kapitel	DIN-Vorschrift
► Kap. 2.10 Probenahmearmaturen in der Trinkwasser-Installation – Anforderungen und Prüfungen	DIN 35860
	DIN EN ISO 19458
	DIN EN 10204:2005
	DIN EN ISO 228-1

Kapitel	DIN-Vorschrift
► Kap. 3.1 Abweichungen von Anforderungen aus der TrinkwV	DVGW W 1020
► Kap. 3.2 Neue Werkstoffe und Herausforderungen an die Wasserqualität	DIN EN 901
► Kap. 3.3 Wasserbeschaffenheit	DIN EN 13623
	DIN EN ISO 11731
	DIN EN ISO 19458
	DIN EN ISO/IEC 17025
	DVGW W 551
	VDI 2047 Blatt 2
► Kap. 3.4 Anleitungen für das Benchmarking in der Trinkwasserversorgung und Abwasserbeseitigung	DIN ISO 24523

Kapitel	DIN-Vorschrift
► Kap. 3.5 Trinkwasser-erwärmungs- und Trinkwasser-leitungsanlagen; Maßnahmen zur Verminderung des Legionellenwachstums	DVGW W 551
► Kap. 3.6 Einfluss von Materialien auf Trinkwasser	DIN EN 12873-2

Kapitel	DIN-Vorschrift
► Kap. 4.1 Qualifikations-anforderungen an Fachunternehmen	DIN 1045 2-4
	DIN 1504 1-10
	DIN 31051
	DIN EN ISO 9001
	DVGW W 316
	DVS 2212-1
	DVS 2212-3

Kapitel	DIN-Vorschrift
► Kap. 4.2 Zentrale Trinkwasserversorgung	DIN 2000
	DVGW W 101
	DVGW W 102
	DVGW W 123
	DVGW W 125
	DVGW W 127
	DVGW W 202
	DVGW W 300-1
	DVGW W 400-1
► Kap. 4.3 Trinkwasserversorgung aus Kleinanlagen	DIN 2001-1
	DIN 2001-2
	DIN 2001-3
	DIN EN 1717
	DVGW W 127
	DVGW W 270
	DVGW W 1210-1

Kapitel	DIN-Vorschrift
► Kap. 4.4 Trinkwassererwärmer, Trinkwassererwärmungsanlagen und Speicher-Trinkwassererwärmer	DIN 4753-1
	DIN 4753-3
	DIN 4753-7
	DIN EN 12897
► Kap. 4.5 Thermostatische Mischer	DIN EN 200
	DIN EN 1111
	DIN EN 1112
	DIN EN 1717
	DIN EN 13618
	DIN EN 13959
	DIN EN 14506
	DIN EN 16145
	DIN EN ISO 3822
► Kap. 4.6 Korrosionsschutz	DIN EN 12502-1
	DIN EN 12502-2
	DIN EN 12502-3
	DIN EN 12502-4
	DIN EN 12502-5
► Kap. 4.7 Anlagen zur Behandlung von Trinkwasser	DIN EN 15161

1 Trinkwasserverordnung

1.1 Ziel der Verordnung

„Zweck der Verordnung ist es, die menschliche Gesundheit vor den nachteiligen Einflüssen, die sich aus der Verunreinigung von Wasser ergeben, das für den menschlichen Gebrauch bestimmt ist, durch Gewährleistung seiner Genusstauglichkeit und Reinheit nach Maßgabe der folgenden Vorschriften zu schützen.

[...]"

Die deutsche Trinkwasserverordnung, kurz „TrinkwV" genannt, ist die hierzulande wichtigste direkt anwendbare Rechtsnorm für Wasser zum menschlichen Gebrauch. Im Vollzitat wird sie als „Trinkwasserverordnung vom 20. Juni 2023 (BGBl. 2023 I Nr. 159)" bezeichnet.

Die Trinkwasserverordnung konkretisiert die Maßgaben nationaler Gesetze und dient somit auch unmittelbar der Umsetzung verschiedener europäischer Richtlinien.[1] Auf nationaler Ebene sind insbesondere die nachfolgenden beiden Gesetze maßgeblich:

- der § 38 Abs. 1 des Infektionsschutzgesetzes vom 20.07.2000 (BGBl. I S. 1045), das zuletzt durch Artikel 2 des Gesetzes vom 17. Juli 2023 (BGBl. 2023 I Nr. 190) geändert worden ist, sowie

[1] Vgl. Kapitel **1.5 Rechtliche Einordnung**

- der § 14 Abs. 2 Nr. 1 des Lebensmittel- und Futtermittelgesetzbuchs in der Fassung der Bekanntmachung vom 15. September 2021 (BGBl. I S. 4253; 2022 I S. 28), das zuletzt durch Artikel 2 Absatz 6 des Gesetzes vom 20. Dezember 2022 (BGBl. I S. 2752) geändert worden ist.

Diese Rechtsakte sind eingebettet in den Kanon der EU-Richtlinien, die explizit in der TrinkwV zitiert sind. Die TrinkwV dient hier mittels Nennung konkreter Maßnahmen, Grenzwerte und Umsetzungszeiträumen etc. der nationalen Umsetzung der Richtlinien.

- Richtlinie (EU) 2020/2184 des Europäischen Parlaments und des Rates vom 16. Dezember 2020 über die Qualität von Wasser für den menschlichen Gebrauch
- Richtlinie 2013/51/EURATOM des Rates vom 22.10. 2013 zur Festlegung von Anforderungen an den Schutz der Gesundheit der Bevölkerung hinsichtlich radioaktiver Stoffe in Wasser für den menschlichen Gebrauch (ABl. L 296 vom 07.11.2013, S. 12).

Bei Gesetzgeber und anderen normgestaltenden Institutionen mahlen die Mühlen bekanntlich langsam. Verschiedenste Parteien bzw. sog. Stakeholder müssen gehört werden und im Expertendialog bestumsetzbare Konsens-Lösungen erarbeiten. Dies gilt auf nationaler Ebene genauso wie auch auf europäischer oder föderaler Ebene. Für den interessierten juristischen Laien ist es daher manchmal herausfordernd, auf dem aktuellen Stand zu bleiben. Durch den im Jahr 2018 in Kraft getretenen Wegfall der Jahreszahl 2001 als Zusatz bei der TrinkwV sollte die Aktualität der Verordnung leichter zu erkennen sein. Diese ist nur eindeutig festzustellen, indem die letzte verwendete Fassung mit Erscheinungsdatum zitiert wird.

Wichtige Änderungen

Am 31.03.2023 hat der Bundesrat der vierten Änderung der TrinkwV zugestimmt, die am 24.06.2023 in Kraft getreten ist. Neben der strukturellen Neuordnung in 72 Paragrafen und korrespondierende Anhänge ist eine bedeutende Änderung der Wegfall des Unternehmers oder sonstigen Inhabers (UsI) in seiner bisherigen Form. Der alte, in der Fachwelt über Jahre als „UsI“ eindeutige Begriff wurde durch „Betreiber“ ersetzt und soll dem allgemeinen Verständnis zuträglich sein. Zudem wurden Risikobewertung und Risikomanagement verpflichtend für die komplette Versorgungskette eingeführt und an dem Gesundheitsamt obliegende Prüfungspflichten gekoppelt. Weiterhin wurden neue Qualitätsparameter wie somatische Coliphagen, Microcystin-LR, PFAS und Bisphenol A eingeführt und bei Parametern wie Blei, Chrom und Arsen Grenzwerte verschärft. Ab 12.01.2026 müssen in allen trinkwasserführenden Anlagen (-teilen) Bleirohre ausgetauscht oder stillgelegt werden.

1.2 Anwendungsbereich (§ 1 TrinkwV)

„(1) Diese Verordnung findet Anwendung auf das im 7. Abschnitt des Infektionsschutzgesetzes bezeichnete Wasser für den menschlichen Gebrauch (2) Diese Verordnung gilt nicht für

1. *natürliches Mineralwasser im Sinne des § 2 der Mineral- und Tafelwasser-Verordnung,*
2. *Wasser, das Arzneimittel im Sinne des § 2 des Arzneimittelgesetzes ist,*
3. *Schwimm- und Badebeckenwasser,*
4. *Wasser, das sich in Fließrichtung hinter einer nach den allgemein anerkannten Regeln der Technik notwendigen Sicherungseinrichtung eines endständig an die Trinkwasserinstallation angeschlossenen wasserführenden Apparats befindet, der nach den allgemein anerkannten Regeln der Technik nicht Teil der Trinkwasserinstallation ist, und*
5. *Wasser, für dessen Verwendung eine Genehmigung nach § 3a Absatz 2 der Lebensmittelhygiene-Verordnung erteilt worden ist.*

(3) Diese Verordnung findet im Rahmen der Vorgaben des Seerechtsübereinkommens der Vereinten Nationen vom 10. Dezember 1982 (BGBl. 1994 II S. 1798, 1799; 1997 II S. 1402) auch in der deutschen ausschließlichen Wirtschaftszone Anwendung.“

Alle zum menschlichen Gebrauch genutzten Wasser, die im angeführten Zitat nicht explizit aufgeführt sind, unterliegen den Anforderungen der Trinkwasserverordnung.

Die TrinkwV betrifft alle mit Trinkwasser befassten Gruppen, vom (gewerblichen oder öffentlichen) Wasserversorger bis hin zum Vermieter eines Mehrfamilienhauses, der bisher als UsI bekannt war und sich nun als Betreiber im Verordnungstext wiederfindet. Wichtig ist dem Gesetzgeber, dass das Trinkwasser an jeder Stelle im Prozess die entsprechende Qualität gemäß Verordnung aufweist. An den Übergabestellen endet zwar der Verantwortungsbereich der verschiedenen Parteien, der Qualitätsanspruch gegenüber dem Konsumenten bleibt jedoch erhalten. Oberstes Ziel ist es dabei, dem Verbraucher genusstaugliches Wasser zu liefern.

Bezüglich der Anforderungen und Untersuchungsparameter wird entlang der Prozesskette unterschieden. Im Leitungsnetz bzw. im Hochbehälter des Wasserversorgers werden andere Parameter untersucht als in der Hausinstallation.

Grob gliedern diese sich in

- Mikrobiologische Parameter gem. § 6
- Chemische Parameter, die sich im Verteilungsnetz einschließlich der Trinkwasser-Installation i. d. R. nicht mehr erhöhen (TrinkwV § 7 – Anlage 2 Teil 1)
- Chemische Parameter, deren Konzentration im Verteilungsnetz einschließlich der Trinkwasser-Installation ansteigen kann (TrinkwV § 7 – Anlage 2 Teil 2)
- Indikatorparameter (TrinkwV § 8– Anlage 3 Teil 1–3)
- Radioaktive Stoffe (TrinkwV § 9 – Anlage 4)
- Betriebsparameter Trübung (TrinkwV § 24 – Anlage 5)

Besondere Anwendungsbereiche

Damit die Qualität des Trinkwassers in allen Bereichen gewahrt werden kann, sind aus hygienischen Gründen Sicherungsarmaturen notwendig.

Beispiele dafür sind

- Wasser für spezielle medizinische Anwendungen (z. B. Dialyseeinrichtungen),
- Wasser, das als technisches Hilfsmittel verwendet wird (z. B. Zahnarztstühle oder Darmspülapparate),
- Wasser für Fahrzeugwaschanlagen oder
- Anlagen, die Kohlensäure oder andere Mittel zusetzen.

All diese müssen mit einer geeigneten Sicherungseinrichtung von der Trinkwasser-Installation getrennt werden. Im technischen Regelwerk ist festgelegt, mit welcher Art von Sicherungseinrichtung die Trinkwasser-Installation gegen die verschiedenen Flüssigkeitskategorien abzusichern ist. Dabei gibt es fünf verschiedene Flüssigkeitskategorien, die in der DIN EN 1717:2011-08 entsprechend eingeteilt sind.

1.3 Begriffsbestimmungen (§ 2 TrinkwV)

„Im Sinne dieser Verordnung ist oder sind

1. „Trinkwasser“ Wasser für den menschlichen Gebrauch, das im ursprünglichen Zustand oder nach Aufbereitung, ungeachtet seines Aggregatzustands und ungeachtet dessen, ob es auf Leitungswegen, durch Wassertransport-Fahrzeuge, aus Trinkwasserspeichern, auf Meeresbauwerken oder an Bord von Land-, Wasser- oder Luftfahrzeugen oder in verschlossenen Behältnissen bereitgestellt wird und

a) für folgende Zwecke bestimmt ist:

aa) zum Trinken,

bb) zum Kochen sowie zur Zubereitung von Speisen und Getränken,

cc) zur Körperpflege und -reinigung,

dd) zur Reinigung von Gegenständen, die bestimmungsgemäß mit Lebensmitteln in Berührung kommen,

ee) zur Reinigung von Gegenständen, die bestimmungsgemäß nicht nur vorübergehend mit dem menschlichen Körper in Kontakt kommen, oder

ff) zu sonstigen in Bezug auf die menschliche Gesundheit relevanten häuslichen Zwecken

oder

b) in Lebensmittelunternehmen verwendet wird zur Herstellung, Behandlung, Konservierung oder zum Inverkehrbringen von Erzeugnissen oder Substanzen, die für den menschlichen Gebrauch bestimmt sind;

[…]“

Trinkwasser i. S. d. Verordnung ist somit nicht nur zum Verzehr genutztes Wasser, sondern auch das landläufig als Leitungswasser bezeichnete Wasser zur Körperpflege, zum Waschen von Wäsche und zur Reinigung von Geschirr. Daraus resultiert, dass jedem Haushalt in Deutschland die Möglichkeit gegeben sein muss, Trinkwasser für sonstige Tätigkeiten, bei denen hygienisches Wasser eine Rolle spielt, zu nutzen.

Daraus resultierend ist es nicht im Sinne des Gesetzgebers, bestimmte Zwecke – z. B. das Händewaschen – mittels eines Schildes mit dem irreführenden Text „Kein Trinkwasser“ davon auszunehmen. Die Annahme, dass das Wasser einer so gekennzeichneten Wasserentnahmestelle an einem Waschbecken in einem Toilettenraum nicht den Anforderungen der TrinkwV entsprechen muss, ist falsch!

„[...]

2. sind „Wasserversorgungsanlagen“

a) zentrale Wasserversorgungsanlagen: Anlagen einschließlich dazugehörender Wassergewinnungsanlagen und eines dazugehörenden Leitungsnetzes, aus denen pro Tag mindestens 10 Kubikmeter Trinkwasser entnommen oder auf festen Leitungswegen an Zwischenabnehmer geliefert werden oder aus denen auf festen Leitungswegen Trinkwasser an mindestens 50 Personen abgegeben wird;

b) dezentrale Wasserversorgungsanlagen: Anlagen einschließlich dazugehörender Wassergewinnungsanlagen und eines dazugehörenden Leitungsnetzes, aus denen pro Tagweniger als 10 Kubikmeter Trinkwasser entnommen oder im Rahmen einer gewerblichen oderöffentlichen Tätigkeit genutzt werden, ohne dass eine zentrale Wasserver-

sorgungsanlage oder eine Eigenwasserversorgungsanlage vorliegt;

c) Eigenwasserversorgungsanlagen: Anlagen einschließlich dazugehörender Wassergewinnungsanlagen und einer dazugehörenden Trinkwasserinstallation, aus denen pro Tag weniger als 10 Kubikmeter Trinkwasser zur eigenen Nutzung entnommen werden;

[...]"

Das meiste Trinkwasser in Deutschland wird größtenteils durch Grundwasseraufbereitung oder (seltener) durch Nutzung von Uferfiltrat bereitgestellt. Bei Trinkwasserver- und Abwasserentsorgung gilt wie auch bei diversen anderen Leistungen der allgemeinen Daseinsvorsorge eine Bezugspflicht.

Dieser Zwang ist zwar juristisch bezüglich der formellen Ausgestaltung immer wieder in der Diskussion, doch um flächendeckend hohe Trinkwasserqualität und somit die Volksgesundheit sicherzustellen, ist die Konzentration auf wenige Wasserversorger (vgl. 2a und b) mit umfangreichen Untersuchungs- und Gewährleistungspflichten sinnvoll.

Liegt eine Liegenschaft abseits erschlossener Gebiete, kann das Abweichen vom Zwang und der Bezug des Trinkwassers z. B. über einen eigenen Brunnen durchaus sinnvoll sein. Dies ist jedoch im Einzelfall zu prüfen und mit den zuständigen Behörden abzustimmen.

Bei Nr. 2 c handelt es sich um kleine Anlagen mit einer Wassergewinnung von weniger als 10 m³ Wasser pro Tag. Diese dienen ausschließlich der Wasserversorgung des Hauseigentümers und der in der häuslichen Gemeinschaft lebenden Personen.

Bestandteil dieser Anlage ist die zugehörige Trinkwasser-Installation bis zur Entnahmestelle.

Hinweis

Aus diesen Anlagen darf Dritten, wie z. B. Bewohnern von Häusern in der Nachbarschaft, kein Trinkwasser auf Leitungswegen oder in Behältnissen dauerhaft oder regelmäßig zur Verfügung gestellt werden! Die Wasserqualität ist regelmäßig nach Anforderung vom Gesundheitsamt zu untersuchen.

„[...]

d) mobile Wasserversorgungsanlagen: bewegliche Anlagen, aus denen Trinkwasser entnommen wird einschließlich Anlagen an Bord von Land-, Wasser- und Luftfahrzeugen sowie Anlagen, aus denen auf Meeresbauwerken Trinkwasser entnommen wird, jeweils einschließlich der Trinkwasserinstallation und etwaiger Wassergewinnungsanlagen; [...]"

Mobile Einrichtungen der Bahn und der Bundeswehr unterliegen nicht der Nr. 2 d. In der Regel verfügen diese Anlagen über einen eigenen Wasserspeicher. Bei den Luft- und Schienenfahrzeugen gehören die Befüllschläuche konstruktionsbedingt stets zu den Befüllungsanlagen.

Die DIN 2001-2:2018-01 sieht dies auch für Befüllungsanlagen für Straßen- und Wasserfahrzeuge vor. Die für diese Art von Befüllungsanlagen verwendeten Leitungen und Schläuche müssen nach den allgemein anerkannten Regeln der Technik (a. a. R. d. T.) für die Verwendung im Trinkwasserbereich erfolgreich geprüft sein. Dies kann z. B. durch ein DIN-DVGW- oder DVGW-Prüfzeichen nachgewiesen werden.

„[…]

e) Gebäudewasserversorgungsanlagen: Anlagen, aus denen aus einer zentralen Wasserversorgungsanlage oder einer dezentralen Wasserversorgungsanlage übernommenes Trinkwasser über eine Trinkwasserinstallation an Verbraucher abgegeben wird und […]"

Der hier zitierte, unscheinbare Halbsatz (Nr. 2 e) spielt eine wichtige Rolle. Er beschreibt die klassische häusliche Trinkwasser-Installation. Hatte die TrinkwV in früheren Versionen technisch fast ausschließlich für Wasserversorger Relevanz, so wird in diesem Absatz der Betreiber zum Verantwortungsträger. Mit dem Passieren der Übergabestelle übernimmt der Betreiber nicht nur das Wasser, sondern auch alle damit verbundenen Pflichten. Die Verantwortung des Betreibers beginnt damit schon weit bevor das Wasser durch die Leitungen fließen kann. Schon bei der Planung sowie dem Bau der Anlage müssen die Anforderungen der TrinkwV durch ihn berücksichtigt werden.

„[…]

f) zeitweilige Wasserversorgungsanlagen: Anlagen, aus denen Trinkwasser entnommen oder an Verbraucher abgegeben wird und die

aa) zeitweise betrieben werden, einschließlich einer dazugehörenden Wassergewinnungsanlage und einer dazugehörenden Trinkwasserinstallation, oder

bb) zeitweise an eine zentrale Wasserversorgungsanlage, eine dezentrale Wasserversorgungsanlage, mobile Wasserversorgungsanlage oder eine Gebäudewasserversorgungsanlage angeschlossen sind;
[...]"

Zu den Anlagen nach Nr. 2 f gehören Anlagen zur Verteilung von Trinkwasser – z. B. auf Festplätzen, die ihr Wasser vom örtlichen Wasserversorger über eine zentrale Übergabestelle, z. B. ein Standrohr, beziehen und die so über ein Leitungsnetz einer größeren Anzahl von Verkaufswagen, Festzelten etc. mit temporärer Nutzung ohne eigene Trinkwasserspeicher Trinkwasser zur Verfügung stellen.

Die angeschlossenen Anlagen werden für die Dauer der Veranstaltung permanent über eine druckfeste, flexible und trinkwasserzugelassene Leitungsverbindung mit den zeitweise betriebenen Verteilungsanlagen verbunden. In der DIN 2001-2 unter 6.4. sind die Anforderungen an Planung und Installation beschrieben.

„[...]

3. „Betreiber" ein Unternehmer oder sonstiger Inhaber einer Wasserversorgungsanlage;
[...]"

Die unscheinbar anmutende Änderung der Begrifflichkeiten vom bisher bekannten Unternehmer oder sonstigen Inhaber (UsI) in den Betreiber subsumiert alle Pflichten einer natürlichen Person, die entweder eigenverantwortlich, im Sinne eines Unternehmens oder in sonstigem Auftrag handelnd Wasser an Dritte abgibt.

„[…]

4. „Trinkwasserinstallation“ sämtliche Trinkwasserleitungen, Trinkwasserspeicher, Apparate und Armaturen einer Wasserversorgungsanlage, die sich befinden zwischen den Entnahmestellen für Trinkwasser und
   a) der Stelle, ab der das durch diese Wasserversorgungsanlage gewonnene Trinkwasser oder sofern eine Aufbereitung erfolgt, ab der das aufbereitete Trinkwasser zu den Entnahmestellen für Trinkwasser weitergeleitet wird, oder
   b) der Stelle, an der das Trinkwasser aus einer anderen Wasserversorgungsanlage übernommen wird; […]“

Die Trinkwasserverordnung meint in Nr. 4 selbstverständlich die Gesamtheit der Rohrinstallationen, sodass warm- und kaltgehende Trinkwasserleitungen miteingeschlossen sind.

„[…]

7. „Aufbereitungsstoffe“ Stoffe und Filtermedien, die dazu bestimmt sind, die Beschaffenheit des Rohwassers oder des Trinkwassers zu den in § 18 genannten Aufbereitungszwecken zu beeinflussen; […]“

Unter Nr. 7 fallen jegliche Zusätze und Hilfsstoffe, unabhängig von deren Aggregatzustand. Filtermaterial kann hier genauso gemeint sein wie z. B. ein Belüften bzw. Begasen des Rohwassers. Die Anforderungen und verfahrenstechnischen Prozessschritte können weit gefächert den jeweiligen Ausgangswässern angepasst sein. Neben der reinen genussorientierten Aufbereitung spielen auch technische Eigenschaften eine Rolle. So sind die Enthärtung, die Einstellung korrosionschemischer Eigenschaften sowie des pH-Werts integrale Schritte für ein langlebiges Leitungsnetz bis hin zum Endverbraucher. Im Einzelfall können auch Biozide oder Desinfektionsmittel eingesetzt werden, um mikrobielle Verunreinigungen zu entfernen. Der Einsatz von Chlor ist hier den meisten Menschen aus dem Schwimmbadbereich oder von Auslandsreisen bekannt.

„[…]

8. „gewerbliche Tätigkeit“ die unmittelbare oder mittelbare, zielgerichtete Bereitstellung von Trinkwasser im Rahmen einer Vermietung oder einer sonstigen selbständigen, regelmäßigen und in Gewinnerzielungsabsicht ausgeübten Tätigkeit […]“

Von einer gewerblichen Tätigkeit i. S. v. Nr. 8 dieser Verordnung ist immer dann auszugehen, wenn das Zurverfügungstellen von Trinkwasser ein Nebenzweck der Tätigkeit ist. Beispiele sind die Vermietung von Wohnraum (auch nur für kurze Zeit, wie bei einer Ferienwohnung) sowie Dienstleistungen von Hotels, Gaststätten oder kommerzielle Sporteinrichtungen. Das bloße Vorhandensein einer Toilettenanlage mit Waschbecken, etwa wie in einem Kaufhaus, reicht hierfür nicht aus.

„[…]

9. „öffentliche Tätigkeit“ die Bereitstellung von Trinkwasser für einen unbestimmten, wechselnden und nicht durch persönliche Beziehungen mit der bereitstellenden Person verbundenen Personenkreis; […]“

Gemeint sind in Nr. 9 Einrichtungen, die keine im Vordergrund stehende, gewinnerzielende Absicht haben und von einem wechselnden Personenkreis genutzt werden. Dazu gehören vorrangig Einrichtungen in sozialen Bereichen, z. B. Schulen, Kindergärten, Krankenhäuser, Justizvollzugsanstalten oder auch genossenschaftsgeführte Wasserversorgungen.

Die ehemalige Nr. 12 wird durch den eigenen Paragrafen § 31 Untersuchungspflichten in Bezug auf *Legionella spec.* ersetzt.

„[…]

1. *sich in der Wasserversorgungsanlage eine Anlage zur Trinkwassererwärmung befindet mit*
   a) *einem Speicher-Trinkwassererwärmer oder einem zentralen Durchfluss-Trinkwassererwärmer, jeweils mit einem Inhalt von mehr als 400 Litern, oder*
   b) *einem Inhalt von mehr als 3 Litern in mindestens einer Trinkwasserleitung zwischen dem Abgang des Trinkwassererwärmers und der Entnahmestelle für Trinkwasser, wobei der Inhalt einer Zirkulationsleitung nicht berücksichtigt wird,*
2. *sich in der Wasserversorgungsanlage Duschen oder andere Einrichtungen befinden, in denen es zu einer Vernebelung des Trinkwassers kommt, und*
3. *die Wasserversorgungsanlage sich nicht in einem Ein- oder Zweifamilienhaus befindet. […]“*

Zur Klarstellung und Erhöhung der Rechtssicherheit ist eine Definition der betroffenen Anlagen mit Legionellen-Untersuchungspflicht in die Verordnung aufgenommen worden.

Auch dem bisher unter Nr. 13 genannten Thema Gefährdungsanalyse wurde ein eigener Paragraf gewidmet: § 35 Risikomanagement für Wasserversorgungsanlagen.

„[…]

(1) Personen, die das Risikomanagement durchführen, müssen hinreichende Fachkenntnisse über die dem Risikomanagement unterliegende Art der Wasserversorgungsanlage nach § 34 Absatz 1 haben und durch einschlägige Berufserfahrung oder durch Schulung für das Risikomanagement von Wasserversorgungsanlagen hinreichend qualifiziert sein.

(2) Das Risikomanagement muss mindestens entsprechend den allgemein anerkannten Regeln der Technik, insbesondere der DIN EN 15975-2, durchgeführt werden und, sofern für die betreffende Wasserversorgungsanlage zutreffend,

1. *für Wasserversorgungsanlagen, auf die die auf Grund von § 50 Absatz 4a des Wasserhaushaltsgesetzes zu erlassende Rechtsverordnung anzuwenden ist, die Ergebnisse der Bewertung des Einzugsgebiets der Entnahmestellen für die Trinkwassergewinnung und des Risikomanagements für dieses Einzugsgebiet berücksichtigen,*
2. *Gefährdungen und Gefährdungsereignisse für Wasserversorgungsanlagen identifizieren und eine Abschätzung der daraus resultierenden Risiken für die den Anforderungen nach Abschnitt 2 entsprechende Beschaffenheit des Trinkwassers (Risikoabschätzung) umfassen,*
3. *Risiken berücksichtigen, die sich bezüglich der Beschaffenheit des Trinkwassers aus Klimawandel, Wasserverlusten und undichten Trinkwasserleitungen ergeben,*

4. Ergebnisse von Besichtigungen der Wasserversorgungsanlage sowie, sofern zutreffend, der Schutzzonen und der Umgebung der Wasserfassungsanlage berücksichtigen,
5. die Festlegung und Durchführung von Maßnahmen zur Risikobeherrschung umfassen, um die erkannten Risiken, die die den Anforderungen nach Abschnitt 2 entsprechende Beschaffenheit des Trinkwassers gefährden könnten, zu verhindern oder zu mindern,
6. das gegenwärtig durchgeführte Programm für betriebliche Untersuchungen nach § 30 umfassen,
7. die in der jeweils geltenden Fassung der Beobachtungsliste nach Artikel 13 Absatz 8 der Richtlinie (EU) 2020/2184 des Europäischen Parlaments und des Rates vom 16. Dezember 2020 über die Qualität von Wasser für den menschlichen Gebrauch (ABl. L 435 vom 23.12.2020, S. 1) enthaltenen Stoffe und Verbindungen berücksichtigen,
8. Folgendes berücksichtigen:
   a) die Ergebnisse der Untersuchungen nach § 36 und
   b) die Ergebnisse weiterer Untersuchungen des Rohwassers auf den Indikatorparameter somatische Coliphagen, soweit solche Untersuchungen durchgeführt worden sind,
9. basierend auf den in Nummer 8 Buchstabe a und b genannten Ergebnissen die Notwendigkeit zukünftiger weiterer Untersuchungen des Rohwassers auf den Indikatorparameter somatische Coliphagen bewerten und gegebenenfalls die Häufigkeit dieser Untersuchungen festlegen.

(3) Der Betreiber der Wasserversorgungsanlage hat die Durchführung und die Ergebnisse des Risikomanagements schriftlich oder auf Datenträgern zu dokumentieren. Die Dokumentation hat Folgendes zu umfassen:

1. eine Beschreibung aller Prozessschritte in der betreffenden Wasserversorgungsanlage zur Gewinnung, Aufbereitung und Verteilung des Wassers bis zur Übergabestelle in die Trinkwasserinstallation, einschließlich Informationen zu den angewendeten Desinfektionsverfahren sowie zu den eingesetzten Aufbereitungsstoffen, Materialien und Werkstoffen im Kontakt mit Trinkwasser,
2. eine Zusammenfassung der Ergebnisse der Risikoabschätzung und der anderen Elemente des Risikomanagements, einschließlich des gegenwärtig durchgeführten Programms für betriebliche Untersuchungen nach § 30,
3. bei einer zentralen Wasserversorgungsanlage einen begründeten Vorschlag zur Anpassung oder Beibehaltung des Untersuchungsplans, insbesondere,
   a) ob ein erweiterter Umfang oder eine höhere Häufigkeit von Untersuchungen für bestimmte Parameter nach § 37 Absatz 4 erforderlich ist und
   b) ob ein Parameter vom Untersuchungsumfang ausgenommen oder die Untersuchungshäufigkeit nach § 37 Absatz 2 verringert werden soll,
4. bei einer in § 34 Absatz 1 Nummer 2 genannten Wasserversorgungsanlage einen Vorschlag für die Bestimmung der Untersuchungspflichten nach § 29 Absatz 2 oder 3,
5. eine Erklärung des Betreibers, dass kein Umstand abzusehen ist, der bei einer dem Vorschlag entsprechenden Anpassung des Untersuchungsplans oder bei einer dem Vorschlag entsprechenden Bestimmung von Untersuchungspflichten eine Verschlechterung der Beschaffenheit des Trinkwassers verursachen würde,
6. eine Erklärung des Betreibers, dass die Anforderungen des Absatzes 1 erfüllt sind, und

7. einen Anhang, mit dem die Verbraucher nach § 46 Absatz 1 Nummer 6 informiert werden sollen. Bei einer Überprüfung des Risikomanagements nach § 34 Absatz 2 Satz 2 kann die dem Gesundheitsamt nach § 38 Absatz 1 Nummer 2 oder Nummer 3 zu übermittelnde Dokumentation auf unveränderte Inhalte dem Gesundheitsamt bereits nach § 38 Absatz 1 in der Vergangenheit übermittelter Dokumentationen Bezug nehmen. Aktualisierungen des Risikomanagements sind zusammengefasst darzustellen.

(4) Sobald das Bundesministerium für Gesundheit ein elektronisches Verfahren für die Durchführung und Dokumentation des Risikomanagements nach den Absätzen 2 und 3 zur Verfügung stellt, haben die Betreiber von Wasserversorgungsanlagen dieses zu verwenden. Bevor das Bundesministerium für Gesundheit ein Verfahren nach Satz 1 zur Verfügung stellt, hat es sich mit den zuständigen obersten Landesbehörden oder einer anderen nach Landesrecht zuständigen Stelle hierüber ins Benehmen zu setzen."

Bis Dezember 2017 gab es keine einheitliche Form einer Gefährdungsanalyse. Beim Umweltbundesamt konnte lediglich nachgelesen werden, welche Mindestinhalte in einer Gefährdungsanalyse dokumentiert sein sollten.

Im Januar 2018 wurde die technische Richtlinie VDI/BTGA/ZVHSK 6023 Blatt 2 veröffentlicht. Mit der Veröffentlichung wurde ein einheitlicher Maßstab zur Erstellung für eine Gefährdungsanalyse eingeführt. Gleichzeitig ist diese Richtlinie als roter Faden für den Ersteller von Gefährdungsanalysen zu sehen, ebenso werden aber die Mindestanforderungen an eine solche beschrieben. So kann der Betreiber über die Qualität der Gefährdungsanalyse entscheiden, und das Gesundheitsamt hat eine Grundlage, welche Gefährdungsanalyse sie anerkennt oder welche ggf. nicht. Mit dem dargestellten Text aus der aktuellen TrinkwV zeigt sich die zunehmende Bedeutung der Gefährdungsanalyse sowie der Umkehr von einer reinen nachträglichen Behandlung hin zu einer frühzeitigen, regelmäßigen sowie vorsorglichen Herangehensweise.

Nichtsdestotrotz: Die wenigsten Trinkwasser-Installationen entsprechen den allgemein anerkannten Regeln der Technik (a. a. R. d. T.), sodass es sinnvoll ist, eine Gefährdungsanalyse erstellen zu lassen, bevor der technische Maßnahmenwert überschritten wird, um eine Überschreitung im Vorfeld zu vermeiden. Der Gesetzgeber leitet seinen Anspruch aus der aktuellen EU-Trinkwasser-Richtlinie sowie angrenzenden Rechtsnormen ab. Die Fachwelt ist sich jedoch absolut im Klaren darüber, dass eine flächendeckende Umsetzung des seit 24.06.2023 geforderten Modus operandi erst in den nächsten Jahren gelebte Praxis werden wird.

Im Allgemeinen jedoch ist davon auszugehen, dass bei Trinkwasser-Installationen, die den a. a. R. d. T. entsprechen und bestimmungsgemäß genutzt werden, keine Grenzwertüberschreitungen oder Überschreitungen technischer Maßnahmenwerte festzustellen sind.

1.4 Pflichten des Unternehmers und Betreibers

Anzeigepflichten in Bezug auf Wasserversorgungsanlagen (§ 11 TrinkwV)

„(1) Der Betreiber einer zentralen Wasserversorgungsanlage, einer dezentralen Wasserversorgungsanlage, einer Eigenwasserversorgungsanlage oder, sofern das Trinkwasser im Rahmen einer öffentlichen Tätigkeit bereitgestellt wird, einer Gebäudewasserversorgungsanlage hat dem Gesundheitsamt schriftlich oder elektronisch Folgendes anzuzeigen:

1. *die Errichtung der Wasserversorgungsanlage,*
2. *die Inbetriebnahme und die Wiederinbetriebnahme der Wasserversorgungsanlage,*
3. *die bauliche oder betriebstechnische Veränderung an Trinkwasser führenden Teilen der Wasserversorgungsanlage, wenn diese Veränderung wesentliche Auswirkungen auf die Beschaffenheit des Trinkwassers haben kann,*
4. *den Übergang des Eigentums oder des Nutzungsrechts an der Wasserversorgungsanlage auf eine andere Person und*
5. *die Stilllegung der Wasserversorgungsanlage oder von Teilen der Wasserversorgungsanlage. Die Anzeige hat in den Fällen von Satz 1 Nummer 1 bis 3 spätestens vier Wochen vor Beginn der Maßnahme, im Fall von Satz 1 Nummer 4 spätestens vier Wochen vor dem Übergang des Eigentums oder des Nutzungsrechts und im Fall von Satz 1 Nummer 5 innerhalb von drei Tagen nach der Stilllegung zu erfolgen. Abweichend von Satz 2 hat die Anzeige in den Fällen von Satz 1 Nummer 1 bis 5 unverzüglich nach Kenntnisnahme der anzeigepflichtigen Umstände zu erfolgen, wenn die*

Kenntnisnahme erst nach Ablauf der in Satz 2 für diese Fälle jeweils genannten Fristen erfolgt.

(2) Der Betreiber einer mobilen Wasserversorgungsanlage, durch die das Trinkwasser im Rahmen einer gewerblichen oder öffentlichen Tätigkeit bereitgestellt wird, hat dem Gesundheitsamt Folgendes anzuzeigen:

1. *die Inbetriebnahme und die Wiederinbetriebnahme der Wasserversorgungsanlage,*
2. *die bauliche oder betriebstechnische Veränderung an Trinkwasser führenden Teilen der Wasserversorgungsanlage, wenn diese Veränderung wesentliche Auswirkungen auf die Beschaffenheit des Trinkwassers haben kann,*
3. *den Übergang des Eigentums oder des Nutzungsrechts an der Wasserversorgungsanlage auf eine andere Person, wenn die Überwachung der Wasserversorgungsanlage nach § 54b des Infektionsschutzgesetzes dem Eisenbahn-Bundesamt obliegt, und*
4. *die Stilllegung der Wasserversorgungsanlage oder von Teilen der Wasserversorgungsanlage. Die Anzeige hat in den Fällen von Satz 1 Nummer 1 und 2 spätestens vier Wochen vor Beginn der Maßnahme, im Fall von Satz 1 Nummer 3 spätestens vier Wochen vor dem Übergang des Eigentums oder des Nutzungsrechts und im Fall von Satz 1 Nummer 4 innerhalb von drei Tagen nach der Stilllegung zu erfolgen. Abweichend von Satz 2 hat die Anzeige in den Fällen von Satz 1 Nummer 1 bis 3 unverzüglich nach Kenntnisnahme der anzeigepflichtigen Umstände zu erfolgen, wenn die Kenntnisnahme erst nach Ablauf der in Satz 2 für diese Fälle jeweils genannten Frist erfolgt. Ist der nach Satz 1 anzeigepflichtige Umstand durch Maßnahmen der Gefahrenabwehr, des Zivilschutzes oder der Verteidigung veranlasst, kann die Anzeige abweichend von den Sätzen 2*

und 3 unverzüglich nach Beendigung dieser Maßnahmen nachgeholt werden.

(3) Der Betreiber einer zeitweiligen Wasserversorgungsanlage hat dem Gesundheitsamt Folgendes anzuzeigen:

1. *die Errichtung der Wasserversorgungsanlage,*
2. *die Inbetriebnahme und die Wiederinbetriebnahme der Wasserversorgungsanlage,*
3. *die voraussichtliche Dauer des Betriebs der Wasserversorgungsanlage,*
4. *den Übergang des Eigentums oder des Nutzungsrechts an der Wasserversorgungsanlage auf eine andere Person, wenn die Überwachung der Wasserversorgungsanlage nach § 54b des Infektionsschutzgesetzes dem Eisenbahn-Bundesamt obliegt, und*
5. *die Stilllegung der Wasserversorgungsanlage oder von Teilen der Wasserversorgungsanlage, wenn die Überwachung der Wasserversorgungsanlage nach § 54b des Infektionsschutzgesetzes dem Eisenbahn-Bundesamt obliegt. Die Anzeige hat in den Fällen von Satz 1 Nummer 1 bis 4 unverzüglich nach Kenntnisnahme der anzeigepflichtigen Umstände und im Fall von Satz 1 Nummer 5 innerhalb von drei Tagen nach der Stilllegung zu erfolgen. Ist der nach Satz 1 anzeigepflichtige Umstand durch Maßnahmen der Gefahrenabwehr, des Zivilschutzes oder der Verteidigung veranlasst, kann die Anzeige abweichend von Satz 2 unverzüglich nach Beendigung dieser Maßnahmen nachgeholt werden.*

(4) Die zuständige oberste Landesbehörde oder eine andere nach Landesrecht zuständige Stelle kann bestimmen, dass für die Anzeigen nach den Absätzen 1 bis 3 einheitliche Vordrucke zu verwenden oder einheitliche elektronische Datenverarbeitungsverfahren anzuwenden sind.“

Die neue TrinkwV unterscheidet im Zuge der Anzeigepflicht nicht mehr zwischen Wassergewinnungsanlagen (Wasserwerke) und Wasserversorgungsanlagen. In der aktuellen Version geht es um die oben dargestellten Wasserversorgungsanlagen und in § 12 TrinkwV referenzierte, sog. Nichttrinkwasseranlagen.

Die Betreiber einer solchen Anlage haben gegenüber der aufsichtführenden Behörde sowie dem zuständigen Gesundheitsamt unterschiedliche Anzeigepflichten, die nachfolgend als Auszug aus § 47 TrinkwV detailliert dargestellt sind.

Anzeigepflichten (§ 47 TrinkwV)

„(1) Der Betreiber einer Wasserversorgungsanlage hat dem Gesundheitsamt oder, wenn es sich um radioaktive Stoffe im Trinkwasser handelt, der zuständigen Behörde unverzüglich, nachdem er davon Kenntnis erlangt hat, Folgendes anzuzeigen:

1. *außergewöhnliche Vorkommnisse in der Umgebung des Wasservorkommens oder an der Wasserversorgungsanlage, die Auswirkungen auf die Beschaffenheit des Trinkwassers haben können,*
2. *eine organoleptisch wahrnehmbare nachteilige Veränderung des Trinkwassers, beispielsweise im Hinblick auf Färbung, Geruch, Geschmack oder Trübung,*
3. *eine Überschreitung der in § 6 Absatz 2 und 3 in Verbindung mit Anlage 1 festgelegten Grenzwerte für mikrobiologische Parameter oder eine Nichterfüllung der mikrobiologischen Anforderungen nach § 6 Absatz 1,*
4. *eine Überschreitung der nach § 6 Absatz 4 festgelegten Höchstwerte für mikrobiologische Parameter,*
5. *eine Überschreitung der in § 7 Absatz 2 in Verbindung mit Anlage 2 festgelegten Grenzwerte für chemische Parameter*

oder eine Nichterfüllung der chemischen Anforderungen nach § 7 Absatz 1,

6. *eine Überschreitung der nach § 7 Absatz 3 festgelegten Höchstwerte für chemische Parameter,*
7. *eine Nichteinhaltung oder Nichterfüllung der in § 8 Absatz 1 und 2 in Verbindung mit Anlage 3 Teil I festgelegten Grenzwerte oder Anforderungen für Indikatorparameter,*
8. *eine Überschreitung der in § 9 Satz 2 in Verbindung mit Anlage 4 Teil I festgelegten Parameterwerte für radioaktive Stoffe,*
9. *eine Nichteinhaltung oder Nichterfüllung der nach § 65 Absatz 3 Satz 3 festgelegten Werte oder abweichenden Anforderungen für Indikatorparameter,*
10. *eine Überschreitung der nach § 65 Absatz 4 Satz 2 festgelegten Werte für chemische Parameter,*
11. *eine Überschreitung der nach § 66 Absatz 2 festgelegten Maßnahmenwerte für chemische Parameter und*
12. *einen plötzlichen oder kontinuierlichen Anstieg der Untersuchungsergebnisse für den Indikatorparameter Koloniezahl bei 22 Grad Celsius oder Koloniezahl bei 36 Grad Celsius unabhängig vom angewendeten Untersuchungsverfahren.*

(2) Zusätzlich zu den anzeigepflichtigen Ereignissen nach Absatz 1 haben Betreiber

1. *einer zentralen Wasserversorgungsanlage oder einer dezentralen Wasserversorgungsanlage auch einen plötzlichen oder kontinuierlichen Anstieg der Messwerte für die Indikatorparameter Ammonium und Trübung in der Wasserversorgungsanlage oder im Verteilungsnetz nach Absatz 1 anzuzeigen und*
2. *einer zentralen Wasserversorgungsanlage, einer dezentralen Wasserversorgungsanlage oder einer Eigenwasserver-*

sorgungsanlage auch Belastungen des Rohwassers, die zu einer Überschreitung von Grenzwerten, Höchstwerten, Parameterwerten, Maßnahmenwerten oder Werten nach § 65 Absatz 3 oder Absatz 4 im Trinkwasser führen können, nach Absatz 1 anzuzeigen."

Hinweis

Die Meldungen müssen in der Regel spätestens vier Wochen im Voraus erfolgen. Diese dürfen jedoch nicht formlos ablaufen: Im Internet finden sich für die jeweiligen Landkreise entweder direkt die entsprechenden Meldeformulare oder sie sind über die Gesundheitsämter zu beziehen. Manche Landkreise bieten ein Formular für alle Typen an Wasserversorgungsanlagen an, häufig sind aber getrennte Formulare je nach Anlagentyp auszufüllen. Die Meldung kann entweder schriftlich, postalisch oder auch elektronisch erfolgen.

Einen Sonderfall stellen Anlagen dar, denen Nichttrinkwasser entnommen oder mit welchen dies verteilt wird. Sind solche Anlagen zusätzlich zu den vorgenannten vorhanden, müssen sie ebenfalls unverzüglich gemeldet werden (vgl. TrinkwV § 12 Anzeigepflichten in Bezug auf Nichttrinkwasseranlagen).

In öffentlichen Gebäuden (TWI) fallen hierunter z. B. Anlagen zur Nutzung von Regenwasser für Toilettenspülungen oder zur Gartenbewässerung. Eine potenzielle Gefährdung der Trinkwasserqualität ist an den Punkten gegeben, wo die beiden Wasserverteilungssysteme interagieren: die Nachspeisung der Nichttrinkwasserinstallation aus der Trinkwasserinstallation im Bedarfsfall.

Löscheinrichtungen, die Löschwasser in Tanks vorhalten, fallen nicht unter die Meldepflicht, obwohl auch hier aus der Trinkwasserleitung nachgespeist wird. Hier sollte darüber nachgedacht werden, eine Vereinheitlichung vorzunehmen: Entweder wird generell darauf vertraut, dass nach § 13 Abs. 3 TrinkwV Nichttrinkwasser-Installationen von Trinkwasser-Installationen mit entsprechenden Sicherungseinrichtungen (siehe DIN EN 1717) getrennt werden, oder man verlangt die Möglichkeit einer behördlichen Kontrolle (Meldepflicht).

Weiter verbreitet ist jedoch die Nutzung von Brauchwasser in Industrie und Gewerbe. In der Regel handelt es sich je nach Verwendungszweck um entsprechend vorbehandeltes Wasser, welches keine Trinkwasserqualität aufweist.

Hinweis

In diesem Zusammenhang sollte unbedingt beachtet werden, dass nach § 2 Satz 1 cc ff. TrinkwV Trinkwasser für die Reinigung von Gegenständen, die bestimmungsgemäß nicht nur vorübergehend mit dem menschlichen Körper in Kontakt kommen, zu verwenden ist. Das heißt, nach der Trinkwasserverordnung darf für die Waschmaschine kein Brauchwasser (aus Regenwasser) verwendet werden.

1.5 Rechtliche Einordnung

Bedeutung gesetzlicher Regelungen

Grundlage für das Zusammenleben und das wirtschaftliche Handeln in Deutschland sind zahlreiche Vorgaben des Gesetzgebers. Die Rechtsnormen unterliegen dabei einer Rangordnung. Rechtsnormen auf einer unteren Hierarchieebene müssen die Normen einer darüberliegenden Ebene umfassen, können aber über sie hinausgehen. Eine Konsequenz ist, dass Forderungen des Rechts der Europäischen Union auch die Mindestvorgaben für das deutsche Recht sind. Landesrecht kann nicht hinter Vorgaben des Bundesrechts zurückbleiben.

Richtlinien des Europäischen Parlaments und des Rates sind Vorgaben für das nationale Recht. Sie müssen in deutsches Recht umgesetzt werden, bevor sie unmittelbar für Bürger und Unternehmen in Deutschland gelten. Ein Beispiel für dieses Verfahren ist die Umsetzung der Richtlinie (EU) 2020/2184 vom 16.12.2020 über die Qualität von Wasser für den menschlichen Gebrauch. Die Umsetzung in deutsches Recht ist mit der Trinkwasserverordnung vom 20.06.2023 erfolgt. Ältere Rechtsakte sind anstelle von EU mit EG für Europäische Gemeinschaft oder EWG für Europäische Wirtschaftsgemeinschaft gekennzeichnet.

Etwas anders ist die Situation bei **Verordnungen des Europäischen Parlaments und des Rates**. Diese sind unmittelbar wirksam in den Mitgliedstaaten, so auch in Deutschland. EU-Verordnungen haben ggf. Vorrang vor nationalen Regelungen. Eine Umsetzung in nationales Recht ist nicht erforderlich. Ein Beispiel ist die Verordnung (EU) 2020/741 vom 25.05.2020 über

Mindestanforderungen an die Wasserwiederverwendung. So ist bei der Beschilderung an Bewässerungsflächen darauf hinzuweisen, dass aufbereitetes und nicht als Trinkwasser geeignetes Wasser verwendet wird.

Gesetze, die für das gesamte Bundesgebiet gelten, werden vom Deutschen Bundestag beschlossen. Einige Gesetze bedürfen der ausdrücklichen Zustimmung des Bundesrates. Welche das sind, ist im Grundgesetz festgelegt. Zustimmungspflichtig sind u. a. Gesetze, die in die Finanz-, Organisations- und Verwaltungshoheit der Länder eingreifen. Bei anderen Gesetzen kann der Bundesrat Einspruch einlegen. Dieser kann aber mit der absoluten Mehrheit des Bundestages überstimmt werden. Die Verfahren der Gesetzgebung sind sehr gründlich und auch aufwendig. Daher gibt es in zahlreichen Gesetzen Regelungen, die es erlauben durch **Verordnungen von Ministerien und Behörden** Vorgaben von Gesetzen zu konkretisieren und auch an sich ändernde Anforderungen anzupassen. So legt § 37 des Infektionsschutzgesetzes (IfSG) Anforderungen an die Beschaffenheit von Wasser für den menschlichen Gebrauch fest. § 38 IfSG ermächtigt das Bundesministerium für Gesundheit durch Rechtsverordnung mit Zustimmung des Bundesrats festzulegen, was konkret erforderlich ist, um die allgemeinen Anforderungen an die Wasserbeschaffenheit einzuhalten. Auf dieser Grundlage wurde die Trinkwasserverordnung (TrinkwV) beschlossen und in Kraft gesetzt.

Unterhalb des Bundesrechts gliedern sich hierarchisch absteigend Vorgaben des Landesrechts in verschiedenen Ausprägungen, Satzungen und Verwaltungsvorschriften. Hier werden in kleineren Einheiten Rechtsakte genauer spezifiziert oder an besondere regionale Gegebenheiten angepasst. So gibt es z. B.

im Freistaat Bayern eine Verordnung zur Eigenüberwachung von Wasserversorgungs- und Abwasseranlagen (Eigenüberwachungsverordnung – EÜV), die die Anforderungen der TrinkwV ergänzt bzw. erweitert. Andere Bundesländer unterhalten vergleichbare Rechtsakte. Es gilt jedoch der Grundsatz: Bundesrecht bricht Landesrecht – so wie in Art. 31 Grundgesetz festgehalten ist.

Gesetze und Verordnungen, die auf Grundlage europäischen und deutschen Rechts erlassen worden sind, müssen zwingend unmittelbar angewendet werden. Sie werden beispielsweise im Amtsblatt der Europäischen Union (ABl), im Bundesgesetzblatt (BGBl) oder im Bundesanzeiger (BAnz) veröffentlicht und sind bis auf Ausnahmen frei zugänglich.

Bedeutung von Normen, Vorgaben und Empfehlungen

Gegenüber gesetzlichen Regelungen haben u. a. Normen, Vorgaben und Empfehlungen von Standardisierungskomitees und Branchenverbänden privatrechtlichen Charakter. In vielen Fällen ist der Zugriff auf diese Dokumente kostenpflichtig. Die Arbeit der Gremien, die mit der Erstellung dieser Unterlagen befasst sind, soll damit ermöglicht werden. Die Anwendung von Normen, Vorgaben und Empfehlungen ist vom Grundsatz her freiwillig. Trotzdem sind Anwendung und Einhaltung in vielen Fällen zwingend und in aller Regel unbedingt notwendig.

Zwingend ist die Einhaltung von Normen, Vorgaben und Empfehlungen, wenn in Gesetzen und Verordnungen, ausdrücklich auf sie verwiesen wird. So verweist § 3 TrinkwV auf 21 DIN- oder internationale Normen, auf die in der Trinkwasserverordnung Bezug genommen wird. Die Regelungen, auf die verwiesen wird, sind somit Teil der TrinkwV. Zwingend ist die Einhaltung von Normen, Vorgaben und Empfehlungen auch, wenn ihre Einhaltung in Verträgen vereinbart und damit Teil eines Vertrages ist. Im Bereich von Ausschreibungen (z. B. nach Vergabe- und Vertragsordnung für Leistungen [VOL]) oder auch bei freier Vergabe von Aufträgen durch größere Auftraggeber ist dies gängige Praxis.

Ist die Einhaltung von Normen, Vorgaben und Empfehlungen von Branchenverbänden nicht Inhalt von Verträgen, bedeutet ihre Nichteinhaltung nicht unbedingt, dass ein Mangel vorliegt. Allerdings liegt bei Haftungsfragen und im Streitfall die Nachweispflicht für die Beachtung der allgemein anerkannten Regeln der Technik und die Einhaltung der verkehrsüblichen Sorgfaltspflicht beim Erbringer der Leistung. Zur Erbringung dieses Nachweises ist es dann i. d. R. erforderlich, dass die einschlägigen Normen, Vorgaben und Empfehlungen eingehalten worden sind.

Europäische Normen

Europäische Normen (EN) sind Regelwerke, die von einem Normungskomitee auf europäischer Ebene erarbeitet werden. Zuständig dafür sind das CEN (Europäisches Komitee für Normung), das CENELEC (Europäisches Komitee für elektrotechnische Normung) und das ETSI (Europäisches Komitee für Telekommunikationsnormen). Zu einem erstellten Entwurf einer Norm wird zunächst von den nationalen Normungskomitees eine öffentliche Umfrage eingeleitet. Im Ergebnis wird über den Schlussentwurf der Norm durch das zuständige europäische Normungskomitee abgestimmt. Bei Zustimmung wird die Norm veröffentlicht. Danach wird die Norm dann ggf. als DIN EN Norm unverändert übernommen und evtl. mit einem Vorwort versehen, das die Einordnung in das nationale Normensystem beschreibt.

Die Deutschen Industrie-Normen (DIN) sind über den Normen-Manager DIN Media kostenpflichtig online verfügbar.

Der europäische Normungsprozess ist teilweise langwierig. Ein Beispiel dafür ist die DIN EN 1717 zum Schutz des Trinkwassers vor Verunreinigungen in Trinkwasser-Installationen und allgemeine Anforderungen an Sicherungseinrichtungen zur Verhütung von Trinkwasserverunreinigungen durch Rückfließen. Seit Juli 2023 liegt ein Entwurf für eine aktualisierte Norm vor, der bisher aber noch nicht verabschiedet wurde (Stand: November 2025).

Verbändeinformation mit Umsetzungshinweisen

Der Bundesindustrieverband Technische Gebäudeausrüstung e. V. (BTGA), die Deutsche Vereinigung des Gas- und Wasserfachs (DVGW), die Bundesvereinigung der Firmen im Gas- und Wasserfach e. V. (figawa), der Deutsche Verband für Facility Management e. V. (gefma) und der Zentralverband Sanitär Heizung Klima (ZVHSK) haben Umsetzungshinweise zur Erfüllung der Anforderungen in Bezug auf Planung, Errichtung und Betrieb von Trinkwasser-Installationen in Gebäuden (Stand: 17.07.2024) zusammengestellt.

Tabellarisch ist in der Verbändeinformation zusammengestellt, welche technischen Anforderungen mindestens einzuhalten sind, um die Schutzziele der Trinkwasserverordnung zu erreichen. Dazu wird eine Einteilung in vier Kategorien vorgenommen.

Zur Kategorie A1 – verbindlich zu berücksichtigende gesetzliche Vorgaben – gehören:

- Infektionsschutzgesetz (IfSG) und Trinkwasserverordnung (TrinkwV)
- UBA-Liste zu Aufbereitungsstoffen und Desinfektionsverfahren (§-20-Liste)
- UBA-Bekanntmachung zu Ausnahmegenehmigungen gem. § 21 TrinkwV
- UBA-Ankündigung zum befristeten weiteren Einsatz u. a. von Ionenaustauschern, …

Zur Kategorie A2 – Nachweis der Erfüllung gesetzlicher Anforderungen – gehören:

- UBA-Empfehlung zur Untersuchung von Trinkwasser-Installationen auf Legionellen
- UBA-Empfehlung zur Trinkwasserbeurteilung bezüglich der Pb-, Cu- und Ni-Parameter
- UBA-Empfehlung zu Maßnahmen bei Überschreitung von Legionellen-Grenzwerten
- UBA-Empfehlung zu Untersuchungen auf den Krankenhauskeim Pseudomonas aeruginosa
- UBA-Empfehlung zu Risiken durch die Nachbehandlung von Trinkwasser

Zur Kategorie B – allgemein anerkannte Regeln – gehören:

- DIN 1988 Technische Regeln für Trinkwasser-Installationen (Teile 100, 200, 300, 500, 600)
- DIN 18381 VOB für Bauleistungen – Teil C: ATV für Gas, Wasser und Entwässerung

- DIN EN 806 Technische Regeln für Trinkwasser-Installationen (Teile 1, 2, 3, 4 und 5)
- DIN 1717 zur Verhütung von Trinkwasserverunreinigungen durch Rückfließen
- DVGW-Arbeitsblatt 551 zu Maßnahmen zur Verminderung des Legionellenwachstums
- DVGW-Arbeitsblätter 551 zur Hygiene in Trinkwasser-Installationen (Teile 2, 3, 4 und 6)
- DVGW-Arbeitsblatt 553 Bemessung von Zirkulationssystemen zur Trinkwassererwärmung

Zur Kategorie C – ergänzende Informationen – gehören u. a.:

- DVGW-Arbeitsblätter 551 zur Hygiene in Trinkwasser-Installationen (Teile 5 und 7)
- DVGW Wasser-Informationen (Nr. 74, Nr. 90, Nr. 112)
- DVGW twin Trinkwasser-Installationen – Stagnation und Wiederinbetriebnahme
- DVGW twin Trinkwasser-Installationen – ztw. Stilllegungen u. Betriebsunterbrechungen
- DVGW twin (Nr. 5, 6, 8, 9, 12, 13 und 14)
- BTGA-Regel 5.001 – Druckprüfung von Trinkwasser-Installationen
- BTGA-Regel 5.002 – Spülen von Trinkwasser-Installationen
- BTGA-Praxisleitfaden – Wie halte ich Kaltwasser kalt?
- figawa Technische Mitteilung – Enthärtungsanlagen in der Trinkwasser-Installation
- weitere Kommentare, Merkblätter und Fachinformationen des ZVSHK

Die Vorgaben und Empfehlungen der Kategorien A1 bzw. A2 sind verbindlich zu berücksichtigen. Kategorie B enthält allgemein anerkannte Regeln der Technik zu technischen und hygienischen Grundanforderungen. Ergänzende Informationen und sonstige Empfehlungen sind in Kategorie C zusammengestellt. Eine Gewähr für die Vollständigkeit der in der Verbändeinformation erfassten Dokumente wird ausdrücklich ausgeschlossen.

Aktualisierung von Bewertungsgrundlagen und Leitlinien

Das Regelwerk zu Anforderungen an Errichtung und Betrieb von Trinkwasser-Installationen ist nicht starr und unterliegt immer wieder Änderungen. Besonders hinzuweisen ist an dieser Stelle darauf, dass das Umweltbundesamt bisher die Aufgabe hatte, verbindlich geltende Bewertungsgrundlagen für Materialien und Werkstoffe im Kontakt mit Trinkwasser festzulegen. Diese Rechtslage wird ab dem 31.12.2026 durch einen neuen EU-Rechtsrahmen abgelöst. Dazu gibt es u. a. den Durchführungsbeschluss (EU) 2024/867 der Kommission vom 23.01.2024 zur Erstellung der europäischen Positivlisten von Ausgangsstoffen, Zusammensetzungen und Bestandteilen, die für die Verwendung bei der Herstellung von Materialien bzw. Werkstoffen oder Produkten, die mit Wasser für den menschlichen Gebrauch in Kontakt kommen, zugelassen sind. Auf diesem Weg werden die bisherigen Positivlisten des UBA für die Verwendung von Materialien in Trinkwasser-Installationen durch europäische Vorgaben ersetzt.

Normen als Leitlinien

Wie auch dieses Buch, stellen Normen und technische Regeln weder ein universitäres Grundlagenlehrbuch noch ein Gesetz dar. Vielmehr bieten sie hilfreiche Leitlinien, um neuralgische Punkte im Normenkanon umfangreich zu be- und überdenken sowie damit schlussendlich imstande zu sein, ein Werk oder eine Leistung mit „verkehrsüblicher Beschaffenheit" anzubieten. Es ist grundsätzlich förderlich, sich an Normen zu orientieren, um dort definierte Mindeststandards einzuhalten. Jedoch ist es mindestens genauso wichtig, sich als Fachmann/-frau stetig weiterzubilden, um mit den neuesten relevanten technischen und wissenschaftlichen Erkenntnissen vertraut zu sein.

Das Internet bietet heute schier unendliche Möglichkeiten der Informationsgewinnung, jedoch sind häufig schnell verbreitete Informationen nicht abgesichert, nicht objektiv oder schlichtweg falsch dargestellt. Achten Sie daher unbedingt auf Ihre Quellen. Einschlägige Fachliteratur bietet Verlässlichkeit, regelmäßige Anpassung an neue Gegebenheiten und eine Plattform für Diskussionen unter Fachleuten und Interessierten.

Trotz vielschichtiger Regelungen, Gesetze und diverser Richtschnüre sollte jedem bewusst sein, dass Sie als Fachleute ihren Sachverstand bestmöglich einsetzen und Verantwortung für ihr Handeln übernehmen müssen. Nur so können wir langfristig die international geschätzte, hohe Qualität unseres Trinkwassers gewährleisten. Sie haben es mit in der Hand!

1.6 Neue europäische und nationale Regelungen

Trinkwassereinzugsgebieteverordnung

Mit der Trinkwassereinzugsgebieteverordnung (TrinkwEGV) werden die Art. 7 „Risikobasierter Ansatz für sicheres Wasser" und Art. 8 „Risikomanagement von Entnahmestellen von Wasser für den menschlichen Gebrauch" der Richtlinie (EU) 2020/2184 (Trinkwasserrichtlinie; vgl. später) in nationales Recht umgesetzt. Die Vorschriften der Verordnung gelten nach § 3 Abs. 3 Satz 1 TrinkwEGV nicht, wenn mit der Wassergewinnungsanlage im Durchschnitt weniger als 10 Kubikmeter Wasser pro Tag entnommen oder weniger als 50 Personen versorgt werden und das Wasser nicht im Rahmen einer gewerblichen oder öffentlichen Tätigkeit bereitgestellt wird. Betroffen sind von der Verordnung nach Pressemitteilung des DVGW vom 30.11.2023 mehr als 4.300 Wasserversorgungsunternehmen mit insgesamt etwa 16.000 Einzugsgebieten und rund 400 zuständige Wasserbehörden.

Zweck der Verordnung

Zweck der Verordnung ist es, Grund- und Oberflächenwasser in den Einzugsgebieten von Entnahmestellen für die Trinkwassergewinnung zu schützen. Das dient dem Schutz der Beschaffenheit des Rohwassers, das für die Aufbereitung von Trinkwasser verwendet wird. Durch Verringerung der Kontamination des Rohwassers und der Ursachen für eine Kontamination soll auch der erforderliche Aufwand für die Trinkwasseraufbereitung verringert werden (vgl. § 1 TrinkwEGV).

Beschreibung des Trinkwassereinzugsgebiets und Risikoabschätzung

Um den Zweck der Verordnung zu erreichen, hat der Betreiber einer Wassergewinnungsanlage gem. § 6 TrinkwEGV eine Bestimmung und Beschreibung des Trinkwassereinzugsgebiets und gem. § 7 TrinkwEGV eine Bewertung von Risiken für das Oberflächenwasser, das Grundwasser oder für beides oder für das Rohwasser vorzunehmen. Die Risikoabschätzung umfasst eine Abschätzung der Eintrittswahrscheinlichkeit und des Schadensausmaßes von Gefährdungen und Gefährdungsereignissen (Risikoanalyse) sowie einen Vergleich und eine Priorisierung der Risiken (Risikobewertung).

Festlegung des Untersuchungsprogramms

Zur Risikoabschätzung ist vom Betreiber ein Untersuchungsprogramm festzulegen (vgl. § 9 TrinkwEGV). Für das Untersuchungsprogramm muss er die Parameter – chemische, mikrobiologische u. a. – gem. § 8 TrinkwEGV identifizieren, die für das Erkennen von Gefährdungen und Gefährdungsereignissen überwachungsrelevant sind. Daten zu gemessenen Konzentrationen und erkennbar gewordene Trends sind dabei zu berücksichtigen. Die Untersuchungen nach §§ 8 und 9 TrinkwEGV dürfen nur von akkreditierten Untersuchungsstellen gem. § 11 TrinkwEGV vorgenommen werden, die die Anforderungen nach DIN EN ISO/IEC 17025 oder nach einer entsprechenden Norm erfüllen.

Erstellung der Dokumentation

Die Dokumentation über die Bewertung des Trinkwassereinzugsgebiets musste bis zum 12.11.2025 erstellt werden (vgl. § 12 TrinkwEGV). Die Dokumentation soll neben der Beschreibung des Trinkwassereinzugsgebiets, des Untersuchungsprogramms und einer Zusammenfassung der Untersuchungsergebnisse mindestens seit Inkrafttreten der TrinkwEGV auch einen Vorschlag enthalten, wie das Untersuchungsprogramm nach § 16 Abs. 1–3 TrinkwV ggf. angepasst werden sollte. Zudem werden Angaben zu vom Betreiber bereits durchgeführten Risikomanagementmaßnahmen und ihren Auswirkungen erwartet.

Die nach Landesrecht zuständige Behörde (bspw. untere Wasserbehörde des Kreises oder der kreisfreien Stadt) prüft die Dokumentation erstmals zum 12.05.2027 und passt das Untersuchungsprogramm im erforderlichen Umfang nach Anhörung des Betreibers an (vgl. § 16 Abs. 1 TrinkwEGV). Aufgrund der Bewertung des Trinkwassereinzugsgebiets legt die zuständige Behörde Risikomanagementmaßnahmen, die zur Verhinderung oder Beherrschung der identifizierten Risiken für das Oberflächenwasser, das Grundwasser oder das Rohwasser im Trinkwassereinzugsgebiet im Hinblick auf den Gebrauch als Trinkwasser erforderlich sind, und eine angemessene Frist für deren Umsetzung fest (vgl. § 15 Abs. 1 TrinkwEGV). § 15 Abs. 2 TrinkwEGV beschreibt Risikomaßnahmen wie folgt: *„Risikomaßnahmen sind insbesondere Maßnahmen, die*

1. *die Emissionen von Stoffen begrenzen,*
2. *eine Verschlechterung der Wasserbeschaffenheit verhindern oder verringern,*
3. *den erforderlichen Aufwand der Trinkwasseraufbereitung begrenzen oder*
4. *darauf abzielen, Gefährdungen, Gefährdungsereignisse oder Schadensfälle zu erkennen."*

Der Betreiber einer Wassergewinnungsanlage hat die Dokumentation erstmalig zum 12.07.2030 und danach alle sechs Jahre zu aktualisieren (vgl. § 12 Abs. 2 TrinkwEGV).

Hinweis

Weitere Hinweise zur Anwendung der TrinkwEGV enthält das Merkblatt DVGW W 1004 (M) „Bewertung von Trinkwassereinzugsgebieten gemäß Trinkwassereinzugsgebieteverordnung".

Ausnahmegenehmigungen gem. § 21 TrinkwV

Durch das Umweltbundesamt (UBA) wird gem. § 20 TrinkwV eine „Liste der zulässigen Aufbereitungsstoffe und Desinfektionsverfahren" geführt, die bei der Gewinnung, Aufbereitung und Verteilung von Trinkwasser verwendet werden dürfen. Diese sog. §-20-Liste wird im Amtlichen Teil des Bundesanzeigers und im Internet veröffentlicht:

- Bundesanzeiger
  - BAnz AT 27.01.2023 B12, Bekanntmachung der §-20-Liste
  - BAnz AT 27.08.2024 B7, Berichtigung der Bekanntmachung der §-20-Liste
- Links im Internet über www.umweltbundesamt.de/ (Suche: §-20-Liste)

§ 21 TrinkwV ermöglicht dem Umweltbundesamt, die Verwendung von Aufbereitungsstoffen oder Desinfektionsverfahren zuzulassen, die nicht in der §-20-Liste aufgeführt sind.

Wirksamkeitsprüfung neuer Aufbereitungsstoffe und Desinfektionsverfahren

Änderungen der §-20-Liste können auf Antrag erfolgen. Die Anträge können von Betreibern von Wasserversorgungsanlagen, Behörden, technischen Regelsetzern im Bereich der Trinkwasserversorgung und Personen, die Aufbereitungsstoffe oder Desinfektionsverfahren herstellen, einführen, verwenden oder anwenden, gestellt werden (vgl. § 21 Abs. 5 TrinkwV). Einzelheiten zum Antragsverfahren sind in der Geschäftsordnung der Geschäftsstelle zur Führung der Liste zulässiger Aufbereitungsstoffe und Desinfektionsverfahren nach § 20 Trinkwasserverordnung beim Umweltbundesamt (Geschäftsordnung §-20-Liste TrinkwV) festgelegt.

Das UBA hat die Aufgabe, auf Grundlage von § 20 Abs. 4 Satz 1 TrinkwV über die Aufnahme eines Aufbereitungsstoffs oder Desinfektionsverfahrens in die §-20-Liste zu entscheiden. Voraussetzung für die Aufnahme in die §-20-Liste ist, dass der Aufbereitungsstoff oder das Desinfektionsverfahren nach § 20 Abs. 4 TrinkwV bei Einhaltung der Einsatzbedingungen

„1. hinreichend wirksam ist,
2. sich weder vermeidbar noch unvertretbar in direkter oder indirekter Weise auf die menschliche Gesundheit oder die Umwelt auswirkt,
3. die Färbung, den Geruch oder den Geschmack des Trinkwassers nicht beeinträchtigt und
4. nicht unbeabsichtigt die Vermehrung von Mikroorganismen fördert.“

Ist für die Entscheidung des UBA die Erprobung eines Aufbereitungsstoffs oder Desinfektionsverfahrens erforderlich, kann die

Genehmigung dazu nach § 21 Abs. 1 TrinkwV zeitlich befristet vom UBA erteilt werden. Das ist möglich, wenn durch die Erprobung keine Gefährdung der Gesundheit und der Umwelt zu erwarten ist.

Hinweis

Die Ausnahmegenehmigungen werden im Bundesanzeiger bekannt gemacht (vgl. z. B. BAnz AT 13.06.2024 B7) und auf der Website des UBA veröffentlicht. Links zu Ausnahmegenehmigungen sind dort zu finden, wo auch die Informationen zur §-20-Liste abrufbar sind.

Weiterer Einsatz vor 2023 verwendeter Aufbereitungsstoffe/ Desinfektionsverfahren

Aufbereitungsstoffe und Desinfektionsverfahren, die vor dem 24.06.2023 eingesetzt wurden und nicht in die §-20-Liste übernommen worden sind, konnten Betreiber von Wasserversorgungsanlagen bei Erfüllung bestimmter Bedingungen gem. § 21 Abs. 5 und 6 TrinkwV längstens bis zum 31.12.2025 bzw. 30.06.2024 weiterverwenden. Betreibern von Wasserversorgungsanlagen, die vor dem 24.06.2023 Membrananlagen zur Entfernung von Krankheitserregern in der Trinkwasserinstallation für Forschungs- und Erprobungszwecke eingesetzt hatten, konnte nach § 21 Abs. 4 TrinkwV auf Antrag der weitere Betrieb befristet ermöglicht werden.

Aufgrund einer Ankündigung des UBA vom 21.03.2024 in Verbindung mit § 21 Abs. 3 TrinkwV können (sonstige) Membrane, Kalkschutzgeräte und Filtermedien (z. B. Füllkörper, natürliche Sande für die Langsamsandfiltration), die vor dem

24.06.2023 eingesetzt wurden oder diesen entsprechen, vorläufig weiter nach den allgemein anerkannten Regeln der Technik (a. a. R. d. T.) eingesetzt werden, wenn die Wirksamkeit durch den Betreiber nachgewiesen werden kann. Der Nachweis ist dem Gesundheitsamt auf Verlangen vorzulegen (vgl. BAnz AT 27.01.2023 B12 – Einleitung, Abschnitt 7).

Hinweis

Die Frist für diese Regelung endet zum 31.01.2031. Für einen Weiterbetrieb nach diesem Zeitpunkt ist ein Antrag auf Aufnahme in die §-20-Liste notwendig. Aus technischen Gründen bittet das UBA, Anträge erst nach dem 01.01.2029 einzureichen.

Ionenaustauscher, die vor dem 24.06.2023 im Einsatz waren, dürfen bis zur nächsten Änderung der §-20-Liste unter den zuvor genannten Bedingungen im Einsatz bleiben. Ist für sie eine Aufnahme in die §-20-Liste vorgesehen, können sie somit kontinuierlich weiter eingesetzt werden.

Vom Betreiber der Wasserversorgungsanlage ist bei Weiternutzung in jedem Fall sicherzustellen, dass keine chemischen Substanzen, die vermeidbare oder unvertretbare Auswirkungen auf die Gesundheit oder die Umwelt haben, aus Membranen, Ionenaustauschern oder anderen Filtermaterialien in das aufbereitete Wasser übergehen.

Richtlinie (EU) 2020/2184 und deren Umsetzung

Die Richtlinie (EU) 2020/2184 des Europäischen Parlaments und des Rates vom 16. Dezember 2020 über die Qualität von Wasser für den menschlichen Gebrauch (Trinkwasserrichtlinie) legt Mindestforderungen fest, denen Wasser für den menschlichen Gebrauch entsprechen soll, damit eine Gefahr für die menschliche Gesundheit ausgeschlossen werden kann.

Neuerungen in Zusammenhang mit der Trinkwasserrichtlinie sind u. a.:

- risikobasierter Ansatz für sicheres Wasser (Art. 7)
- Risikobewertung und Risikomanagement der Einzugsgebiete von Entnahmestellen (Art. 8)
- Risikobewertung von Hausinstallationen (Art. 10)
- Mindesthygieneanforderungen für Materialien und Werkstoffe (Art. 11)
- teilweise abgesenkte und neue Parameterwerte für Verunreinigungen (Anhang I)
- Zugang zu Wasser für den menschlichen Gebrauch (Art. 16)
- erweiterte Informationspflichten für Betreiber von Wasserversorgungsanlagen

Die novellierte Trinkwasserverordnung (TrinkwV) und die Trinkwassereinzugsgebieteverordnung (TrinkwEGV), die auf Grundlage des Infektionsschutzgesetzes (IfSG) bzw. des Wasserhaushaltsgesetzes (WHG) erlassen wurden, dienen der Umsetzung der Vorgaben der Richtlinie (EU) 2020/2184:

- Die TrinkwEGV dient, wie bereits oben erwähnt, der Umsetzung der Art. 7 und 8 der Trinkwasserrichtlinie. Ziel ist es, das Grund-, Oberflächen- und Rohwasser in den Trinkwassereinzugsgebieten zu schützen, um so den Aufwand für die Aufbereitung von Trinkwasser gering zu halten. Risiken für die Wasserbeschaffenheit in den Trinkwassereinzugsgebieten sollen identifiziert werden. Betreiber sollen das Wasser bspw. auf per- und polyfluorierte Alkylsubstanzen (PFAS) und auf nicht relevante Pestizid-Metaboliten untersuchen. Eine Überwachung soll auch für Parameter aus der Beobachtungsliste (z. B. Arzneimittel, Stoffe mit endokriner Wirkung und Mikroplastik) nach Art. 13 Abs. 8 der Trinkwasserrichtlinie erfolgen. Aufgrund der Ergebnisse zielgerichteter Untersuchungen soll Risiken hinsichtlich des Schadstoffeintrags in das Wasser vorgebeugt und ihnen entgegengewirkt werden.

- Eine allgemeine Analyse der Risiken entsprechend Art. 10 Abs. 1 der Trinkwasserrichtlinie, die von Hausinstallationen und dafür verwendeten Produkten, Materialien und Werkstoffen ausgehen können, erfolgt durch das Umweltbundesamt. Das UBA gibt auch Empfehlungen zu systemischen Untersuchungen von Trinkwasserinstallationen auf Legionellen (Probennahme, Untersuchungsgang und Angabe des Ergebnisses). Dem von Blei ausgehenden Risiko für das Trinkwasser wird durch § 17 TrinkwV entgegengewirkt. Bis zum 12.01.2026 müssen Trinkwasserleitungen oder Teilstücke davon, die Blei enthalten, entfernt oder stillgelegt werden. Ausnahmen kann nur das Gesundheitsamt auf Antrag gewähren.
- Für Materialien und Werkstoffe, die in Wasserversorgungsanlagen eingesetzt werden können, hat das UBA bisher Bewertungsgrundlagen erstellt. Diese werden ab dem 31.12.2026 durch Positivlisten der Europäischen Chemikalienagentur ECHA abgelöst. Bis längstens zum 31.12.2032 gibt es Übergangsregelungen.
- Die in die Anlagen zur TrinkwV übernommenen Werte für mikrobiologische und chemische Parameter sowie Indikatorparameter zur Beurteilung der Trinkwasserqualität wurden an die Vorgaben der Trinkwasserrichtlinie angepasst. Detaillierte

Angaben dazu enthält die BR-Drs. 68/23 vom 15.03.2023, S. 193 ff.

- Der „Bericht des Bundesministeriums für Gesundheit und des Umweltbundesamtes an die Verbraucherinnen und Verbraucher über die Qualität von Wasser für den menschlichen Gebrauch (Trinkwasser) in Deutschland (2020–2022)" vom Februar 2025 bescheinigt eine sehr gute Qualität des Trinkwassers (abrufbar über die Website des UBA).
- Gemäß §§ 45 und 46 TrinkwV sind Anschlussnehmer und Verbraucher regelmäßig in Textform und internetbasiert durch Betreiber zentraler Wasserversorgungsanlagen in geeigneter und leicht verständlicher Form über die Beschaffenheit des Trinkwassers zu informieren.

Der hohe Stand der Trinkwasserqualität in Deutschland ist das Verdienst aller an der Versorgung Beteiligten. Eine zukünftige Herausforderung bleibt neben der Bewahrung und dem Ausbau des hohen Niveaus der Trinkwasserversorgung der Umgang mit dem Schadstoffeintrag in das Trinkwasser durch bekannte und neue Materialien. Dazu bedarf es nicht nur rechtlicher Vorgaben, sondern auch der Sensibilisierung der Verbraucher für die damit verbundenen potenziellen Risiken und deren Vermeidung.

So weist das Umweltbundesamt ausdrücklich darauf hin, dass unverbrauchte Arzneimittel umweltgerecht zu entsorgen sind, dass Medikamente niemals über Toilette oder Spüle entsorgt werden dürfen. Auf ausführliche Informationen des Umweltbundesamtes für Verbraucher kann online über www.umweltbundesamt.de (Suche: Medikamente entsorgen) zugegriffen werden.

2 Trinkwasser-Installationen

2.1 Technische Regeln (DIN EN 806-1:2001-12, DIN EN 806-2:2005-06, DIN EN 806-3:2006-07, DIN EN 806-4:2010-06, DIN EN 806-5:2012-04)

Einführung

Hierbei handelt es sich um die deutsche Übernahme einer europäischen Norm. Europäische Normen müssen bei Verwendung unverändert von ihren Mitgliedern übernommen werden. Diese europäische Norm besteht aus fünf Teilen und wurde schrittweise eingeführt. Jeder Teil einer europäischen Norm kann nationale Ergänzungsnormen oder nationale Ergänzungsregeln enthalten.

Tabelle 1: *Schrittweise Einführung der DIN EN 806*

Europäische Norm		**erschienen**	**nationale Ergänzungsnorm**	**nationale Ergänzungsregeln**
DIN EN 806-1	Allgemeines	2001	keine	keine
DIN EN 806-2	Planung	2005	DIN 1988-200	DVGW W 551 und VDI 6023
DIN EN 806-3	Ermittlung der Rohrinnen-durchmesser	2006	DIN 1988-300	DVGW W 553
DIN EN 806-4	Installation	2007/04	DIN 1988-500 und DIN 1988-600	DVGW W 291, 290, 551 und GW 2
DIN EN 806-5	Betrieb und Wartung	2009/05	keine	keine
DIN EN 1717	Schutz des Trinkwassers	2000	DIN 1988-100	keine

Inhalte der Norm

Die DIN EN 806 Teil 1 bis 5 regelt die Zuständigkeiten und Aufgaben für Planung, Bau und Betrieb. Sie ist Handwerkszeug für Planer, Installateure, Wasserversorgungsunternehmen und Betreiber. Es werden sämtliche Begriffe von Trinkwasser bis hin zu grafischen Symbolen und Kurzzeichen abgebildet. Betroffen ist die Trinkwasser-Installation innerhalb von Gebäuden und für bestimmte Anwendungen auch außerhalb von Gebäuden, aber immer innerhalb von Grundstücken. Der Anwendungsbereich endet an den freien Ausläufen an der Trinkwasser-Installation. Ziel der Norm im Allgemeinen ist, dass

- eine Verschlechterung der Trinkwasserqualität innerhalb der Installation vermieden wird,
- der erforderliche Durchfluss und Druck an den Entnahmestellen und an den Anschlussstellen für die Apparate vorhanden sind,
- die Installation für die Zeit ihrer kalkulierten Lebensdauer die Gesundheit nicht gefährdet und keinen Sachschaden verursacht,
- das Trinkwasser die Normen für die physikalische, chemische und mikrobiologische Wasserbeschaffenheit an den Entnahmestellen erfüllt,
- die Installation den funktionalen Anforderungen während der gesamten Lebensdauer entspricht,
- Geräusche auf ein vertretbares Maß minimiert werden,
- eine Verunreinigung des Trinkwassers aus der öffentlichen Wasserversorgung sowie Verschwendung, Verluste und Missbrauch vermieden werden.

Die DIN EN 806-2 beschäftigt sich überwiegend mit der Planung. Die Planung bezieht sich uneingeschränkt auf Wasser einer öffentlichen Versorgung oder einer privaten Einzel- oder Eigentrinkwasserversorgung. Auch sind nationale oder regionale Vorschriften oder Anforderungen zu beachten. In der Norm wird unter Punkt 3.2.1. „Allgemeines" von A bis I beschrieben, wie eine Trinkwasser-Installation zu planen ist.

Die drei wichtigsten Punkte sind:

- Wasserverschwendung, übermäßiger Gebrauch, Missbrauch und Verunreinigungen vermeiden
- stagnierendes Wasser vermeiden
- keine Gefahr oder Unannehmlichkeiten für Personen oder Haustiere

Anwendung der Norm

Betriebstemperatur

30 Sekunden nach dem vollen Öffnen einer Entnahmestelle soll die Wassertemperatur 25 °C für Kaltwasser nicht übersteigen und nicht weniger als 60 °C für Warmwasser betragen. Im Hinblick auf die Hygiene im Trinkwasser ist dies wohl der wichtigste Punkt, welchen es zu beachten gilt. Für die Verteilung von kaltem Trinkwasser dürfen am Ende einer langen Leitung keine Entnahmestellen mit geringem und seltenem Gebrauch eingebaut werden. Kaltwasserleitungen dürfen nicht zusammen mit warmgehenden Rohren in einem Schacht oder Kanal verlegt werden. Bei der Verteilung von erwärmtem Trinkwasser sind die nationalen oder örtlichen Vorschriften zur Verhinderung des Wachstums von Legionellen einzuhalten. Bei Großanlagen

mit Zirkulationsleitungen darf die Temperaturdifferenz zwischen Trinkwassererwärmer und Rücklauf maximal 5 Kelvin betragen.

Entnahmearmaturen und Mischbatterien

Bei der Verwendung von mechanischen Mischbatterien besteht Verbrühungsgefahr. Zentralthermostate bzw. zentrale thermostatische Mischventile dürfen nicht zur gleichzeitigen Versorgung mehrerer Entnahmestellen eingesetzt werden.

Vermeidung von Verbrühungen

Anlagen von erwärmtem Trinkwasser sind so zu gestalten, dass ein Verbrühungsrisiko geringgehalten wird. An anderer Stelle sind die Hygieneanforderungen beschrieben. An Entnahmestellen mit besonderer Beachtung der Auslauftemperaturen wie in Krankenhäusern, Kindergärten, Altenheimen usw. sollen zur Verminderung des Verbrühungsrisikos thermostatische Mischventile oder Armaturen mit Begrenzung der oberen Temperatur eingesetzt werden. Empfohlen wird eine höchste Temperatur von 43 °C. Bei Duschanlagen in Kindergärten und Pflegeheimen sollte sichergestellt werden, dass die Temperatur 38 °C nicht übersteigen kann.

Warmwasser-Betriebstemperaturen

- Betriebstemperaturen 60 °C bei Großanlagen
- Betriebstemperaturen nicht unter 50 °C bei Kleinanlagen
- Vorwärmstufen > 400 l einmal täglich auf 60 °C bei Großanlagen
- Vorwärmstufen < 400 l und bei Kleinanlagen bleibt es dem Betreiber überlassen, ob er einmal täglich auf 60 °C aufheizt – aus hygienischen Gründen ist dies jedoch empfehlenswert

Zum Zwecke der thermischen Desinfektion sollte bei Warmwassersystemen die Möglichkeit bestehen, auch in den entferntesten Entnahmestellen 70 °C zu erreichen. Die baulichen Voraussetzungen der Anlage gilt es, vor jeder thermischen Desinfektion (insbesondere in Altbauten) im Einzelfall zu prüfen, um mögliche Schädigungen der Anlage zu vermeiden und ggf. auf chemische Verfahren auszuweichen.

Einsatz von Schläuchen

Flexible Schläuche dürfen verwendet werden, wenn sie für die zu erwartenden Betriebsbedingungen ausgelegt werden. In Strömungsrichtung ist unmittelbar vor dem Schlauchanschluss eine Absperrarmatur einzubauen. Die maximale Schlauchlänge sollte nicht mehr als 2 m betragen.

Absperrbereiche

Verbrauchs- und Verteilungsleitungen müssen absperr- und entleerbar sein. Stockwerksleitungen und jede abgeschlossene Wohnung müssen separat absperrbar sein. Ebenso ist an jedem Apparateanschluss eine Absperrarmatur vorzusehen.

Kombinierte Trinkwasser- und Feuerlöschanlagen

Die Verantwortung unterliegt den Planern, Errichtern und Betreibern. Es sind baurechtliche Vorschriften und Auflagen zu beachten, und das Wasserversorgungsunternehmen ist zur Beurteilung der Anlage mit einzubeziehen. In jedem Fall muss darauf geachtet werden, dass stagnierendes Wasser und Verunreinigungen des Trinkwassers verhindert werden.

Zugelassene Werkstoffe

Der Norm ist eine Liste mit verschiedenen Werkstoffen angehängt. Die Verwendung von unterschiedlichen Werkstoffen ist regional verschieden. Auskunft erteilt das regionale Wasserversorgungsunternehmen. Regional bedingt kann es vorkommen, dass das Trinkwasser behandelt werden muss. Besonders zu erwähnen ist hier die Enthärtung der Ionentauscher – sprich: Enthärtungsanlage. Die Natriumkonzentration darf einen Wert von 200 mg/l nicht überschreiten. Dieser Grenzwert ist auch in der Trinkwasserverordnung festgelegt.

Ausführung der Pflichten

Inhalte der Normen

In DIN EN 806-3 wird die Berechnung der Rohrinnendurchmesser beschrieben. Dem Planer steht es frei, ob er ein vereinfachtes Verfahren zur Bestimmung der Rohrinnendurchmesser oder eine differenzierte Berechnung wählt. Das vereinfachte Verfahren ist für alle Gebäude anwendbar, welche nicht überdurchschnittlich groß sind. Somit ist dies für den größten Teil aller Gebäude für Kalt- und Warmwasserleitungen gleichermaßen anzuwenden. Die Zirkulation unterliegt anderen hydraulischen Gesetzmäßigkeiten und kann nicht mit dieser Methode bemessen werden. Die zulässige Fließgeschwindigkeit liegt i. d. R. bei 2 m/s. Das Maximum für Einzelzuleitungen beträgt 4 m/s.

Die DIN EN 806-4 ist auf Neuinstallationen, Umbau und Reparaturen anwendbar. Es werden Behälter, Befestigungen, Schallschutz, Leitungsverlegung, Entnahmearmaturen, aber auch Kennzeichnung und Aufzeichnung der Lageanordnung von Rohrleitungen beschrieben. Die Kombination von unterschiedlichen Rohrmaterialien für Rohrleitungen sollte unter allen Umständen, u. a. aus Gründen der Korrosion, beachtet werden. In diesem Fall spricht man von einer Fließregel.

Inbetriebnahme

Zur Inbetriebnahme gehört neben der Befüllung auch die hydrostatische Druckprüfung von Installationen innerhalb von Gebäuden. Es ist auf mögliche Gefahren durch hohen Gas- oder Luftdruck im System zu achten. Die Warm- oder Kaltwasser-Installationen dürfen nur mit Trinkwasser befüllt werden, das keine Partikel > 150 μm enthält. Es gibt unterschiedliche Prüfverfahren, die in jedem Fall zu dokumentieren sind. Nach der Druckprüfung ist die Trinkwasser-Installation möglichst bald (max. 7 Tage) in Betrieb zu nehmen. Kalte und erwärmte Trinkwasserleitungen müssen getrennt voneinander gespült werden. Befüllte, aber noch nicht in Betrieb genommene Anlagen sind in regelmäßigen Abständen von bis zu sieben Tagen zu spülen. Die Mindest-Fließgeschwindigkeit beim Spülen einer Installation muss 2 m/s betragen. Das Wasser im System soll während des Spülens mindestens 20-mal ausgetauscht werden.

Nach dem Spülen muss eine Probe genommen und diese einer bakteriologischen Untersuchung unterzogen werden. Dies bringt Sicherheit für den Installateur und den zukünftigen Betreiber. Sollte die Trinkwasser-Installation trotz sorgfältiger Errichtung kontaminiert sein, so ist die gesamte Anlage entsprechend dem Regelwerk zu desinfizieren und erneut bakteriologisch zu untersuchen. Die vollständige Aufzeichnung ist dem Eigentümer des Gebäudes zu übergeben. Im Anhang B dieses Teils 4 befinden sich noch die Berechnung und Kompensation von Wärmewirkung auf die Rohrleitung von Metall- und Kunststoffrohren.

Die DIN 806-5 beschreibt den Betrieb und die Wartung. Der Punkt 4 „Allgemeines" beschreibt, wie die Anlage betrieben und gewartet werden soll. Häufig ist festzustellen, dass der Punkt 5 „Dokumentation" nicht ordnungsgemäß erfüllt wird.

2.2 Schutz vor Verunreinigungen (DIN EN 1717:2011-08)

Einführung

Wasserversorgungsanlagen zur Abgabe von Trinkwasser dürfen nur dann mit einer Nichttrinkwasseranlage verbunden werden, wenn sie mit einer Sicherungseinrichtung ausgestattet sind (§ 13 Abs. 3 TrinkwV, BGBl. 2023 Teil 1 Nr. 159 Seite 10), durch die sichergestellt wird, dass das Trinkwasser nicht durch Nichttrinkwasser verunreinigt wird.

Verunreinigungen von Trinkwassernetzen und Trinkwasser-Installationen innerhalb von Gebäuden können sich als Folge des Rückfließens von Nichttrinkwasser in das Trinkwassernetz ergeben. Sie können auch die Folge tatsächlicher oder möglicher Verbindungen eines Trinkwassersystems mit einem Nichttrinkwassersystem sein.

Das Einbringen von Verunreinigungen, beispielsweise über Belüftungsöffnungen oder freie Ausläufe, die Verwendung ungeeigneter Werkstoffe im Trinkwassersystem, aber auch mangelhafte oder unsachgemäße Wartung können weitere Ursachen für Verunreinigungen sein.

Die Norm DIN EN 1717 macht Vorgaben für Trinkwasser-Installationen innerhalb und außerhalb von Gebäuden sowie innerhalb von Grundstücken.

Ziel ist es, Verunreinigungen des Trinkwassers durch einen Rückfluss von Nichttrinkwasser in das Trinkwassernetz auszuschließen. In diesem Zusammenhang werden Empfehlungen für die Risikoanalyse, zur Konstruktion von Sicherungseinrichtungen und deren Einbau gegeben.

Die DIN EN 1717 ist eine europäische Grundsatznorm. Die Schutzanforderungen der Norm gelten für alle weiteren Normen, die sich auf Anlagen und Geräte, die an private Versorgungsnetze für Trinkwasser angeschlossen sind, beziehen.

Hinweis

Einleitend wird darauf hingewiesen, dass die Norm keine Auskunft darüber gibt, ob die in der Norm berücksichtigten Produkte nationalen Beschränkungen unterliegen.

Die DIN EN 1717:2011-08 wurde vom Arbeitsausschuss NA 119-04-07 AA „Häusliche Wasserversorgung" des Normenausschusses Wasserwesen (NAW) erarbeitet. Nationale Ergänzungsnorm ist die DIN 1988-100. Diese ist in der Vergangenheit zusammen mit der DIN EN 1717 ausgegeben worden.

2023 wurde der Norm-Entwurf DIN EN 1717:2023-07 veröffentlicht. Der Anwendungsbereich der Norm wurde erweitert und überarbeitet. Begriffe und Definitionen wurden geändert und sämtliche Abbildungen wurden aktualisiert. Ein weiteres Bild für eine Überlaufanordnung wurde ergänzt. Die Tabelle 2 „Schutzmatrix der Sicherungseinrichtungen und zugehörigen Flüssigkeitskategorien" wurde aktualisiert. Überarbeitet wurden der Abschnitt 8 „Freier Ablauf über einem Entwässerungsgegenstand" sowie die Anhänge A „Auflistung der Sicherungseinrichtungen" und B „Tabelle zur Bestimmung der Flüssigkeitskategorie für den erforderlichen Schutz“. Der Anhang C „Durchführung der Analyse“ wurde ebenfalls überarbeitet und zusätzlich um Anwendungsbeispiele erweitert.

Hinweis

Zuständiges nationales Normungsgremium für den Norm-Entwurf DIN EN 1717:2023-07 ist der Arbeitskreis NA 119-07-07-01 AK „Überarbeitung DIN 1988-100“ im NAW.

Im Ergebnis von Einsprüchen zum ursprünglichen Entwurf der neuen EN 1717 gab es noch einige Änderungen. Derzeit (September 2025) liegt eine vom Europäischen Komitee für Normung CEN verabschiedete überarbeitete europäische Norm EN 1717:2025 vor. Auf deren Grundlage soll die endgültige deutsche Fassung der novellierten DIN EN 1717 voraussichtlich im Dezember 2025 oder Anfang 2026 veröffentlicht werden.

In der Folge muss der vorliegende Vorschlag DIN 1988-100:2024-10-Entwurf als Ergänzungsnorm zur DIN EN 1717 stark revidiert werden. Ein neuer Entwurf für diese Norm kann frühestens im Frühjahr 2026 veröffentlicht werden. Voraussichtlich im Herbst oder Winter 2026 ist die Veröffentlichung einer Neufassung der DIN 1988-100 zu erwarten.

In Zusammenhang mit der Neufassung der EN 1717 werden auch die Teile 1 und 2 der europäischen Norm EN 806 mit Technischen Regeln für Trinkwasser-Installationen umgeschrieben. Eine Überarbeitung der Teile 3, 4 und 5 soll sich anschließen.

Bis die neue DIN EN 1717 vorliegt, ist die DIN EN 1717:2011-08 weiterhin die aktuelle Norm.

Inhalt und Anwendung der Norm

Rückfließen kann durch Rücksaugen oder Rückdrücken stattfinden. Eine Verunreinigung von Trinkwasser ist i. S. d. Norm jede Verminderung der Qualität des Trinkwassers. Die Voraussetzung für ein Zustandekommen einer Verunreinigung ist, dass die Möglichkeit der Vermischung von Trinkwasser und einer anderen verunreinigten Flüssigkeit besteht.

Eine Verunreinigung tritt ein, wenn noch ein Druckunterschied an beliebiger Stelle der Trinkwasser-Installation existiert, der eine Umkehr der bestimmungsgemäßen Fließrichtung verursacht. Um eine Verunreinigung zu vermeiden, sind zunächst die Flüssigkeitskategorie und die erforderliche Sicherungseinrichtung zu bestimmen und daraus die notwendigen Maßnahmen abzuleiten.

Jede unzureichende oder nicht ordnungsgemäße Wartung einer Trinkwasser-Installation, einschließlich der Sicherungseinrichtungen zum Schutz gegen Rückfließen, kann eine Beeinträchtigung der Wasserqualität hervorrufen (vgl. Abschnitt 4.6 der Norm).

Eine regelmäßige Wartung der Sicherungseinrichtung muss daher durchgeführt werden. Ihre ordnungsgemäße Funktion ist in Übereinstimmung mit den Anforderungen der DIN EN 806-5 „Technische Regeln für Trinkwasser-Installationen – Teil 5: Betrieb und Wartung“ zu überprüfen.

***Tabelle 1:** Einteilung der Flüssigkeitskategorien (in Anlehnung an DIN EN 1717)*

Flüssigkeitskategorien nach Abschnitt 5.2		**Beispiele für Flüssigkeitskategorien**
Kat. 1	Kaltwasser für menschlichen Gebrauch, entnommen aus einer Trinkwasser-installation	Trinkwasser, kalt
Kat. 2	Flüssigkeiten für menschlichen Gebrauch, einschließlich Wasser aus einer Trinkwasser-Installation mit einer Veränderung in Geschmack, Geruch, Farbe oder Temperatur	Trinkwasser, warm; gekühltes Trinkwasser, behandeltes Trinkwasser, Dampf (in Kontakt mit Lebensmitteln, frei von Additiven), Trinkwasser und flüssige Lebensmittel (Fruchtsäfte, Kaffee), Trinkwasser und feste Lebensmittel, Trinkwasser und alkoholische Getränke
Kat. 3	Flüssigkeit mit schädlichen Substanzen mit niedriger akuter Toxizität und geringer Gefährdung für die menschliche Gesundheit	Spülkastenwasser, Spülwasser für Geschirr- und Küchengeräte

***Tabelle 1:** Einteilung der Flüssigkeitskategorien (in Anlehnung an DIN EN 1717)*

Flüssigkeitskategorien nach Abschnitt 5.2		Beispiele für Flüssigkeitskategorien
Kat. 4	Flüssigkeit mit signifikanter Gefährdung für die menschliche Gesundheit aufgrund von Substanzen hoher akuter Toxizität oder von krebserregenden, erbgutverändernden oder fortpflanzungsgefährdenden Substanzen	Kat. 3 oder 4 in Abhängigkeit von der Konzentration: Wasser und Waschmittel, Wasser und Kühlmittel, Wasser und Frostschutzmittel, Wasser und Reinigungsmittel, Heizungswasser mit und ohne Additive
Kat. 5	Flüssigkeit mit Gesundheitsgefährdung für Menschen durch die Anwesenheit mikrobieller oder viraler Erreger übertragbarer Krankheiten	Abwasser, Wasser aus Körperreinigung, WC-Wasser, Wasser für Tiertränken, Vorwaschen und Waschen von Geschirr und Küchengeräten, Waschmaschinenwasser, Regenwasser, Schwimmbeckenwasser

Stagnationswasser entsteht bei Betriebsunterbrechungen und Trennungen. Ansteigende Konzentration von gelösten oder suspendierten Stoffen oder Bakterienwachstum kann die Wasserqualität beeinflussen. In Abhängigkeit von den konkreten Umständen ist eine Flüssigkeitskategorie von 2 bis 5 dem Stagnationswasser zuzuordnen.

Liegt ein Gemisch verschiedener Flüssigkeiten vor, wird ihm unabhängig von den Anteilen der einzelnen Flüssigkeiten die Kategorie der Flüssigkeit mit der höchsten Kategorie zugeordnet.

Die DIN EN 1717 enthält in Abschnitt 5.8 eine Tabelle 2 „Schutzmatrix der Sicherungseinrichtungen und der zugeordneten Flüssigkeitskategorien", in der verschiedene Sicherungseinrichtungen zum Schutz gegen Rückfließen in Abhängigkeit von den Flüssigkeitskategorien zusammengestellt sind.

Die Sicherungseinrichtungen werden in acht Gruppen mit zahlreichen Typen unterteilt:

- Gruppe A: Freier Auslauf
- Gruppe B: Kontrollierbare Trennung
- Gruppe C: Nicht kontrollierbare Trennung
- Gruppe D: Prinzip der atmosphärischen Belüftungseinrichtung
- Gruppe E: Rückflussverhinderer
- Gruppe F: Kontrollierbare mechanische Trennung
- Gruppe G: Belüftungsarmaturen für Schlauchanschlüsse
- Gruppe H: Druckbeaufschlagter Belüfter, bei Unterdruck öffnend

Tabelle 2: *Beispiele für Sicherungseinrichtungen und Anwendungsbereiche*

	Sicherungseinrichtung	Flüssigkeits-kategorien
AA	Ungehinderter freier Auslauf	2 bis 5
AB	Freier Auslauf mit nicht kreisförmigem Überlauf (uneingeschränkt)	
AD	Freier Auslauf mit Injektor	
BA	Rohrnetztrenner mit kontrollierbarer Mitteldruckzone	2 bis 4
EA	Kontrollierbarer Rückflussverhinderer	2
EC	Kontrollierbarer Doppelrückflussverhinderer	
EB	Nicht kontrollierbarer Rückflussverhinderer	Nur für bestimmten häuslichen Gebrauch (vgl. Abschnitt 6 Tabelle 3 der Norm)
ED	Nicht kontrollierbarer Doppelrückflussverhinderer	

Anhang A der Norm enthält informativ eine detailliertere Beschreibung von Sicherungseinrichtungen. Falls Zweifel hinsichtlich der Auswahl einer erforderlichen Sicherungseinrichtung bestehen, sollte stets das höhere Schutzniveau gewählt werden. Für Systeme mit Entnahmestelle für den häuslichen Gebrauch sind weitere Sicherungseinrichtungen zulässig (vgl. Abschnitt 6 der Norm).

Ausführung der Pflichten

Auf juristischen Bestandsschutz kann man sich nicht berufen, auch nicht, wenn man davon ausgeht, dass der vorhandene Anschluss zum Zeitpunkt der Installation gemäß den damals geltenden Regeln der Technik ausgeführt wurde. So sind Anforderungen der Trinkwasserqualität selbstverständlich in bestehenden Anlagen ebenso einzuhalten wie in den Neuanlagen. Wenn also von einer solchen bestandsgeschützten Installation eine Gefährdung für die Trinkwasserqualität ausgeht, kann man sich nicht mehr auf deren Bestandsschutz berufen. Dieser würde unter Umständen nachteilige Auswirkungen auf das Trinkwasser zulassen.

Abstriche bei der Trinkwasserhygiene sind nicht akzeptabel. Die wichtigste und häufigste Absicherung wird wohl der Einbau eines Systemtrenners zur Heizungsbefüllung sein. Bei der Befüllung einer Heizungsanlage kann durch Rücksaugen oder Rückdrücken Heizungswasser in das Trinkwassersystem eindringen. Dies gilt es in jedem Fall zu vermeiden.

Heizungswasser entspricht normalerweise der Flüssigkeitskategorie 3. Sobald chemische Zusätze enthalten sind, ist Flüssigkeitskategorie 4 anzuwenden.

Schritte des Analyseverfahrens zur Ermittlung der erforderlichen Sicherungseinrichtungen sind in Abschnitt 5.9 des Norm-Entwurfs DIN EN 1717:2023-07 zusammengefasst. Ausgangspunkt ist die Analyse der technischen Eigenschaften der vorhandenen Trinkwasser-Installation und die Bestimmung der Kategorien der Flüssigkeiten, deren Rückfließen zu einer Verunreinigung führen kann.

Darauf aufbauend werden die Anforderungen an die notwendigen Sicherungseinrichtungen bestimmt und anschließend muss entschieden werden, welche Sicherungseinrichtungen angewendet werden müssen (vgl. Abschnitte 5.7 und 5.8 der Norm).

Es muss festgestellt werden, ob einzelne oder doppelte Trennwände erforderlich sind und ob die Verbindung zum Entwässerungssystem einen freien Ablauf enthält (vgl. Abschnitte 5.4 und 5.5 der Norm). Der Einbau der geeigneten Sicherungseinrichtung ist erforderlich, wenn sie noch nicht Teil der inspizierten Installation ist.

Eine Absicherung ist an Entnahmestellen für den nicht-häuslichen Gebrauch erforderlich (vgl. Abschnitt 7 der Norm). Das ist somit auch für die Entnahme von Löschwasser aus dem Rohrnetz der öffentlichen Trinkwasserversorgung notwendig. Anforderungen dazu sind in der DIN 1988-600 präzisiert.

In der alltäglichen Praxis sind immer wieder ungesicherte Gartenwasserhähne zu beobachten. Ein anderer Bereich sind Standrohre auf Baustellen, an denen häufig eine Vielzahl von ungesicherten Wasseranschlüssen anzutreffen ist. Selbstverständlich gehören alle diese Anschlüsse entsprechend der Flüssigkeitskategorie abgesichert.

Große Bedeutung ist der ordnungsgemäßen und regelmäßigen Wartung und Instandhaltung einschließlich der Sicherungseinrichtungen beizumessen (vgl. Abschnitt 4.6 der Norm).

Die Sicherungseinrichtungen müssen regelmäßig inspiziert und in Übereinstimmung mit den anzuwendenden Normen der Reihe EN 806 überprüft werden.

Verhinderung des Rückfließens – Normen für Rohrtrenner und freie Ausläufe

DIN EN 13434:2022-04

Sicherungseinrichtungen zum Schutz des Trinkwassers gegen Verschmutzung durch Rückfließen - Rohrtrenner, durchflussgesteuert – Familie G, Typ B

Die Norm legt die Anforderungen an hydraulisch betätigte Rohrtrenner der Familie G, Typ B (auch als „GB“ bezeichnet) fest. Mit diesen Rohrtrennern soll das Rückfließen von verunreinigtem Wasser, das nicht mehr als Trinkwasser und für sanitäre Zwecke genutzt werden kann, in das Trinkwasserversorgungsnetz verhindert werden, wenn der Druck in diesem vorübergehend niedriger als in dem verunreinigten Kreislauf ist. Behandelt werden hydraulisch betätigte mechanische Rohrtrenner der Druckstufe PN 10, funktionsfähig bei jedem Druck bis 1,0 MPa (10 bar), die bei Temperaturen bis 65 °C im Dauerbetrieb, bei Temperaturen bis 90 °C maximal eine Stunde arbeiten können. Anzuwenden ist die Norm für durchflussgesteuerte Rohrtrenner der Nennweiten DN 8 bis DN 250.

Gegenüber der zurückgezogenen Norm DIN EN 13434:2006-05 erfolgte eine inhaltliche und redaktionelle Überarbeitung.

DIN EN 13077:2023-07

Sicherungseinrichtungen zum Schutz des Trinkwassers gegen Verschmutzung durch Rückfließen - Freier Auslauf mit nicht kreisförmigem Überlauf (uneingeschränkt) – Familie A – Typ B

Die Norm legt Anforderungen für freie Ausläufe mit einem nicht kreisförmigen, nicht eingeschränkten Überlauf für Fließgeschwindigkeiten bis 3 m/s fest. Die Ausläufe sollen das Trinkwasser vor Verunreinigungen durch Rückfließen schützen. Die Norm kann für freie Ausläufe von werkseitig hergestellten Bauteilen und für vor Ort gebaute freie Ausläufe angewendet werden.

Diese Norm ersetzt die DIN 13077:2018-06. Dazu wurde die gesamte Norm redaktionell überarbeitet. Betroffen sind u.a. die Unterabschnitte 7.4 (Ausführungen des Überlaufs) und 7.5 (Höhe des freien Auslaufs A – gemessen zwischen tiefstem Punkt der Öffnung für den Zufluss und dem kritischen Wasserspiegel). Der Anhang B wurde gestrichen.

2.3 Ergänzungsnormen zu Technischen Regeln (DIN 1988-100:2011-08, DIN 1988-200:2012-05, DIN 1988-300:2012-05, DIN 1988-500:2021-05, DIN 1988-600:2021-07)

Einführung

Die Verordnung (EU) Nr. 1025/2012 legt das Zusammenwirken des jeweils federführenden Europäischen Komitees für Normung (CEN) mit den nationalen Normungsorganisationen der EU-Mitgliedsstaaten fest.

Im Ergebnis der europäischen Normung entstehen Europäische Normen (EN), die garantieren sollen, dass bei ihrer Anwendung die Rechtsvorschriften der Europäischen Union im jeweiligen Anwendungsbereich in allen EU-Mitgliedsstaaten eingehalten werden.

DIN EN-Normen sind Europäische Normen, die in das deutsche Normenwesen übernommen worden sind. Konkurrierende nationale Normen sind gemäß EU-Verordnung in angemessener Zeit zurückzuziehen. Die (Mindest-)Anforderungen an die Qualität von Trinkwasser für den menschlichen Gebrauch sind mit der Anfang 2021 in Kraft getretenen Richtlinie (EU) 2020/2184 neu gefasst worden.

Derzeit ist es vielfach noch erforderlich, nationale Normen – sog. Ergänzungsnormen – den in einem Anwendungsbereich einzuhaltenden Europäischen Normen beizufügen, um nationalem Recht Rechnung zu tragen.

So können nationale Schutzziele und die Anforderungen der nationalen Trinkwasserverordnung berücksichtigt werden, wenn es an entsprechenden Vorgaben in Europäischen Normen fehlt.

Wichtiges Schutzziel ist dabei der Erhalt der Trinkwassergüte, der von einer fach- und bedarfsgerechten Planung von Trinkwasserinstallationen ebenso abhängig ist wie von baulichen Rahmenbedingungen und schließlich von dem bestimmungsgemäßen Betrieb der Anlagen.

Dazu ist es notwendig, die richtigen Inhalte aus Normen, Ergänzungsnormen und Richtlinien anzuwenden.

Zur Einhaltung der in Deutschland verbindlich zu berücksichtigenden gesetzlichen Vorgaben für Planung, Errichtung und Betrieb von Trinkwasserinstallationen in Gebäuden gibt es mit Stand Juli 2024 umfangreiche Umsetzungshinweise der Verbände Bundesindustrieverband Technische Gebäudeausrüstung e. V. (BTGA), Deutscher Verein des Gas- und Wasserfaches (DVGW), Bundesvereinigung der Firmen im Gas- und Wasserfach e. V. (figawa), German Facility Management Association (gefma) und Zentralverband Sanitär Heizung Klima (SHK).

Dabei spielen die allgemein anerkannten Regeln der Technik, die durch die vom Deutschen Institut für Normung herausgegebene Europäische Norm DIN EN 1717 sowie die Normen der Reihe DIN EN 806 vorgegeben sind, eine entscheidende Rolle.

Diese EU-Normen werden durch einschlägige nationale Normen ergänzt. Verantwortlich ist der DIN-Normenausschuss Wasserwesen (NAW) mit seinen Arbeitsausschüssen.

Alle Ergänzungsnormen gelten in Verbindung mit der DIN EN 1717 und der Normenreihe DIN EN 806. Besonders hinzuweisen ist auf die in der folgenden Tabelle erfassten Beziehungen von nationalen Ergänzungsnormen und EU-Normen.

Tabelle 1: *Beziehungen von nationalen Ergänzungsnormen und EU-Normen*

EU-Norm	**Nationale Ergänzungsnorm und Kurzbeschreibung**		**Arbeitsausschuss**
DIN EN 1717	DIN 1988-100	Schutz des Trinkwassers Erhaltung der Trinkwassergüte	NA 119-04-07 AA
DIN EN 806-2	DIN 1988-200	Installation Typ A (geschlossenes System)	NA 119-07-07 AA
DIN EN 806-3	DIN 1988-300	Ermittlung der Rohrdurchmesser	NA 119-04-07 AA
DIN EN 806-2	DIN 1988-500	Druckerhöhungsanlage	NA 119-07-07 AA

Tabelle 1: *Beziehungen von nationalen Ergänzungsnormen und EU-Normen*

EU-Norm	**Nationale Ergänzungsnorm und Kurzbeschreibung**		**Arbeitsausschuss**
DIN EN 1717	DIN 1988-600	Installationen verbunden mit Feuerlösch-/Brandschutzanlagen	NA 119-07-07 AA

Die Normen DIN 1988-1 bis DIN 1988-6 wurden zurückgezogen und mit Ausnahme der DIN 1988-4 durch die in der Tabelle aufgeführten Normen DIN 1988-100 bis DIN 1988-600 ersetzt. Die Teilnummern wurden dreistellig gewählt, um auf den Unterschied zur alten Normenreihe aufmerksam zu machen. Eine DIN 1988-400 gibt es nicht. An die Stelle der alten DIN 1988-4 „Technische Regeln für Trinkwasser-Installationen – Teil 4: Schutz des Trinkwassers, Erhaltung der Trinkwassergüte; Technische Regel des DVGW" traten die DIN EN 1717 und die DIN 1988-100.

Hinweis

Im Zuge der Überarbeitung der DIN 1988-100 wurde 2024 ein Norm-Entwurf über DIN-Media veröffentlicht (DIN 1988-100:2024-07 – Entwurf). Ursprünglich war eine Ausgabe der revidierten Norm im Frühjahr 2025 geplant. Dieser Termin wird aber vermutlich auf einen erheblich späteren Zeitpunkt verschoben werden müssen. Eine gleichzeitige Ausgabe mit der revidierten DIN EN 1717 ist beabsichtigt. Im Folgenden wird auf die aktuellen Normen Bezug genommen.

DIN 1988-100 „Schutz des Trinkwassers, Erhaltung der Trinkwassergüte“

Die DIN 1988-100:2011-08 ist eine Technische Regel des DVGW für Trinkwasserinstallationen. Diese nationale Ergänzungsnorm enthält in Deutschland zu berücksichtigende Planungs- und Ausführungshilfen, die nicht in die Europäische Norm DIN EN 1717 „Schutz des Trinkwassers vor Verunreinigungen in Trinkwasser-Installationen und allgemeine Anforderungen an Sicherheitseinrichtungen zur Verhütung von Trinkwasserverunreinigungen durch Rückfließen – Technische Regel des DVGW“ übernommen worden sind.

Die DIN 1988-100:2011-08 ist eine Ergänzungsnorm, die nur in Zusammenhang mit der DIN EN 1717:2011-08 anzuwenden ist.

Durch die Einhaltung der DIN 1988-100 wird gewährleistet, dass die in der Trinkwasserverordnung festgelegten Forderungen bezüglich der Trinkwassergüte an jeder Stelle der Trinkwasserinstallation erfüllt werden. Unter anderem enthält dieser Teil der Norm folgende Anforderungen und Informationen:

- Schutz vor möglichen Verunreinigungen erdverlegter Trinkwasserleitungen, z. B. durch Rohrbrüche
- Seitlicher Abstand zur Trinkwasserleitung zur Entwässerungsleitung 0,2 m
- Trinkwasserleitungen unterhalb von Schmutzwasserleitungen müssen in einem Sicherheitsabstand von mindestens 1 m verlegt werden
- Eine Liste von Beispielen von Sicherungseinrichtungen für den häuslichen und nicht häuslichen Bereich

Stagnation – Trinkwasser-Installationen; Trinkwasserschutz (Abschnitt 7 der DIN 1988-100:2011-08)

Als Stagnationswasser wird Wasser in Trinkwasserleitungen bezeichnet, das längere Zeit zwischen Trinkwasser-Hausanschluss und der Entnahmestelle für das Trinkwasser steht. Das Stehen des Wassers kann zu einer Veränderung der Trinkwasserqualität führen. Möglich ist das bspw. durch die Vermehrung von Mikroorganismen oder dadurch, dass Stoffe aus dem Installationsmaterial an das Trinkwasser abgegeben werden.

Je länger das Wasser steht, desto größer sind oder können die Auswirkungen sein. Die erforderlichen Maßnahmen sind daher von der Dauer der Stagnation abhängig.

Dauert die Stagnation mehrere Wochen bis Monate (bspw. Häuser-Leerstand, umfangreiche Bauarbeiten, Nichtnutzung), muss bei der Abgabe von Trinkwasser an die Öffentlichkeit (bspw. in Hotels, Kindergärten, Sportstätten) eine Wiederinbetriebnahme der Trinkwasserinstallation vier Wochen im Voraus dem zuständigen Gesundheitsamt gem. § 11 TrinkwV angezeigt werden.

Relevante technische Regel in Zusammenhang mit einem hygienisch sicheren Betrieb von Trinkwasserinstallationen ist das DVGW-Arbeitsblatt W 551-3 „Hygiene in der Trinkwasser-Installation – Teil 3: Reinigung und Desinfektion“.

Im Fall hygienisch-mikrobiologischer Auffälligkeiten in Trinkwasserinstallationen ist das DVGW-Arbeitsblatt W 551-2 „Hygiene in der Trinkwasser-Installation – Teil 2: Hygienisch-mikrobielle Auffälligkeiten; Methodik und Maßnahmen zu deren Behebung“ zu beachten.

Einen kurzen Überblick zu „Trinkwasser-Installationen – Stagnation und Wiederinbetriebnahme“ gibt der Deutsche Verein des Gas- und Wasserfaches e. V. in einer DVGW-Kompaktinfo für Trinkwasser (Stand März 2024).

Vom DIN-DVGW-Gemeinschaftsarbeitskreis NA 119-07-07-01 AK „Überarbeitung 1988-100" im Normenausschuss Wasserwesen (NAW) wurde der Entwurf für eine neue DIN 1988-100 erarbeitet, der im Juli 2024 ausgegeben wurde.

Gegenüber der DIN 1988-100:2011-08 sind folgende inhaltliche und redaktionelle Änderungen im Norm-Entwurf DIN 1988-100:2024-07 vorgesehen:

- Abschnitt 3 „Rückfließen von verunreinigtem Wasser“ wird in (neuer) DIN EN 1717 behandelt.
- Abschnitt 5 „Äußere Einflüsse“ wird gestrichen.
- Abschnitt 6 „Werk-, Betriebs- und Hilfsstoffe" und Abschnitt 7 „Stagnation“ werden gestrichen und in die Normenreihen DIN EN 806 und DIN 1988 überführt.
- Abschnitt 8 „Schäden durch mangelnde oder unsachgemäße Wartung“ wird in die DIN EN 806-5 überführt.
- Abschnitt 9 „Trennung durch Einzel- und Doppelwände“ wird in (neuer) DIN 1717 präzisiert und ist nicht mehr erforderlich.
- Abschnitt 10 „Sicherungseinrichtungen“ wird ohne Ersatz gestrichen.
- Die Anwendungstabelle (Tabelle A.1) ist überarbeitet worden. Sie enthält im Norm-Entwurf u. a. Beispielfälle für die Anforderungen an den Betrieb von Anlagen zur Behandlung von Trinkwasser und für den Betrieb von Überflur- und Unterflurbewässerungsanlagen.

Hinweis

Zum vorgelegten Norm-Entwurf gab es eine Reihe von Einsprüchen. Auch ist die Neufassung der EN 1717, die durch die neue DIN 1988-100 ergänzt wird, noch nicht verabschiedet.

Deshalb gibt es keine belastbare Aussage zum Zeitpunkt des Inkrafttretens der neuen DIN 1988-100. Bis zur Ausgabe einer Neufassung ist die DIN 1988-100:2011-08 die aktuelle Norm.

DIN 1988-200 „Installation Typ A (geschlossenes System) – Planung, Bauteile, Apparate, Werkstoffe“

Die DIN 1988-200:2012-05 ist eine Ergänzungsnorm zur Europäischen Norm EN 806-2 für die Planung von Trinkwasser-Installationen, die ins deutsche Normenwerk als DIN EN 806-2 übernommen wurde.

Die DIN 1988-200 beschreibt die Technischen Regeln für die Planung von Trinkwasser-Installationen, Installationen Typ A (geschlossenes System) in Gebäuden und auf Grundstücken – Planung, Bauteile, Apparate Wertstoffe, unter Berücksichtigung nationaler Gesetze, Verordnungen und des vorhandenen deutschen technischen Regelwerks.

Insbesondere soll damit die Aufrechterhaltung des in Deutschland anerkannten hohen technischen Niveaus der Trinkwasserinstallationen sichergestellt werden.

Die Norm wurde vom Ausschuss NA 119-04-07 AA „Häusliche Wasserversorgung“ im Normenausschuss Wasserwesen (NAW) erarbeitet. Sie ist auch eine Technische Regel des DVGW.

Anzuwenden ist diese Norm ergänzend zur DIN EN 806-2 für die Planung und Ausführung von Trinkwasser-Installationen vom Typ A (geschlossenes System) in Gebäuden und auf Grundstücken.

Die Qualität des Trinkwassers bis zur Übergabestelle am Haus haben die Wasserversorgungsunternehmen sicherzustellen.

Trinkwasserinstallationen müssen so geplant und gebaut werden, dass nach dem Wasserzähler die Trinkwasserqualität bei richtigem Betrieb gesichert ist.

An allen Entnahmestellen für kaltes und warmes Wasser muss die Trinkwasserqualität nach TrinkwV eingehalten werden.

Trinkwasserinstallationen dürfen nur von einem Installationsunternehmen ausgeführt werden, das in das Installateur-Verzeichnis eines Wasserversorgungsunternehmens eingetragen ist (Abschnitt 3.1.1 der Norm i. V. m. § 12 Abs. 2 AVBWasserV).

Die Norm ist in 18 Abschnitte und zwei normative Anhänge gegliedert.

Informationen zum Anwendungsbereich und zu normativen Verweisen enthalten die ersten beiden Abschnitte.

Abschnitt 3 gibt einen Überblick über „Allgemeine Anforderungen“. Diese betreffen Wasserversorgung, Grundlagen der Planung einer Trinkwasserinstallation, Anforderungen an erdverlegte Leitungen, Werkstoffe und Apparaturen, Berechnungsdurchflüsse, Betriebstemperatur, Trinkwasserhygiene, Planungs- und Ausführungsunterlagen, Probeentnahmestellen sowie Technikzentralen, Installationsschächte und -kanäle.

Für die „Private Eigenwasserversorgung" durch Kleinanlagen wird auf die DIN 2001-1 in Verbindung mit DIN EN 1717 und DIN 1988-100 verwiesen (vgl. Abschnitt 4 der Norm).

Abschnitt 5 „Werkstoffe" macht Vorgaben für Werkstoffauswahl, Rohrverbindungen und Hilfsstoffe. Letztere müssen durch Spülen nach DIN EN 806-4 entfernt werden können (vgl. Abschnitt 5.4 der Norm).

Detaillierte Angaben zu Anforderungen an „Bauteile" sind in Abschnitt 6 enthalten.

Die weiteren Abschnitte stehen unter den Überschriften Innenleitungen, Verteilung von Trinkwasser kalt, Verteilung von Trinkwasser warm, Maßnahmen zur Verhinderung von Drucküberschreitungen, Leitlinien für Wasserzähleranlagen sowie Behandlung von Trinkwasser.

Anforderungen an Schallschutz, Brandschutz, Feuerschutz sind in Abschnitt 13 zusammengestellt.

Es folgen Abschnitte zu Schutz der Trinkwasseranlage vor äußerer Temperatureinwirkung auf Rohre, zu Druckerhöhung, Druckminderern, Feuerlösch- und Brandschutzanlagen sowie zum Vermeiden von Schäden durch Korrosion.

Die normativen Anhänge A und B enthalten ein Verzeichnis geeigneter Werkstoffe, Verbindungstechniken und zugehöriger technischer Regeln bzw. Erläuterungen der im Dokument verwendeten Begriffe – bestimmungsgemäßer Betrieb der Trinkwasserinstallation, Stagnation, Wasseraustausch, Raumbuch und Hygieneplan.

Folgende Bestimmungen bezüglich Planung, Bauteilen und Apparaten sind einzuhalten:

- Hinsichtlich der Betriebstemperatur wird gefordert, dass höchstens 30 Sekunden nach der vollständigen Öffnung einer beliebigen Entnahmestelle die Temperatur des kalten Wassers 25 °C nicht übersteigen darf.
  Weiterhin muss innerhalb dieser Zeitspanne die Warmwassertemperatur mindestens 55 °C erreichen (vgl. Abschnitt 3.6 der Norm). Eine Ausnahmeregelung gilt für Trinkwassererwärmer mit sehr hohen Austauschraten (vgl. Abschnitt 9.7.2.3 der Norm) und für die dezentrale Trinkwassererwärmung (Durchlauferhitzer) (vgl. Abschnitt 9.7.2.4 der Norm).
- Bauteile wie z. B. Rohrleitungen sind so zu lagern und zu transportieren, dass eine Verschmutzung der inneren Oberfläche vermieden wird.
  Die Transportvorschriften sowie die Lageranweisungen der Hersteller sind einzuhalten. Schäden durch Korrosion an verlegten Rohrleitungen, insbesondere durch Außenkorrosion, sind durch geeignete Maßnahmen zu vermeiden. Abschnitt 18.3 gibt dazu ausführliche Hinweise.
- Für Gebäude mit erhöhten Anforderungen an die Hygiene, wie z. B. Betriebe der Lebensmittelherstellung oder Alten- und Pflegeheime, ist ein Raumbuch (vgl. Anhang B.4 der

Norm) mit allen beteiligten Personen (Bauherr, Fachplaner, Anlagenbauer der Trinkwasserinstallation) zu erstellen.
Im Raumbuch sind alle Räume mit ihren Nutzungsbeschreibungen, Ausstattungsteilen und dem erforderlichen Umfang der Trinkwasserinstallation aufzulisten.
Dies ist eine sehr wichtige Grundlage für den späteren Gebäudebetrieb sowie für künftige Kostenschätzungen, Vergaben oder Abrechnungen.
Für Gebäude mit erhöhten Anforderungen ist ein Hygieneplan (vgl. Anhang B.5 der Norm) zu erstellen. Hier müssen Angaben und Hinweise für erforderliche Instandhaltungsmaßnahmen sowie die Vorgehensweise bei Störfällen enthalten sein (vgl. Abschnitt 3.8.1 der Norm).

- Bezüglich der mikrobiologischen Trinkwasseruntersuchung gemäß der aktuellen Trinkwasserverordnung müssen innerhalb der Trinkwasserinstallation Einrichtungen zur fachgerechten Probenahme gemäß DIN EN ISO 19458 vorhanden sein.
  Festlegungen und Lage der Probeentnahmestellen müssen dokumentiert werden (vgl. Abschnitt 3.9 der Norm).
- Zur Auswahl geeigneter Werkstoffe für eine Trinkwasserinstallation ist eine aktuelle Trinkwasseranalyse beim örtlichen Wasserversorgungsunternehmen einzuholen (vgl. Abschnitt 5.1 der Norm).
- Nicht-Trinkwasserleitungen (NPW, non portable water) sind nach DIN 2403 grün/blau/grün zu kennzeichnen (vgl. Abschnitt 8.2 der Norm).
- Zur Vermeidung von Stagnation wird die 3-Liter-Regel angegeben. Diese besagt, dass bei Rohrleitungen mit mehr als 3 l Inhalt zwischen dem Ausgang des Trinkwassererwärmers und der entferntesten Entnahmestelle eine Zirkulation oder alternativ eine selbstregelnde Begleitheizung vorzusehen ist.

Bei Inanspruchnahme einer Zirkulation ist diese bis unmittelbar vor thermostatischen Mischern oder/und vor den Wohnungswasserzählern zu planen (vgl. Abschnitt 10.5.2 der Norm).

- Es besteht die Forderung, dass am Austritt des Trinkwassererwärmers mindestens eine Temperatur von 60 °C eingehalten werden muss und das zirkulierende System um höchstens 5 Kelvin abfallen darf, d. h. auf minimal 55 °C an jeder Stelle im System.
  Die Wärmeabgabe von Warmwasserleitungen und Armaturen ist auf ein Minimum zu reduzieren. Dabei ist auch die aktuelle Energiesparverordnung zu beachten. Dämmschichtmaterialien sind entsprechend umzurechnen. Die Anforderungen des DVGW-Arbeitsblatts 551 müssen beachtet werden (vgl. Abschnitt 9.1 der Norm).

DIN 1988-300 „Ermittlung der Rohrdurchmesser“

Die DIN 1988-300:2012-05 ist eine Ergänzungsnorm zur Europäischen Norm DIN EN 806-3, die zur Berechnung der Rohrinnendurchmesser einer Trinkwasserinstallation ein vereinfachtes Verfahren vorstellt. Die Norm ist vom Arbeitsausschuss NA 119-04-07 AA „Häusliche Wasserversorgung“ im Normenausschuss Wasserwesen (NAW) erarbeitet worden.

Die Norm dient der Ermittlung der Rohrdurchmesser für die Trinkwasserleitungen und der Bestimmung der Bauteilgrößen (Zirkulationsleitungen, Pumpe, Drosselventile) für ein Zirkulationssystem.

Aufgebaut wird auf den guten Erfahrungen mit den Berechnungsgängen der Norm DIN 1988-3:1988-12, die durch die DIN 1988-300 ersetzt wurde. Der Kern des Berechnungsgangs für die Ermittlung der Rohrdurchmesser für die Kalt- und Warmwasserleitungen ist in die DIN 1988-300 übernommen worden.

Folgende Modifikationen wurden u. a. vorgenommen:

- Absenkung der Spitzenvolumenströme (besonders in Schulen stark reduziert)
- Es wurde zur besseren Erfassung der Spitzenbelastung die Nutzeinheit eingeführt. Dies ergibt einen neuen Gleichzeitigkeitsansatz im endsträngigen Bereich. Für die Berechnung der Rohrdurchmesser sind die herstellerspezifischen Daten zu verwenden.
- Installationen einer Ringleitung in der Stockwerksverteilung von Nutzungseinheiten müssen nach dem differenzierten Rechengang ausgelegt werden. Es wird ein modifizierter Rechengang für die Berechnung von Zirkulationsanlagen eingeführt, um in allen Teilstrecken die minimal möglichen Leitungsinhalte auf einer Temperatur von mindestens 55 °C zu halten.

Für Ein- und Zweifamilienhäuser gibt es eine Ausnahme für die Kalt- und Warmwasserverbrauchsleitungen. Diese können nach der Methode der DIN 806-3 bestimmt werden, sofern ein ausreichender Versorgungsdruck sichergestellt und die Hygiene nachgewiesen ist.

Ziel dieser Norm ist es, bei reduzierter Spitzenbelastung und kleinstmöglichem Innendurchmesser den Mindestdurchfluss an allen Verbrauchsstellen sicherzustellen.

Es wird davon ausgegangen, dass geeignete Software für die Installationsberechnung verfügbar ist und breit angewendet werden kann.

DIN 1988-500 „Druckerhöhungsanlagen mit drehzahlgeregelten Pumpen“

Erarbeitet wurde die DIN 1988-500:2021-05 vom DIN-DVGW-Gemeinschaftsausschuss NA 119-07-07 AA „Trinkwasser-Installation“ im DIN-Normenausschuss Wasserwesen (NAW).

In der Europäischen Norm DIN EN 806-2:2005-06, Abschnitt 15 „Druckerhöhung“, werden die Planungs- und Ausführungsgrundsätze für Druckerhöhungsanlagen unabhängig von der Drehzahlsteuerung behandelt.

Die DIN 1988-500 präzisiert die Kriterien für die Planung und Ausführung von Druckerhöhungsanlagen mit drehzahlgesteuerten Pumpen. Bei drehzahlgeregelten Pumpen können Druckbehälter auf der Vor- und Enddruckseite entfallen.

- In Druckerhöhungsanlagen muss mindestens eine redundante Pumpe vorgesehen werden, welche bei Ausfall der Betriebspumpe den Durchfluss zu 100 % abdeckt. Es ist vorgeschrieben, dass in Anlagen mit mehr als einer Pumpe innerhalb von 24 Stunden ein zyklischer Betriebswechsel vollautomatisch erfolgen muss.
  Die Reservepumpe ist dabei miteingeschlossen. Dies verhindert eine mögliche Stagnation. Diese Forderung gilt für alle Gebäude, mit Ausnahme von Kleinobjekten wie z. B. Wochenendhäuser.

Der Aufstellraum für eine Druckerhöhungsanlage soll frostfrei, gut durchlüftet und abschließbar sein und keinem anderen Nutzungszweck unterliegen.

- Vor der Inbetriebnahme der Druckerhöhungsanlage ist die Betriebsbereitschaft dem zuständigen Wasserversorgungsunternehmen zu melden. Außerdem muss nachgewiesen werden, dass die Anschlussbedingungen eingehalten worden sind. Inspektionen der Druckerhöhungsanlagen sind in regelmäßigen Abständen von sechs Monaten durchzuführen.

Die DIN 1988-500 enthält des Weiteren u. a. Angaben zu Aspekten der Trinkwasserhygiene und Anforderungen an den Aufstellungsort von Druckerhöhungsanlagen.

Der Abschnitt „Planungsgrundlagen“ beinhaltet Regeln für Werkstoffe, Versorgungsdruck, Druckerhöhung, Versorgungssicherheit und Hygiene, Förderstrom, Förderdruck, Anschlussarten und Anlagenteile.

Weitere Abschnitte widmen sich der „Errichtung und Inbetriebnahme“ der Anlagen und der „Inspektion und Wartung“.

DIN 1988-600 „Trinkwasser-Installationen in Verbindung mit Feuerlösch- und Brandschutzanlagen“

Die DIN 1988-600:2021-07 wurde vom DIN-DVGW-Gemeinschaftsarbeitsausschuss NA 1190707 AA „Trinkwasser-Installation“ im Normenausschuss Wasserwesen (NAW) erarbeitet.

Die Norm ist in Verbindung mit der DIN EN 1717 und den Normen der Reihe DIN EN 860 anzuwenden.

Für Feuerlösch- und Brandschutzanlagen gelten zudem die Normen DIN 14462 zu Wandhydranten-Anlagen, Über- und Unterflurhydranten-Anlagen sowie Löschwasseranlagen „trocken" und die Norm DIN EN 12845 „Ortsfeste Brandbekämpfungsanlagen – Automatische Sprinkleranlagen“ sowie die VdS CEA-Richtlinie 4001 für Sprinkleranlagen des Dachverbandes der nationalen europäischen Verbände der Versicherer (CEA, Comité Européen Des Assurances), VdS 2108 für Schaumlöschanlagen und VdS 2109 für Sprühwasser-Löschanlagen.

Hinweis

Die bei Einführung der DIN 1988-600:2021-07 noch erwähnte DIN CEN/TS 14961 zu Brennstoffklassen für feste Biobrennstoffe wurde zwischenzeitlich zurückgezogen.

Die DIN 1988-600 gibt Regeln für Planung, Bau, Betrieb, Änderung und Instandhaltung der Trinkwasserinstallation von der Anschlussstelle an das Trinkwasserversorgungsnetz bis zur Löschwasserübergabestelle (LWÜ) an die Feuerlösch- und Brandschutzanlage vor.

Vorgaben werden auch zur Anbindung von Über- und Unterflurhydranten auf Grundstücken an die Trinkwasserinstallation gemacht.

Insbesondere ist zu beachten, dass die Entnahme von Löschwasser aus dem Trinkwassernetz Sicherungseinrichtungen gemäß § 13 Abs. 3 TrinkwV 2023 erfordert, die ein Rückfließen von Nichttrinkwasser in das Trinkwassernetz verhindern.

Die Anschlussleitung zur LWÜ muss ausreichend mit Trinkwasser durchströmt werden, um Hygieneprobleme als Folge von Stagnationswasser zu vermeiden.

Die DIN 1988-600 enthält sechs Abschnitte (Anwendungsbereich, Normative Verweise, Begriffe, Aufbau und Anforderungen, Behandlung von Feuerlösch- und Brandschutzanlagen in Verbindung mit Trinkwasserinstallationen auf Grundstücken und Gebäuden im Bestand sowie einen Abschnitt zur Inbetriebnahme und einen Anhang A, in dem Anbindungen von Feuerlösch- und Brandschutzanlagen an das Trinkwassersystem dargestellt sind).

Die novellierte Norm DIN 1988-600:2021-07 wurde im Juli 2021 ausgegeben. Gegenüber der Vorgängerversion DIN 1988-600:2010-12 erfolgten neben einigen redaktionellen Anpassungen Überarbeitungen in allen Abschnitten.

Angaben zur Absicherung der Löschwasserentnahme aus Hydranten nach DVGW W 405-B1 wurden in Tabelle 1 aufgenommen.

Am umfangreichsten ist der Abschnitt 4 „Aufbau und Anforderungen“. Unter anderem sind die folgenden Hinweise in der Norm enthalten:

- In der Planungsphase ist für die Bereitstellung von Löschwasser aus dem Trinkwassernetz in jedem Einzelfall die Genehmigung des zuständigen Wasserversorgungsunternehmens einzuholen (Abschnitt 4.1.1 „Planung“ der Norm).
- Die Löschwasserübergabestelle (LWÜ) wird als Schnittstelle zwischen der Trinkwasserinstallation und der Feuerlösch-

und Brandschutzanlage definiert (vgl. Abschnitte 3.4 und 4.1.6 der Norm). Zur Gewährleistung der Trinkwasserhygiene ist bei der Planung und Auslegung unbedingt darauf zu achten, dass alle Anschlussleitungen zur LWÜ ausreichend mit Trinkwasser durchströmt werden und dass das Löschwasser sicher aus der Trinkwasserversorgungsanlage ferngehalten wird (vgl. Abschnitt 4.1.2 der Norm).
Das DVGW-Merkblatt W 400-1/-2 ist in Zusammenhang mit Planung und Ausführung der Anschlussleitungen zu den LWÜ zu beachten (vgl. Abschnitt 4.1.3 „Anschlussleitung" der Norm). Die Einzelzuleitungen zur LWÜ dürfen eine Länge von 10 x DN (Diamètre Nominal, Nenndurchmesser) nicht überschreiten, wobei das Volumen einer Einzelzuleitung nicht größer als 1,5 l sein darf (10-x-DN-Regel). Andernfalls ist durch geeignete automatische Spüleinrichtungen in der LWÜ eine ausreichende Wassererneuerung sicherzustellen.
Daher sind Wandhydranten möglichst kurz anzuschließen.
Die Spüleinrichtung muss ggf. einmal wöchentlich betrieben werden. Dabei muss das 3-fache Wasservolumen der Einzelleitung ausgetauscht werden (vgl. Abschnitt 4.1.5 „Einzelzuleitungen zu den LWÜ" der Norm).

- Die Dimensionierung der gemeinsamen Zuleitung zur Versorgung der Feuerlösch- und Brandschutzanlage auf Grundlage des Trinkwasserspitzenvolumenstroms muss so erfolgen, dass bei Löschwasserentnahme die Fließgeschwindigkeit in der gemeinsamen Zuleitung nicht größer als 5 m/s ist (vgl. Abschnitt 4.2.1 „Rohrleitungen und Armaturen" der Norm).
- Wichtig ist außerdem, dass die LWÜ möglichst in der Nähe der Wasserzähleranlage liegen. Ausnahmen bilden Wandhydranten vom Typ S (Selbsthilfe) und Anlagen mit Unter- und Überflurhydranten.

Die LWÜ darf nicht in Räumen untergebracht werden, in denen es zu einer Überflutung kommen kann. Um eine geeignete Anschlussart an der LWÜ auszuwählen, ist eine Risikobewertung nach Tabelle 1 der DIN 1988-600 erforderlich (vgl. Abschnitt 4.1.6 „Löschwasserübergabestelle" der Norm).

- In den Zuleitungen zu Feuerlösch- und Brandschutzanlagen sind keine Armaturen zu verwenden, deren Beschaffenheit zu einer Beeinträchtigung der Funktion der Brandschutzeinrichtung führen kann.
  Alle Absperreinrichtungen in Versorgungsleitungen auf dem Weg zur LWÜ müssen gegen unbefugtes Schließen gesichert und gekennzeichnet sein (z. B. durch Schloss oder Kunststoffplomben). Leitungen aus nichtmetallischen Werkstoffen oder brennbaren Materialien sind nicht zugelassen oder sie müssen gegen Brandeinwirkungen gesichert sein. Verwendete Rohrmaterialien müssen der Positivliste der UBA-Bewertungsgrundlage für metallene Werkstoffe in Kontakt mit Trinkwasser und der Tabelle 2 dieser DIN-Norm entsprechen (vgl. Abschnitt 4.2.1 der Norm).
- In die Zuleitung zur LWÜ sind keine Armaturen einzubauen. Einzige Ausnahme sind Steinfänger nach DIN 3506 mit einer Maschenweite von mindestens 1,0 mm (vgl. Abschnitt 4.2.4 „Mechanisch wirkende Filter und Steinfänger" der Norm).
- Abschnitt 4.3 beinhaltet „Ergänzende Festlegungen zu den Anschlussarten". Unter- und Überflurhydranten dürfen nur installiert werden, wenn der Trinkwasserspitzenvolumenstrom größer als der Löschwasservolumenstrom ist. Dieser darf rechnerisch 5 m/s nicht übersteigen (vgl. Abschnitt 4.3.1 der Norm). Wandhydranten vom Typ S sind so zu planen, dass alle Wandhydranten und Stockwerksleitungen über eine gemeinsame Steigleitung versorgt werden (vgl. Abschnitt 4.3.4 der Norm).

- Feuerlösch- und Brandschutzanlagen, die unmittelbar an die Trinkwasserinstallation angeschlossen werden, dürfen nicht zusätzlich an eine Fremdeinspeisung (z. B. aus Tankwagen oder Bächen) angeschlossen werden (vgl. Abschnitt 4.4 der Norm).
- Für Trinkwasserinstallationen, die in Kombination mit Feuerlösch- und Brandschutzanlagen stehen, besteht kein Bestandsschutz mehr, wenn die Anforderungen der aktuellen Trinkwasserverordnung nicht eingehalten werden (vgl. Abschnitt 5 der Norm).
- Anhang A (normativ) enthält schematische Darstellungen von Feuerlösch- und Brandschutzanlagen mit Anschluss an das Trinkwassersystem.

2.4 Armaturen in Grundstücken und in Gebäuden (DIN 3266:2018-03)

Speziell hier: Rohrbelüfter der Bauform D und E

Einführung

Technische Regeln für Spezifikation, Planung, Rohrinnendurchmesser, Installation sowie Betrieb und Wartung werden durch die einzelnen Teile der DIN EN 806 vorgegeben. Dabei ist die DIN 1717 mit allgemeinen Anforderungen an Sicherungseinrichtungen zur Verhütung von Trinkwasserverunreinigungen durch Rückfließen zu berücksichtigen. In Verbindung mit den ergänzenden nationalen Regelungen der DIN 1988-100 sind Sammelsicherungen an Steigleitungen von Trinkwasser-Installationen schon seit Längerem nicht mehr zu verwenden. Am Fußpunkt der Steigleitung montierte Rückflussverhinderer und Rohrbelüfter müssen voneinander getrennt sein, um Stagnationswasser in den Zuleitungen der Rohrbelüfter zu vermeiden.

Vorgaben der DIN 3266:2018-03 „Armaturen für Trinkwasserinstallationen in Grundstücken und Gebäuden – Rohrbelüfter, Bauformen D und E“ wenden sich an die Hersteller dieser Armaturen. Die Norm enthält Anforderungen an Abmessungen, zu verwendende Werkstoffe und an die Kennzeichnung sowie das mechanische und hydraulische Verhalten der Rohrentlüfter. Außerdem enthält die Norm Prüfvorschriften für die Bauformen D und E.

Inhalte der Norm

Die Rohrbelüfter der Bauformen D und E dienen zusammen mit dem Rückflussverhinderer an der Basis einer Steigleitung der Absicherung von Steigleitungen. Sie müssen 300 mm (30 cm) oberhalb des höchstmöglichen Wasserspiegels der Installation eingebunden werden.

Der höchstmögliche Wasserspiegel erreicht i. d. R. das Waschbecken. Als Rechnungsbeispiel kann man in diesem Fall z. B. nehmen: *Höhe des Waschtisches 0,8 m + geforderte Differenz von 0,3 m = 1,1 m über Oberkante fertiger Fußboden.* Dies wäre dann die Höhe für die Einbindung des Rohrbelüfters.

Die Norm legt die Anforderungen an Rohrbelüfter der Bauformen D und E (Maße, Werkstoffe, Kennzeichnungen und Verhalten) fest. Außerdem wird beschrieben, welche Prüfungen erforderlich sind, um das geforderte mechanische und hydraulische Verhalten nachzuweisen. Die praktischen Anwendungen der genannten Rohrbelüfter werden nicht beschrieben. Diese Norm gilt auch nicht für sog. Rohrentlüfter bzw. Luftabscheider, wie sie z. B. in Leitungsanlagen von geschlossenen Heizungssystemen verwendet werden.

Vergleich mit Alt-Lösungen im Bestand

Früher wurden Rohrbe- und -entlüfter als Sammelsicherung am Ende der Steigleitung eingebaut. Im Bestand ist diese Variante häufig noch zu finden. Meist werden die Rohrbelüfter demontiert. Gründe hierfür können das Erscheinungsbild bei Aufputzrohrbelüftern oder aber die mangelnde Funktionsweise oder ihre Undichtheit sein. Hinzu kommt, dass die Zuleitung zum Rohrbelüfter eben nicht nur 30 cm oberhalb des höchstmöglichen Wasserspiegels montiert wurde, sondern eher unterhalb der Decke. Diese Sammelsicherung darf nur entfernt werden, wenn sichergestellt ist, dass jede Armatur eine Eigensicherung hat.

Im heutigen Wohnungsbau werden überwiegend Armaturen mit Einzelsicherungen verbaut. Sind die Rohrbelüfter knapp unterhalb der Decke angebracht, so beträgt i. d. R. die Stagnationsleitung mehr als die geforderten 30 cm. Aus hygienischer Sicht ist dies bedenklich.

Bauformen der Rohrbelüfter

Rohrbelüfter Bauform D ohne Tropfwasserleitung

A) Betriebszustand bei Überdruck

Durch den Überdruck wird eine innen liegende Kugel gegen eine Dichtfläche gepresst und verhindert so den Austritt von Wasser.

B) Betriebszustand bei Unterdruck

Bei Unterdruck fällt eine innen liegende Kugel nach unten und sorgt dafür, dass Luft von außen in die Trinkwasserleitung einströmen kann und sie sich damit vollständig entleert.

Rohrbelüfter mit Bauform E mit Tropfwasserleitung

Rohrbelüfter der Bauform E werden meist im Aufputz verbaut. Die Funktionsweise ist gleich wie in der Bauform D, jedoch wird hier mögliches Tropfwasser durch den Abschlussbogen in einen Trichter gelenkt. Es gibt die Version „einfach“, sprich: nur Kaltwasser. Bei der Ausführung „doppelt“ werden der Kaltwasseranschlussbogen und der Warmwasseranschlussbogen in einen gemeinsamen Trichter gelenkt.

Rohrbelüfter mit Bauform E mit Tropfwasserleitung und Spüleinrichtung

Diese Rohrbelüfter mit Spüleinrichtung sind so gebaut, dass Stagnationswasser in der abgesicherten Steigleitung vermieden wird. In diesem Fall ist die Platzierung des Trichters wichtig. Die Anforderungen an die Werkstoffe müssen selbstverständlich den Regelwerken entsprechen.

Anforderungen, Prüfungen und Kennzeichnung

Die Beachtung der in der Norm beschriebenen Anforderungen an Konstruktion und Prüfungen der Dichtigkeit und der Festigkeit ist Aufgabe der Hersteller. Die DIN beschreibt weiterhin den Ansaugdruck und weitere Einbausituationen. Die Armaturen müssen dauerhaft und gut lesbar gekennzeichnet sein mit dem Herstellerzeichen und mit der Nennweite.

Handbetätigte Kugelhähne (DIN EN 13828:2025-04)

Gebäudearmaturen – Handbetätigte Kugelhähne aus Kupferlegierungen und nicht rostenden Stählen für Trinkwasseranlagen in Gebäuden – Prüfungen und Anforderungen

Die Norm gilt für Kugelhähne aus Kupferlegierungen und Edelstahl der Nennweiten DN 6 bis DN 100. Die Kugelhähne sollen für Trinkwasserinstallationen in Gebäuden mit Nenndruck PN10 oder PN16 und einer regulären Wassertemperatur bis 65 °C eingesetzt werden können. Maximal für eine Stunde sollen sie auch für Wasser mit einer Temperatur bis 90 °C genutzt werden können. Vorgegeben werden durch die Norm neben mechanischen und hydraulischen Anforderungen auch Anforderungen an das Geräuschverhalten von Kugelhähnen. Diese Norm ersetzt die DIN EN 13828:2003-12. Die neue Norm enthält eine Reihe von Aktualisierungen und Überarbeitungen.

2.5 Hygiene in Trinkwasser-Installationen (VDI 6023)

Einführung

Gegenstand der Richtlinie VDI 6023 Blatt 1:2023-09 sind Anforderungen an Planung, Ausführung, Betrieb und Instandhaltung von Trinkwasser-Installationen. Sie gilt für Installationen auf Grundstücken und in Gebäuden. Die Gesamtverantwortung für die Erfüllung der Anforderungen liegt beim Betreiber (Unternehmer oder Inhaber der Trinkwasser-Installation).

Die Richtlinie VDI 3810 Blatt 2/VDI 6023 Blatt 3:2020-05 beschreibt auf der Grundlage von VDI 3810 Blatt 1 die Betreiberpflichten, Voraussetzungen und Anforderungen im Rahmen des Betriebs von Trinkwasser-Installationen.

Die Richtlinien unterscheiden folgende Qualifikationen:

- **Kategorie A** betrifft Planer, verantwortliche Errichter und Prüfer
- **Kategorie B** betrifft Ausführende und Instandhalter
- **Kategorie C** betrifft alle Nutzer der eigenen Anlage

Hinweis

Für die fachgerechte Arbeit mit den in der Norm beschriebenen Sachverhalten ist die formelle Qualifikation unerlässlich!

Die VDI 6023 wurde erstmals 1999 vom VDI (Verein Deutscher Ingenieure) herausgegeben und, teils gemeinsam mit dem DVGW, mehrfach überarbeitet. Die präzisen, verschriftlichten Richtlinien des VDI haben den Status der anerkannten Regeln der Technik. Sie sind nationale Ergänzungsregeln, sprich: technische Richtlinien. Technische Richtlinien sind privatrechtliche Empfehlungen und, ähnlich wie DIN-Normen, keine Verordnungen oder Gesetze. In Schadens- oder Streitfällen sind sie jedoch die Grundlage für Sachverständigengutachten. Hinzu kommt der Hinweis in der Trinkwasserverordnung mit Bezug auf die anerkannten Regeln der Technik.

Inhalte der Norm

Die technische Richtlinie gilt für alle Trinkwasser-Installationen auf Grundstücken und in Gebäuden. Sie soll sinngemäß für alle anderen Trinkwasser-Installationen angewendet werden, insbesondere auch bei mobilen Anlagen, z. B. auf Wasserfahrzeugen und Luftfahrzeugen. Es sind wichtige Hinweise für die Planung, Errichtung, Inbetriebnahme, Nutzung, Betriebsweise und Instandhaltung aller Trinkwasser-Installationen.

Versteht man die Trinkwasser-Installation als Verpackung für unser wichtigstes Lebensmittel, dann wird der Zusammenhang zwischen Trinkwasser sowie gesundem Wohnen und Arbeiten bewusst.

Dies erfordert eine Verständigung unter allen für Planung, Erstellung, Betrieb und Instandhaltung verantwortlichen Partnern. Die Gesamtverantwortung liegt beim Betreiber i. S. d. Trinkwasserverordnung.

Hygiene i. S. d. Richtlinie und Maßnahmen zur Verhütung von mittelbaren oder unmittelbaren gesundheitlichen Beeinträchtigungen, Störungen des Wohlbefindens (Unbehagen) beim einzelnen Nutzer ist die Gesamtheit aller Bestrebungen.

Die Richtlinie VDI 2023 Blatt 1 enthält Vorgaben für:

- Planung sowie Errichtung und Inbetriebnahme (Hausanschlussräume und Technikzentralen, Schutz des Trinkwassers, Planungsregeln, Regeln zur Errichtung)
- Nutzung und Betriebsweise (Überwachung der Betriebsparameter, Betriebsunterbrechung sowie Änderungen, Erweiterung, Umnutzung)
- Instandhaltung (allgemeine Hinweise, Instandhaltungsplanung)
- Qualifikation und Schulung von Personal

Anhang A der Richtlinie weist auf spezielle Probleme in Zusammenhang mit der mikrobiologischen Trinkwasserbeschaffenheit hin. Es werden mikrobiologische Aspekte dargestellt, die in Folge von Fehlern bei Planung, Errichtung, Inbetriebnahme und Betrieb von Anlagen kritisch sein können. Eingegangen wird auf Bedingungen für die Vermehrung von Legionellen, dem Bakterium *Pseudomonas aeruginosa*, coliformen Bakterien, Enterokokken, Biofilmen, heterotrophen Bakterien und Einzellern und die damit verbundene Verschlechterung der Trinkwasserqualität.

Die Richtlinie VDI 3810 Blatt 2/VDI 2023 Blatt 3 beschreibt den bestimmungsgemäßen Betrieb von Trinkwasser-Installationen. Sie enthält die folgenden Abschnitte:

- Allgemeine Pflichten (Errichter, Betreiber und Nutzer von Anlagen, Arbeitgeber)
- Voraussetzungen für den bestimmungsgemäßen Betrieb (Planung, Ausführung, Inbetriebnahme, Übergabe, Betreiberpersonal)
- Anforderungen an den bestimmungsgemäßen Betrieb (regelmäßige Wasserentnahme, Temperaturen, Anschlüsse an die Trinkwasser-Installation)
- Voraussetzungen für die Instandhaltung (Instandhaltungsplanung – Bewertungsgruppen, Instandhaltungsmaßnahmen, Fachpersonal, Werkzeuge und Materialien)
- Anforderungen an die Instandhaltung (Entnahme, Reinigung und Desinfektion, Häufigkeit)
- Anhang A Raumbuch „Trinkwasser"
- Anhang B Nutzerinformation zum bestimmungsgemäßen Betrieb einer Trinkwasser-Installation

Weitere Richtlinien VDI 6023, auf die an dieser Stelle nicht im Detail eingegangen wird, sind:

- VDI/BTGA/ZVSHK 6023 Blatt 2 Hygiene in Trinkwasser-Installationen – Gefährdungsanalyse
- VDI-MT 6023 Blatt 4 Hygiene in Trinkwasser-Installationen – Qualifizierungen für Trinkwasserhygiene

Anwendung der Norm

Unser Trinkwasser ist nicht steril. Dennoch ist es auch die Aufgabe der Hygiene, die Vermehrung von vorhandenen Keimen zu vermeiden bzw. einzugrenzen. Die größte Anforderung an die Trinkwasserhygiene ist der regelmäßige Wasseraustausch in den Rohrleitungen und Armaturen. Hygienisch einwandfreies Trinkwasser zur Verfügung zu stellen, ist zunächst Aufgabe der regionalen Wasserwerke und Netzbetreiber. Diese sind jedoch nur bis zur Übergabestelle für die Wasserqualität verantwortlich. Ab dort übernimmt der Betreiber die Verantwortung, ungeachtet der Tatsache, dass diverse veränderliche Parameter die Wasserqualität noch in der Hausinstallation verändern können (z. B. Mikroorganismen wie Legionellen oder Pseudomonaden).

„Wasser muss fließen!"

Stagnierendes Wasser und Temperaturen zwischen 20 und 55 °C führen zur Bildung von Biofilm, hartnäckiger Verkeimung und je nach Keim oder Bakterientyp zu einer explosionsartigen Vermehrung, welche dann zur Beeinträchtigung der menschlichen Gesundheit führen kann.

Es ist also sicherzustellen, dass

- stagnierendes Wasser auf jeden Fall vermieden wird,
- Leitungsdurchmesser aufgrund ihrer Bestimmung berechnet werden,
- Trinkwasser an jeder Zapfstelle spätestens alle 72 Stunden erneuert ist,
- Trinkwassererwärmer nicht überdimensioniert sind und
- Leitungen für spätere Nutzung nicht befüllt sind.

Stagnierendes Wasser trifft man häufig nach der Erstbefüllung an, da gerade in größeren Wohnanlagen die Wohnungen erst nach und nach bezogen und somit auch die Entnahmestellen mit dem Bezug genutzt werden. Hier ist u. a. dafür zu sorgen, dass ein regelmäßiger, dauernder Wasseraustausch an jeder Entnahmestelle innerhalb von 72 Stunden stattfindet. Hierbei kann eine Festlegung des Verantwortungsübergangs zwischen Errichter und Betreiber/Nutzer festgelegt werden.

Praxistipp

Wasser muss fließen!

Daraus folgt: Je intensiver das Leitungsnetz genutzt wird, desto frischer und besser ist die Wasserqualität.

Ungesicherte Verbindungen zu anderen Wässern sind unter keinen Umständen zulässig. Andere Wässer können sein: Löschwasseranlagen, Regenwassernutzungsanlagen, aber auch Heizungsanlagen. Andere Wässer sind mindestens durch Sicherungseinrichtungen nach DIN EN 1717 abzusichern. Trinkwasser-Installationen müssen regelmäßig inspiziert und gewartet werden.

Der Instandhaltungsplan muss entsprechend den Vorgaben der VDI 3810 Blatt 2; VDI 6023 Blatt 3 erstellt werden. Für alle Anlagen und Apparate sind Bewertungsgruppen 1, 2 oder 3 festzulegen. Die Priorisierung der Instandhaltungsmaßnahmen richtet sich nach dem Gefährdungspotenzial, das sich infolge eines Mangels ergibt. Ist ein Hygieneplan Trinkwasser erforderlich, muss der Instandhaltungsplan um zusätzliche Angaben ergänzt werden.

Basierend auf Empfehlungen des Umweltbundesamtes (Trinkwasser aus dem Hahn: Trink was. UBA, Februar 2020) folgen einige Beispiele für notwendige Inspektionen und Wartungen von Anlagenteilen:

- Filter am Hauseingang
  Halbjährlich ist ein Rückspülen der Filter erforderlich.
- Dosiersystem
  Der Füllstand und die Haltbarkeit des Aufbereitungsstoffes sowie die Dosierung sind alle zwei Monate zu kontrollieren. Halbjährlich muss eine Wartung durch ein Fachunternehmen erfolgen.
- Trinkwassererwärmer
  Die Temperatur des Warmwassers ist alle zwei Monate zu kontrollieren. Jährlich muss eine routinemäßige Wartung durch ein Fachunternehmen erfolgen.

Unterbrechungen der Trinkwasserversorgung können unterschiedliche Gründe haben und unterschiedlich lang sein. Die Nichtnutzung einer Anlage mit fehlendem Wasseraustausch von mehr als 72 Stunden ist eine Betriebsunterbrechung. Die Frist kann (!) auf maximal sieben Tage verlängert werden, wenn es sich um eine nachweislich unauffällige Trinkwasser-Installation handelt (vgl. Abschnitt 5.3.1 in Verbindung mit Abschnitt 6.3 der Richtlinie VDI 6063 Blatt 1). Verkürzte Intervalle sind bei besonderen Anforderungen (bspw. Lebensmittelbetriebe, Krankenhäuser, Seniorenpflegeheime) kritisch. Technische und/oder organisatorische Maßnahmen gemäß VDI 3810 Blatt 2; VDI 6023 Blatt 3 müssen die Folgen einer Betriebsunterbrechung kompensieren.

Nachfolgend werden basierend auf der Norm VDI 6023 Blatt 3, Tabelle 2 Maßnahmen zu Beginn und bei Ende einer Betriebsunterbrechung in Abhängigkeit von der Dauer der Betriebsunterbrechung beschrieben:

- Unterbrechung der Versorgung länger als 4 Stunden bis zu höchstens 3 Tagen
  Am Ende der Unterbrechung muss das Stagnationswasser abgelassen werden, bis sich eine konstante Temperatur einstellt.
- Betriebsunterbrechung länger als 72 Stunden bis zu höchstens 7 Tagen
  Zu Beginn der Unterbrechung ist die Absperreinrichtung zu schließen. Am Ende der Unterbrechung muss die Absperreinrichtung wieder geöffnet werden. Danach muss man das Wasser gleichzeitig an mehreren Entnahmestellen mindestens 5 Minuten fließen lassen.
- Werden einzelne Anlageteile bspw. im Gästezimmer, in Garagen oder an Kelleranschlüssen selten genutzt, ist eine regelmäßige Erneuerung des Wassers in den Zuleitungen erforderlich. Dazu sollte Wasser an den zugehörigen Entnahmestellen regelmäßig, mindestens aber einmal pro Woche, entnommen werden, wobei die Entnahmestellen voll zu öffnen sind.
- Betriebsunterbrechung bis zu höchstens 4 Wochen
  Zu Beginn der Unterbrechung ist die Absperreinrichtung zu schließen. Bei Wiederinbetriebnahme muss ein vollständiger Wasseraustausch an allen Entnahmestellen durch Spülung entsprechend der Technischen Regel – Arbeitsblatt DVGW W 557 (A) Reinigung und Desinfektion von Trinkwasser-Installationen erfolgen.
- Betriebsunterbrechung länger als 4 Wochen bis zu höchstens 6 Monaten
  Zu Beginn der Unterbrechung ist die Absperreinrichtung zu schließen. Wenn keine Frostgefahr besteht, ist die Installation in befülltem Zustand zu belassen. Bei der Wiederinbetriebnahme ist nach DVGW W 557 (A) zu spülen. Mikrobiologi-

sche Kontrolluntersuchungen und Untersuchungen auf Legionellen sind gemäß TrinkwV für warmes und kaltes Wasser durchzuführen.

- Betriebsunterbrechung von mehr als 6 Monaten
  Zu Beginn der Betriebsunterbrechung ist die Anschlussleitung durch das Wasserversorgungsunternehmen (WVU) oder einen Fachmann abzutrennen. Am Ende der Betriebsunterbrechung ist das WVU zu unterrichten. Die Wiederinbetriebnahme gemäß DIN EN 806-4 muss durch ein eingetragenes Installationsunternehmen erfolgen. Es ist nach DVGW W 557 (A) zu spülen. Mikrobiologische Kontrolluntersuchungen und Untersuchungen auf Legionellen sind gemäß TrinkwV für warmes und kaltes Wasser durchzuführen.

Ausführung der Pflichten

Die Verantwortung des Wasserversorgungsunternehmens (EVU) endet i. d. R. an der Wasseruhr. Nach der Wasseruhr geht die Verantwortung nach Trinkwasserverordnung an den Betreiber (ehem. UsI – Unternehmer und sonstige Inhaber) der häuslichen Trinkwasseranlage über. Dieser Betreiber ist i. d. R. der Eigentümer der Installation. Je nach Verträgen und Nutzung ist neben ihm auch der Nutzer in die Pflicht zu nehmen, d. h. in Mietwohnungen im Privatbereich des Mieters bis zur Entnahmestelle.

Zusammengefasst ist der Betreiber vollumfänglich verantwortlich für die Qualität und Unbedenklichkeit des Trinkwassers aus seiner Trinkwasser-Installation. Zur Erhaltung der Qualität hat der Betreiber (UsI) Inspektionen, Wartungen, Instandhaltungen und Instandsetzungen seiner Trinkwasser-Installation durchzuführen oder durchführen zu lassen.

Die zuvor genannten Punkte sind nur von geschultem Fachpersonal durchzuführen. Diese sind Beschäftigte von Betrieben, welche beim Wasserversorger registriert und eingetragen sind und eine Hygieneschulung nach DIN 6023 Blatt 4 vorweisen können. Zeitintervalle für Inspektionen und Wartungen sind in DIN EN 806-5 Technische Regeln für Trinkwasser-Installationen – Teil 5: Betrieb und Wartung ausführlich aufgelistet und beschrieben. Hinzu kommen noch die Herstellerangaben.

Was jeder Einzelne tun kann, um die Trinkwasserhygiene in seinem Haushalt zu verbessern

Zwar ist der Betreiber (UsI) für die Bereitstellung von hygienisch einwandfreiem Trinkwasser verantwortlich, allerdings ist der Bewohner für die Wartung und Pflege der Entnahmestellen, sprich Armaturen, verantwortlich.

Hierzu gehören u. a. die regelmäßige Kontrolle und ggf. Reinigung bzw. der Austausch des Strahlreglers. Dieser Strahlregler, auch „Luftsprudler“ oder „Perlator“ genannt, kann unter Umständen je nach Härtegrad des Wassers mehr oder weniger stark verkalken. Hierbei empfiehlt es sich, diesen regelmäßig auszutauschen und ggf. in einem Essigbad von Kalk zu befreien. Bei hartnäckigen Verschmutzungen sollte dieser gegen einen neuen ausgetauscht werden.

Man sollte das Wasser so lange laufen lassen, bis es wirklich kalt/frisch aus dem Wasserhahn kommt. Nur so kann man sicher sein, dass man kein (über Nacht) abgestandenes Wasser trinkt. (Wassersparfüchse können das anfängliche Wasser z. B. zum Blumengießen verwenden.)

Die regelmäßige Wasserentnahme ist eine wichtige Aufgabe jedes Nutzers. Auch in Abwesenheit sollte der regelmäßige Wasseraustausch erfolgen. Das heißt, die Person, welche die Blumen gießt, sollte dies mit dem Leitungswasser machen und auch alle weiteren Entnahmestellen gründlich spülen.

Sparen Sie nicht mit Kaltwasser, denn davon haben Sie genug zur Verfügung. Bei abgestandenem Wasser besteht die Gefahr von Verkeimung und sonstiger Anreicherung mit z. B. Abbauprodukten von Leitungsmaterial.

Die Einhaltung der Anforderungen der TrinkwV an das Trinkwasser – auch die Anforderungen an die Konzentration von Legionellen im Warmwasser – kann nur dann nachhaltig erreicht werden, wenn Betreiber und Bewohner ihre Pflichten und Verantwortung ernst nehmen.

Wichtig ist für Bewohner, dass sie innerhalb ihrer Wohnung den bestimmungsgemäßen Betrieb der Trinkwasser-Installation gewährleisten und auf keinen Fall durch ein ausschließlich auf Wassersparen ausgelegtes Entnahmeverhalten das Trinkwasser negativ beeinflussen.

Anmerkung zu den Kosten von Trinkwasser für Verbraucher: Nach Angaben des Verbandes Kommunaler Unternehmen (VKU) aus dem Jahr 2023 nutzt jede Person durchschnittlich 121 l Trinkwasser täglich und zahlt dafür im Durchschnitt 30 Ct, monatlich rund 9,19 Euro. Neun Liter Trinkwasser kosten somit etwas mehr als 2 Ct. Zum Vergleich: Neun Liter ist der Inhalt von zwölf 0,75 l-Flaschen in einem Kasten Mineralwasser.

Tipps für Bewohner und Betreiber einer Trinkwasser-Installation

- Vermeiden Sie Stagnationen (Standzeit des Trinkwassers in der Rohrleitung). Nach Angaben des Umweltbundesamtes ist Trinkwasser, welches länger als vier Stunden in metallischen Rohren verweilt hat, nicht mehr zur Verarbeitung von Babynahrung oder Speisen und Getränken geeignet. Lassen Sie das Trinkwasser ablaufen, bis es kühl aus der Leitung kommt. Sorgen Sie bei Entnahmestellen in Räumen, die Sie selten nutzen (Gästezimmer, Kellerdusche, Gäste-WC o. Ä.), dafür, dass mindestens ein- bis zweimal pro Woche ein gründlicher Wasseraustausch erfolgt, und lassen Sie das Wasser 30 Sekunden ablaufen.
- Nehmen Sie selbst keine Eingriffe in Ihrem Trinkwassersystem vor! Denken Sie daran: Auch der Anschluss von wasserführenden Haushaltsgeräten bedeutet einen Eingriff in die Trinkwasseranlage. Vermeiden Sie mechanische Belastungen an Trinkwasserleitungen, wie das Anhängen von Kleidung o. Ä., an Wasserleitungen.
- Achten Sie darauf, ob Strahlregler/Perlatoren verschmutzt oder verkalkt sind.
- Achten Sie darauf, dass aus Ihrer Kaltwasserleitung nach 30 Sekunden kein lauwarmes Wasser (> 25 °C) austritt.
- Achten Sie darauf, dass die Wassertemperatur nicht lauwarm bleibt. Das warme Wasser sollte im Leitungssystem mindestens eine Temperatur von 55 °C erreichen. Am Austritt des Trinkwassererwärmers ist eine Temperatur von mindestens 60 °C einzuhalten. Damit soll einem Legionellenwachstum vorgebeugt werden.

- Es ist darauf zu achten, dass wenig genutzte Abschnitte der Warmwasserleitung regelmäßig durchspült werden.
- Nur frisches und kühles Wasser aus dem Zapfhahn sollte getrunken werden.

Die Richtlinie VDI-MT 6023 Blatt 4 legt Schulungen für unterschiedliche Qualifikationen fest:

- **Kategorie A** für Planer, Verantwortliche, Richter, Prüfer und Sachverständige
- **Kategorie B** für Ausführende und Instandhalter
- **Kategorie C** für Nutzer, technische Betreuer einer Trinkwasser-Installation und Hausmeister

Für das mit Planung, Errichtung und Betrieb einer Trinkwasser-Installation betraute Personal wird zusätzlich zu einer einschlägigen Berufsausbildung eine Hygieneschulung bspw. nach VDI-MT 6023 Blatt 4 oder ZVSHK Fachkraft für Trinkwasserhygiene empfohlen.

Errichtung und wesentliche Änderungen einer Trinkwasser-Installation erfordern zwingend eine Qualifikation nach § 12 Abs. 2 AVBWasserV. Eine zusätzliche Schulung zu einer Berufsausbildung ist nicht ausreichend.

Der Inhalt der einzelnen Schulungskategorien ist personengebunden. Es reicht nicht aus, wenn nur ein Monteur die geforderte Qualifikation für Ausführende und Instandhalter nachweisen kann. Grundsätzlich ist hier anzuführen, dass alle Beteiligten entsprechend ihrer Qualifikation geschult sind.

Beim zuständigen Wasserversorgungsunternehmen können eingetragene Firmen erfragt werden, die erforderliche Arbeiten durchführen können. Jedes Wasserversorgungsunternehmen bestimmt selbst, welche Qualifikation für die Eintragung notwendig ist.

2.6 Wassereffizienz in Trinkwasser-Installationen (VDI 6024)

Einführung

Die Richtlinie VDI 6024:2021-05 Wassereffizienz in Trinkwasser-Installationen – Anforderungen an Planung, Ausführung und Betrieb befasst sich mit Einflussmöglichkeiten von Planern, Errichtern/Ausführenden und Eigentümern/Betreibern von Wohngebäuden sowie öffentlichen und gewerblichen Einrichtungen auf die Wassereffizienz in Trinkwasser-Installationen. Die Richtlinie behandelt Systemlösungen, mit denen der Trinkwasserverbrauch bei bestimmungsgemäßem hygienegerechtem Betrieb reduziert werden kann.

Die Anforderungen an hygienegerechten Betrieb behandelt die VDI 6023 Blatt 1 Hygiene in Trinkwasser-Installationen, Anforderungen an Planung, Ausführung, Betrieb und Instandhaltung. Die VDI 6024 befasst sich nicht mit der Substitution von Trinkwasser durch Niederschlagswasser und andere Wässer gemäß Richtlinie VDI 2070:2013-03 Betriebswassermanagement für Gebäude und Liegenschaften. Für die Anwendung der Richtlinie sind erforderlich:

- DIN 1988-300:2012-05 Technische Regeln für Trinkwasser-Installationen – Teil 300: Ermittlung der Rohrdurchmesser; Technische Regel des DVGW
- VDI 2067 Blatt 1:2012-09 Wirtschaftlichkeit gebäudetechnischer Anlagen; Grundlagen und Kostenberechnung

Einsparpotenziale in Trinkwasser-Installationen

Zielwerte für den Wasserverbrauch werden in der Richtlinie VDI 3807 Blatt 1:2013-06 Verbrauchskennwerte für Gebäude – Grundlagen vorgegeben. Die Richtlinie beschreibt Verfahren zur Ermittlung von Kennwerten aus gemessenen Verbräuchen. Auf dieser Grundlage können Einsparpotenziale ermittelt werden. Es sind solche Armaturen und Anlagen zu verwenden, die Nutzern ermöglichen, Wasser im gewünschten und erforderlichen Umfang zu entnehmen, unnötige Wasserentnahme aber vermeiden. An dieser Stelle setzt die Richtlinie VDI 6024 an.

Wassersparende Armaturen und Sanitärausrüstungen

Sanitärtechnische Anlagen in Wohngebäuden

- WC-Anlage
  Das WC-Becken und die Spüleinrichtungen müssen aufeinander abgestimmt werden. Maximal 6 l soll das Volumen des Spülwassers pro Betätigung betragen, 3 l beim sog. „kleinen Geschäft“. Tabelle 1 der Richtlinie gibt einen Überblick über die Volumina verschiedener Arten von WCs.
- Dusch-WC-Anlage
  Das Dusch-WC ist eine Kombination aus einem WC und einem Bidet. Mit Blick auf Wassersparen, Hygiene und Reinigung des Intimbereiches ist das Dusch-WC einem Bidet vorzuziehen.
- Duschanlage
  Das Einsparpotenzial hängt von der Einregulierung ab. Diese ist entscheidend für Energie- und Wasserverbrauch. Für wassersparende Duschsysteme für die Körperreinigung wird eine Begrenzung des Wasserstroms des Duschkopfs auf 7 bis 9 l/min empfohlen.

- Badewanne
  Hinsichtlich des Wassersparens ist Duschen dem Baden vorzuziehen. Die Badewanne sollte daher auch zum Duschen genutzt werden können. Die Wassereffizienz ist vom beim Baden genutzten Wasserinhalt abhängig. Bei sog. „Wellness-Badewannen" mit bis zu 400 l Nutzinhalt gibt es kaum ein Einsparpotenzial.
- Waschbecken und Handwaschbecken
  Wasser- und Energieverbrauch hängen von der verwendeten Armaturenart und -technik sowie der Dauer der Wasserentnahme ab. Diese ist von der Einregulierdauer abhängig, die wiederum von der Art der Armatur abhängt. Die Abhängigkeit des Wasser- und Energieverbrauchs von der Steuerung der Armatur und den Investitionskosten ist in Tabelle 2 der VDI 6024 zusammengestellt. Bei einer vollautomatischen Brausearmatur sind die Investitionskosten sehr hoch, Wasser- und Energieverbrauch gering. Dieser ist dagegen mittel bis hoch bei einer Zwei-Griff-Armatur mit geringen Investitionskosten. Für eine wassersparende Armatur wird ein Strahlregler der Klasse Z oder kleiner empfohlen. Einzelheiten zur Beurteilung der Wassereffizienz enthalten zwei weitere Tabellen.
- Küchenspüle
  Eine Küchenspüle kann zu verschiedenen Zwecken genutzt werden. Es soll eine zweckmäßige Größe der Spüle gewählt werden, wenn bspw. Wasser für das Geschirrspülen aufgestaut wird. Erfahrungsgemäß wird die Küchenspüle häufig für das Abspülen von Geschirr, Nahrungsmitteln und Händen genutzt. Bei der Auswahl der Steuerung der Armatur für die Wasserentnahme müssen daher i. d. R. dieselben Kriterien wie bei der Auswahl für Waschbecken und Handwaschbecken angewendet werden.

- Bidet
  Der Wasserbedarf hängt von der Art der Nutzung ab – Reinigung unter fließendem Wasser oder unter Nutzung eines Beckens, das zur Nutzung gefüllt wird. Das beeinflusst den Spielraum bei der Planung der Installation.
- Urinal
  Maße, Bau- und Prüfgrundsätze für Urinale werden in DIN EN 13407:2018-12 Wandhängende Urinale - Funktionsanforderungen und Prüfverfahren beschrieben. Die Funktionsanforderungen und u. a. daraus abgeleitet das Spülwasservolumen werden in DIN 19541:2004-12 „Geruchsverschlüsse für besondere Verwendungszwecke – Anforderungen und Prüfverfahren“ festgelegt. Die zulässigen Spülvolumina betragen bei Urinalen 0,5 l bis 5 l. Ressourcenschonende Urinale benötigen weniger als 2 l.

Sanitärtechnische Anlagen in öffentlichen und gewerblichen Einrichtungen

Die Nutzung unterscheidet sich wesentlich von der bei Wohnnutzung (Hotel, Wohnung, siehe VDI 6000 Blatt 1:2024-07 Sanitärtechnik – Sanitärräume – Grundlagen). Die Nutzer verwenden in vielen Fällen mehr Wasser als für vergleichbare Vorgänge im Wohnbereich. Zudem sind die Technischen Regeln für Arbeitsstätten (ASR), spezifische Hygienevorschriften und ggf. Vorgaben der öffentlichen Hand zu berücksichtigen.

- WC-Anlage
  Vom Grundsatz her haben nutzerspezifische Anforderungen (z. B. Hygiene, Sauberkeit, Komfort) Vorrang vor Wassereinsparungen. Das trifft insbesondere auf Krankenhäuser und vergleichbare Einrichtungen zu. Aus medizinischen Gründen sind Flachspül-WCs zu bevorzugen.

- Duschanlage
  Im gewerblichen und öffentlichen Bereich sollte der Volumenstrom je Entnahmestelle maximal 9 l/min betragen. Die Gefahr von ungenutzten Brausen sollte berücksichtigt werden. Der Einbau von Selbstschlussarmaturen oder vollautomatischen (elektronischen) Armaturen wird empfohlen.
- Badewanne
  Unter den Gesichtspunkten Wassereffizienz und Hygiene sind grundsätzlich Duschanlagen zu bevorzugen. Ausnahmen gibt es im Gesundheitswesen für medizinische oder physiotherapeutische Anwendungen.
- Waschbecken und Handwaschbecken
  Die eingesetzten Waschbecken unterscheiden sich nur in der Gestaltung von den im Privatbereich eingesetzten. Im Übrigen gelten die gleichen Auswahlkriterien.
- Küchenspüle
  Für Teeküchen in Büro- und Verwaltungsgebäuden gelten die gleichen Auswahlregeln wie im Privatbereich.
- Urinal
  Es wird empfohlen, vorzugsweise berührungslose und vollautomatische Armaturen zu verwenden. Auch wasserlose Urinale können zum Einsatz kommen. Für Wasser und Abwasser fallen dann keine Kosten an. Wartungskosten sind zu berücksichtigen. Empfohlen werden unter Kostenaspekten sog. Urinalkombinationen mit Hybridspülung.

Gartenbewässerung

Grundsätzlich ist zu prüfen, ob eine Bewässerung notwendig ist. Ist sie unbedingt erforderlich, sollten automatische Systeme verwendet werden, bei denen die Bewässerung in Abhängigkeit von Witterung und Bedarf gesteuert wird.

Wassereinsparungen durch Systemoptimierung

- Bemessung von Trinkwasser-Installationen
  In Grundzügen wird die Bemessung in der DIN EN 806-3:2006-07 Technische Regeln für Trinkwasser-Installationen – Teil 3: Berechnung der Rohrinnendurchmesser und der DIN 1988-300:2012-05 Technische Regeln für Trinkwasser-Installationen – Teil 300: Ermittlung der Rohrdurchmesser; Technische Regel des DVGW geregelt. In der Richtlinie wird darauf verwiesen, dass bei differenzierten Rechenverfahren bei Verwendung der in der DIN 1988-300 angegebenen Richtwerte für eine Reihe von Parametern das mögliche Optimierungspotenzial für ein wassereffizientes System nicht genutzt werden kann. Bezüglich weiterer Einzelheiten muss an dieser Stelle auf den Text dieser Richtlinie VDI 6024 verwiesen werden.
- Einrichtungen zum Abgleich von Systemen
  Trinkwasser-Installationen sind so zu bemessen, dass an den hydraulisch ungünstigsten Entnahmestellen der noch notwendige Druck vorhanden. Bezüglich der Details zum rechnerischen Strangabgleich, zu Durchflussbegrenzern und Durchflussbegrenzern sowie Strahlreglern muss auf die Richtlinie verwiesen werden.
- Unterdruckentwässerungssysteme
  Kann ein übliches Schwerkraftentwässerungssystem nicht realisiert werden, ist ein Unterdruckentwässerungssystem (Vakuumsystem) eine Alternative. Ein Unterdruckentwässerungssystem besteht aus einer Reihe von Komponenten, u. a. Vakuumtank, zwei Vakuumpumpen, zwei Abwasserpumpen, Steuereinheit und Absaugeinheiten für die angeschlossenen Anlagen. Der Betrieb von Vakuumtoiletten ist mit einem Spülvolumen von 1 l pro Spülung möglich. Zusätzliche Energie- und Instandhaltungskosten fallen im Vergleich zu üblichen

Installationen an. Weitere Hinweise liefert die DIN EN 12109 Unterdruckentwässerungssysteme innerhalb von Gebäuden.

Betrieb, Instandhaltung und Modernisierung von Trinkwasser-Installationen

Die Trinkwasser-Installation ist bestimmungsgemäß zu betreiben. Detaillierte Hinweise zum Betrieb sind in VDI 3810 Blatt 2:2020-05 Betreiben und Instandhalten von Gebäuden und gebäudetechnischen Anlagen – Trinkwasser-Installationen und in der DIN EN 806-5 Technische Regeln für Trinkwasser-Installationen – Teil 5: Betrieb und Wartung zu finden. Bei Modernisierung ist auf eine Verbesserung der Wassereffizienz des richtig bemessenen Gesamtsystems und nicht nur auf die Folgen des Austausches einzelner Komponenten zu achten.

Wassermanagement

Das technische Gebäudemanagement umfasst die Einbindung verschiedener Gewerke, üblicherweise z. B. Sanitär, Heizung, Lüftung und Klima. Die Möglichkeiten der Einbindung in die Gebäudeautomation sind dabei zu nutzen. Optimierungspotenzial für die Bewirtschaftung bieten dabei von einem Wassermanagementsystem bereitgestellte Informationen u. a. durch:

- automatische Störmeldungen
- Spitzenlastoptimierung in Abhängigkeit von der Nutzung von Sanitäranlagen mittels zentraler Einstellung von Sensorik und Aktorik
- Erfassung von Daten für präventive Wartung und Instandhaltung (Predictive Maintenance)

Für Optimierungsprojekte von Sanitärsystemen auf der Grundlage statistischer Daten wird auf die VDI 3807 Blatt 3 Verbrauchskennwerte für Gebäude – Teilkennwerte Wasser verwiesen.

Wirtschaftlichkeitsberechnung

Als Basis für die Wirtschaftlichkeitsprüfung wird verwiesen auf:

- VDI 2067 Wirtschaftlichkeit gebäudetechnischer Anlagen
  - Blatt 1 Grundlagen und Kostenberechnung
  - Blatt 12 Nutzenergiebedarf für die Trinkwassererwärmung
  - Blatt 22 Energieaufwand der Nutzenübergabe bei Anlagen zur Trinkwassererwärmung
- VDI 3807 Blatt 3 Verbrauchskennwerte für Gebäude – Teilkennwerte Wasser

Tabelle 7 der DIN 6024 gibt einen Überblick über personenbezogene Wasserbedarfswerte. Der Bundesverband der Energie- und Wasserwirtschaft e. V. ging 2018 von einem Tagesbedarf von 123 l aus. Davon wurden 27 % für die WC-Spülung, 36 % für Körperpflege, Duschen, Baden und 12 % für Wäschewaschen verwendet. Der für Essen und Trinken sowie Raumreinigung, Autopflege und Garten benötigte Anteil betrug 10 %, für Geschirrspülen 6 %. Der restliche Bedarf wird als Kleingewerbeanteil ausgewiesen.

2.7 Gefährdungsanalyse (VDI/BTGA/ZVSHK 6023 Blatt 2:2018-01)

Einführung

- VDI: Verein Deutscher Ingenieure
- BTGA: Bundesverband Technische Gebäudeausrüstung
- ZVSHK: Zentralverband Sanitär, Heizung und Klima

Das Blatt 2 beschreibt Gefährdungsanalysen in der Trinkwasser-Installation.

Jeder Betreiber ist verpflichtet, die aus dem Betrieb einer Trinkwasser-Installation denkbaren Gefahren zu analysieren (Gefährdungsanalyse) und geeignete Vorkehrungen zu deren Vermeidung zu treffen (Instandhaltungsplan). Im Sinne dieser Richtlinie wird die Gefährdungsanalyse umfassend, sowohl im Hinblick auf den technischen als auch auf den hygienegerechten Funktionserhalt, verstanden. Das Ergebnis ist ein Instandhaltungsplan, in dem alle zur Gefährdungsvermeidung erforderlichen Maßnahmen dargestellt sind.

Mit der Meldepflicht bei Überschreitung des technischen Maßnahmenwerts bei einer Legionellen-Kontamination ist gem. § 62 der Trinkwasserverordnung eine Gefährdungsanalyse über die Trinkwasser-Installation zu erstellen.

Hinweis

„Die Einhaltung mindestens der einschlägigen a. a. R. d. T. bildet die Grundvoraussetzung für einen sicheren und hygienisch einwandfreien Betrieb der Trinkwasser-Installation. Als a. a. R. d. T. für Planung, Bau, Betrieb und Instandhaltung im Bereich der Trinkwasser-Installation gelten dabei vor allem die Richtlinien in den Reihen VDI 6023 Blatt 1, VDI 3810, die Normen der Reihe DIN 1988 und DIN EN 808, der Norm DIN EN 1717 sowie die DVGW-Arbeitsblätter der Reihe DVGW W 551.“[1]

Aufgrund des umfassenden Regelwerks erfordert die Erarbeitung einer Gefährdungsanalyse eine fundierte Fachkunde.

Inhalte der Norm

Wer darf eine Gefährdungsanalyse durchführen?

Die Durchführung einer Gefährdungsanalyse sollte durch einen Sachverständigen erfolgen. Bei einem Sachverständigen wird davon ausgegangen, dass er in seinem Fachgebiet über eine besondere fachliche Kompetenz verfügt. Die Gefährdungsanalyse soll in Gutachtenform erstellt werden. Das heißt u. a. auch, dass die gewonnenen Erkenntnisse und Ergebnisse dem Laien verständlich und für diesen nachvollziehbar dokumentiert werden.

[1] Quelle: VDI/BTGA/ZVSHK 6023 Blatt 2, Seite 3.

Anforderungen an den Sachverständigen

- persönliche Eignung für die Tätigkeit
- durch Vorbildung mit dem Stand der Technik vertraut
- objektive und unbefangene Begutachtung
- verschwiegen und zuverlässig
- selbstständige Erstellung eines Gutachtens

Hinweis

„Die Durchführung der Gefährdungsanalyse muss unabhängig von anderen Interessen erfolgen. Insbesondere muss eine Befangenheit vermieden werden. Eine Befangenheit ist dann zu vermuten, wenn Personen an der Planung, dem Bau, dem Betrieb oder der Sanierung der Trinkwasser-Installation selbst beteiligt waren oder sind.“[2]

Die VDI/BTGA/ZVSHK 6023 Blatt 2 hat zum Ziel, eine unabhängige und praxisnahe Grundlage zur Erstellung von vereinheitlichten und zielführenden Gefährdungsanalysen zu schaffen.

Um das Ziel einzuhalten, ist ein Sachverständiger mit geeigneter Qualifikation auszuwählen. Bei zertifizierten Sachverständigen nach VDI/BTGA/ZVSHK kann unterstellt werden, dass dieser über eine ausreichende Qualifikation verfügt. Sachverständige für Trinkwasserhygiene durchlaufen ein personengebundenes Zertifizierungsprogramm. Der VDI kann Auskunft über qualifizierte Sachverständige geben.

2 Quelle: VDI/BTGA/ZVSHK 6023 Blatt 2, Nr. 5.

Ausführung der Pflichten

Aus einem Vorgespräch können notwendige und hilfreiche Informationen zu dem entsprechenden Objekt gewonnen werden. Im Nachgang werden notwendige Dokumente und deren Aktualität geprüft. Fehlende Unterlagen sind nicht im Rahmen der Gefährdungsanalyse zu erstellen, sondern erfordern einen weiteren Auftrag.

Hinweis

Bei Fehlen oder Unvollständigkeit der geforderten Unterlagen müssen diese vom Auftraggeber beschafft, erstellt oder in Auftrag gegeben werden. In welchem Genauigkeitsgrad dies erfolgen muss, ist von der zu untersuchenden Trinkwasser-Installation abhängig und bedarf einer spezifischen Betrachtung durch den Sachverständigen.

Ortsbesichtigung zur Bestandsaufnahme

Ohne eine Ortsbesichtigung ist die Erstellung einer Gefährdungsanalyse i. S. v. Blatt 2 nicht möglich. Zur vollständigen Ortsbesichtigung gehören auch die Überprüfung der Bestandsdokumentation vor Ort, die Einhaltung der allgemein anerkannten Regeln der Technik, die ausgewählten Probenahmestellen, die Einhaltung des bestimmungsgemäßen Betriebs und weitere wichtige Betriebsparameter (z. B. Temperaturen, Stagnationszeiten).

Für den Aufbau und zur späteren Dokumentation des Ortstermins empfiehlt es sich, am Hauswasseranschluss zu beginnen und dem Fließweg des Trinkwassers zu folgen.

Um auch eine Zugänglichkeit aller Räumlichkeiten zu gewährleisten, empfiehlt es sich, den Ortstermin im Beisein des Betreibers oder dessen Vertreters durchzuführen.

Weiterhin ist auch die Teilnahme von Personen, welche mit der Trinkwasser-Installation vertraut sind, empfehlenswert.

Im Anhang C befindet sich eine Checkliste für die Bestandsaufnahme, welche in geeigneter Art und Weise zu dokumentieren ist. Fotos, Skizzen und Grafiken dienen der Veranschaulichung.

Besonders empfehlenswert ist eine strukturierte Ausarbeitung der Gefährdungsanalyse, gegliedert in die nachfolgenden Punkte:

1. Hausanschluss
2. Rohrleitungssystem Dämmung
3. Stagnation
4. Trinkwassererwärmungsanlage einschließlich PWC-Zuleitung
5. Temperaturbereiche, Druckmessung und Volumenströme
   a) Temperaturmessung an Hausanschluss
   b) Austritt der Trinkwassererwärmer
   c) Zirkulation
   d) jede Steig- und Verteilleitung
6. Zirkulationssystem
7. Kennzeichnung und Zugänglichkeit
8. Werkstoff, Produkteigenschaft, Eignung von Bauteilen (Fließregel beachten)
9. Sicherungseinrichtungen
10. Anlagen zur Wasserbehandlung und Wasseraufbereitung

11. Gebäudeautomation
12. Angaben zur regelmäßigen Wartung und Instandhaltung (Betriebsbuch)

Jeder der vorgenannten Punkte ist in der Gefährdungsanalyse nochmals auszuarbeiten. Fotos und Tabellen dienen nur zur Unterstützung von Texten. Fotos von Wärmebildkameras können nicht für eine Temperaturmessung zuverlässig angenommen werden. Sie dienen lediglich zur Veranschaulichung und nicht für eine exakte Temperaturmessung.

Ausarbeitung des Gutachtenschriftsatzes

1. Bestandsaufnahme, Feststellung des Ist-Zustands inklusive Fotodokumentation und Beschreibung: **Wie** ist es?
2. Überprüfung auf Einhaltung der allgemein anerkannten Regeln der Technik mit entsprechenden Erläuterungen und Bezug auf die jeweiligen Regelwerke: **Wie** sollte es sein?
3. Gefährdungsanalyse zu den jeweiligen Feststellungen: **Was** kann passieren?
4. Bewertung des Risikos (Zusammenfassung): **Warum** besteht ein Risiko?
5. Handlungsempfehlungen mit Priorität: **Was** sollte getan werden?

Anmerkung: Keine subjektiven Wahrscheinlichkeiten schildern, d. h., dass frühere Beurteilungen mit farblicher Kennzeichnung über die Wahrscheinlichkeit des Eintritts einer Gefährdung nichts in einer Beurteilung zu suchen haben.

Es gilt weiter: Je schlimmer die Folgen des Mangels, desto schneller ist mit der Abhilfe zu beginnen. Dies wiederum führt zur Unterteilung in Sofortmaßnahmen, kurzfristige, mittelfristige und langfristige Maßnahmen.

Sofortmaßnahmen sind schnell umzusetzen und dienen der direkten Gefahrenabwehr. Beispiele hierfür sind u. a. unverzügliche Information der Nutzer, Nutzungseinschränkung, ggf. Einbau von endständigen Filtern (siehe DVGW Twin Nr. 12).

Kurz- und mittelfristige Maßnahmen sollten innerhalb weniger Wochen bis maximal ein Jahr nach Erstellung der Gefährdungsanalyse umgesetzt werden. Hierzu gehören z. B. die Erneuerung der Trinkwassererwärmung, Instandhaltungsplanung und der Austausch defekter oder alter Bauteile (Instandsetzung).

Als **langfristige Maßnahmen** werden jene bezeichnet, die einer längeren Vorbereitung bedürfen (z. B. Berechnung und Durchführung des hydraulischen Abgleichs in der Zirkulation, Neuberechnungen oder Erneuerungen, Instandhaltungsplanung, Instandsetzung oder gar der vollständige Austausch der Trinkwasser-Installation).

Anmerkung zu langfristigen Maßnahmen: Auch mit den langfristigen Maßnahmen ist unmittelbar nach Erstellen der Gefährdungsanalyse zu beginnen. „Langfristig" bezieht sich hier auf die Vorbereitungszeit.

Nach der zeitlichen Gliederung ist eine abschließende Zusammenfassung über die Ergebnisse und Befunde zu erstellen. Eine Vereinfachung für den UsI stellt eine Handlungsempfehlung dar. Aufzeigen und Priorisieren geeigneter Möglichkeiten, wie der Mangel beseitigt werden kann, unterstützen den Betreiber bei seiner weiteren Planung.

Fazit: Geeignet ist ein Ersteller von Gefährdungsanalysen aufgrund seiner fachlichen Ausbildung, seiner zeitnahen beruflichen Tätigkeit und seiner Kenntnisse über die allgemein anerkannten Regeln der Technik (a. a. R. d. T.) durch entsprechende Qualifikationen bzw. Zertifikate. Das deutsche Sachverständigenwesen unterliegt keiner einheitlichen Struktur. Für den Betreiber empfiehlt es sich, dass er sich an den VDI wendet. Der VDI verfügt über eine Auflistung der zertifizierten Sachverständigen, welche nach VDI/BTGA/ZVSHK 6023 Blatt 2 geprüft worden sind.

2.8 Betreiben und Instandhalten von Gebäuden und gebäudetechnischen Anlagen – Trinkwasser-Installationen (VDI 3810 Blatt 2:2020-05); Hygiene in Trinkwasser-Installationen – Betrieb und Instandhaltung (VDI 6023 Blatt 3: 2020-05)

Einführung

Die VDI 3810 Blatt 2 „Betreiben und Instandhalten von Gebäuden und gebäudetechnischen Anlagen" handelt von der sanitärseitigen technischen Ausrüstung von Gebäuden.

Die VDI-Richtlinie wurde zwischenzeitlich als Einzelnorm zurückgezogen, bildet nun jedoch eine Doppelnorm, die gemeinsam mit der VDI 6023 Blatt 3 aufgelegt wird.

Zu sanitärtechnischen Anlagen zählen neben der Trinkwasserwärmungsanlage selbst auch Entwässerungsanlagen sowie Brandschutzeinrichtungen.

Die VDI-Richtlinie setzt ihren Fokus entsprechend auf die Trinkwasserinstallation in all ihren Facetten. Das Risiko schlecht bzw. nachlässig betriebener Trinkwasserinstallationen ist erheblich und wird gemeinhin von Betreibern von Gebäudewasserversorgungsanlagen (ehemals „Unternehmern oder sonstigen Inhabern [UsI] von Trinkwasserinstallationen") unterschätzt.

Da nur eine bestimmungsgemäß betriebene Anlage auch den allgemein anerkannten Regeln der Technik nach hygienisch unbedenklich arbeiten kann, gibt die Richtlinie wichtige Vorgaben zur Vermeidung gesundheitlicher Gefahren für Verbraucher, z. B. durch Vermeidung mikrobieller Kontamination infolge von Stagnation. Entsprechend hilft die vorliegende Richtlinie bei der Sicherung eines technisch und hygienisch einwandfreien Zustands einer Trinkwasserinstallation.

Inhalte der Norm

Die Richtlinie stellt eine Reihe technischer Regelwerke dar, aus der sich die Pflichten des Betreibers von gebäudetechnischen Anlagen ergeben. Für das Betreiben einer Gebäudewasserversorgungsanlage empfiehlt die Richtlinie bereits eingangs notwendige Sachkunde der dazu beauftragten Personen, wie den Erwerb einer Zertifizierung nach VDI/DVGW 6023, oder aber als ZVSHK-Fachkraft „Hygiene und Schutz des Trinkwassers".

Sie stellt darüber hinaus die Grundpflichten des Betreibers einer Trinkwasserinstallation dar, welche sich aufschlüsseln in

- regelmäßige Inspektion,
- vorausschauende Wartung,
- fachkundige Instandsetzung sowie
- technische Verbesserung nach den allgemein anerkannten Regeln der Technik.

Betreiber einer Gebäudewasserversorgungsanlage im Sinne der VDI 3810 Blatt 2 sind dabei

- Eigentümer,
- Immobilienverwaltungen,
- Arbeitgeber,
- Besitzer,
- Nutzer (Mieter, Pächter, Bewohner) bzw.
- Unternehmen des Property- und Facility-Managements und Gebäudemanagements.

Für die Instandhaltung notwendige Maßnahmen werden dabei von den weiterführenden Normen DIN 1988, DIN 806-5 und der VDI 6023 ausgeführt.

Die Richtlinie stellt dabei auch die Verpflichtung aufklärender mikrobieller und chemischer Trinkwasseruntersuchungen bei Feststellungen von Veränderungen des Trinkwassers (z. B. Veränderungen bei Färbung, Trübung oder auch Geruch des Wassers) dar.

Deren Feststellung gilt darüber hinaus bereits umgehend nach Fertigstellung und Übergabe der Trinkwasserinstallation an den Betreiber.

Hierbei werden auch mögliche Untersuchungsumfänge für Arbeitsstätten beschrieben, wie Untersuchungen auf den Parameter „Pseudomonas aeruginosa“. Hierdurch unterstreicht die Richtlinie den Zusammenhang technisch funktionstüchtiger Trinkwasserinstallationen und deren Auswirkung auf die mikrobielle Beschaffenheit von Trinkwasser.

Eine weitere elementare Abgrenzung erfolgt in der Definition des bestimmungsgemäßen Betriebs wie folgt:

- Betrieb der Trinkwasserinstallation wie in der Planung zugrunde gelegt
- Vermeidung jeglicher Stagnation in der gesamten Trinkwasserinstallation (z. B. durch regelmäßigen Wassergebrauch an jeder Entnahmestelle)
- Einhaltung der für kaltes und erwärmtes Trinkwasser geltenden Temperaturgrenzen (wie ausgeführt in VDI 6023 und DVGW W 551)
- Umsetzung von Maßnahmen zum Schutz des Trinkwassers (z. B. in Form von Sicherungseinrichtungen, wie beschrieben in DIN EN 1717 und DIN EN 1988-100)
- Einhaltung der Instandhaltungsintervalle (wie beschrieben in DIN EN 806-5)

Der bestimmungsgemäße Betrieb einer Trinkwasserinstallation erfordert zumindest:

- eine bedarfsorientierte Planung nach den Vorgaben zu erstellender Raumbücher,
- die fachgerechte Ausführung der Planung sowie Abnahme (vor allem auch hinsichtlich hygienischer Anforderungen) und Übergabe an den Betreiber,
- die Dokumentation der Einweisung des Betreibers, aber auch der jeweiligen Nutzer der Installation,
- die Möglichkeit des berechtigten Zugangs für mit der Bedienung vertrautes Personal,
- eine ausreichende Zahl fachlich vor- und ausgebildeter Personen,

- eine klare Zuordnung der Verantwortlichkeiten (vor allem im Zusammenspiel von Betreibern, Eigentümern und Nutzern/ Verbrauchern) und
- die Kenntnisse der betrieblichen Zusammenhänge des jeweiligen Systems.

Der Themenbereich, den sich die VDI 3810 Blatt 2 vornimmt, ist entsprechend weit gefasst und denkbar detailliert aufgeführt.

Anwendung der Norm

Trotz des umfassenden Themenkomplexes stellt die Norm nachvollziehbar die jeweilige Anforderung dar, sodass auch im Adressatenbereich liegende, fachlich nicht vorgebildete Nutzer/ Verbraucher die beschriebenen Sachverhalte nachvollziehen können.

Die Richtlinie kann in ihren Ausführungen grundsätzlich als praxisorientiert betrachtet werden, wobei durch die konkrete Benennung spezifischer Vorgaben von einer regelmäßigen Aktualisierung der Richtlinie ausgegangen werden kann.

Zielgruppe der Richtlinie sind entsprechend Eigentümer und Besitzer von Trinkwasserinstallationen, Nutzer/Verbraucher, aber auch Installationsunternehmen sowie Immobilienverwaltungen und Facility-Management-Unternehmen.

Ausführung der Pflichten

Die Ausführung der umfassend dargestellten Pflichten beruht, wie bei den meisten angeführten Normen und Richtlinien, auf der Verkörperung der geltenden allgemein anerkannten Regeln der Technik.

Die Notwendigkeit der Umsetzung der allgemein anerkannten Regeln der Technik leitet sich dabei mittelbar von der jeweils geltenden TrinkwV und entsprechend auch vom Infektionsschutzgesetz sowie weiteren anhängigen Richtlinien und Vorgaben, wie z. B. der Verkehrssicherungspflicht, ab.

Bezug zur TrinkwV

Die VDI 3810 Blatt 2, bzw. neu als Doppelnorm mit der VDI 6023 Blatt 3, dient dazu, dem maßgeblichen Anspruch der TrinkwV gerecht zu werden – die jeweilige Gebäudewasserversorgungsanlage den allgemein anerkannten Regeln der Technik gemäß zu betreiben. Anhand der konkreten Maßgaben über u. a. Inspektion und Wartung unterstützt sie, wie bereits beschrieben, sowohl den Betreiber als auch ausführende Unternehmen oder Personen in dem laufenden Betrieb.

2.9 Reinigung und Desinfektion (DVGW W 551-3:2022-08)

Einführung

Das Arbeitsblatt ist Teil des DVGW-Regelwerks. Es wurde vom Projektkreis „Reinigung und Desinfektion von Trinkwasserinstallationen" des Technischen Komitees „Hygiene in der Trinkwasserinstallation" des Deutschen Vereins des Gas- und Wasserfaches e.V. (DVGW) erarbeitet. Es ersetzt unverändert das DVGW-Arbeitsblatt W 557:2020-05. Gegenüber diesem wurde der informative Anhang B mit einer orientierenden Übersicht über Werkstoffe für eine einmalige Anlagendesinfektion gestrichen. Es erfolgte eine Aktualisierung aufgrund der Vorgaben über die Qualität von Wasser für den menschlichen Verbrauch mit Bezug auf die Trinkwasserverordnung in der Fassung von 2001. Das Arbeitsblatt wendet sich an Planer, Errichter und Betreiber von Trinkwasserinstallationen sowie Hersteller von Bauteilen, an die zuständigen Behörden (z. B. Gesundheitsämter) und ausführende Fachfirmen.

Die Technische Regel ist Grundlage für die Vermeidung und Beseitigung von Verunreinigungen mit Mikroben und unerwünschten Ablagerungen in Trinkwasserinstallationen mit dem Ziel, die Vorgaben der Trinkwasserverordnung einzuhalten. Beschrieben werden Reinigung und Anlagendesinfektion von Trinkwasserinstallationen und deren Teilen.

Dazu werden die Anwendungsbereiche von Desinfektionsverfahren und vorbeugende Maßnahmen zur Abwendung einer mikrobiellen Kontamination angegeben.

Methoden und Maßnahmen zum Umgang mit hygienischen und mikrobiellen Auffälligkeiten und deren Behebung werden auch im DVGW-Arbeitsblatt W 551-2 beschrieben.

Allgemeine Anforderungen an die Reinigung und Desinfektion von nicht ortsfesten Anlagen sind in der DIN 2001-2 „Trinkwasserversorgung aus Kleinanlagen und nicht ortsfesten Anlagen – Teil 2: Nicht ortsfeste Anlagen – Leitsätze für Anforderungen an Trinkwasser, Planung, Bau, Betrieb und Instandhaltung der Anlagen“ zusammengestellt.

Inhalt der Technischen Regel

Das Arbeitsblatt ist in neun Abschnitte und drei Anhänge mit Inhalt gegliedert. Anzuwenden ist das Arbeitsblatt gemäß Abschnitt 1 „Anwendungsbereich“ in Zusammenhang mit Reinigung und Desinfektion von Trinkwasserinstallationen. Nicht ortsfeste Anlagen sind dabei eingeschlossen. Geeignete Mittel und Verfahren für die Durchführung dieser Aufgaben werden beschrieben.

Im Abschnitt 2 „Normative Verweisungen“ sind die Dokumente zusammengestellt, die in Zusammenhang mit dem Arbeitsblatt von Bedeutung sind.

Sind die Verweisungen mit keinem Datum versehen, werden die Anwender aufgefordert, die jeweils aktuellen Normen und Arbeitsblätter zu nutzen. Datierte Verweisungen beziehen sich auf das konkret bezeichnete Dokument. Existiert eine neuere Ausgabe, wird gebeten, diese anzuwenden.

Das ist bei Verweisen auf die Trinkwasserverordnung zu berücksichtigen. Im Arbeitsblatt wird auf die TrinkwV 2021 Bezug genommen. Zwischenzeitlich ist jedoch die umfassend geänderte TrinkwV 2023 in Kraft gesetzt worden.

Dadurch sind nicht nur neue Themen gesetzt worden, sondern auch die Systematik hat sich geändert. So ist das Verfahren für die mikrobiologische Beschaffenheit, auf das in Tabelle 4 des Arbeitsblatts Bezug genommen wird, jetzt in § 43 TrinkwV 2023 (bisher § 15 TrinkwV 2021) spezifiziert.

Es folgen im Arbeitsblatt Abschnitt 3 „Begriffe“, Abschnitt 4 „Grundlagen“ und Abschnitt 5 „Vorbeugende Maßnahmen“, mit denen die Vermehrung von Mikroorganismen im Trinkwasser durch Nährstoffeintrag aus verwendeten Materialien und Produkten unterbunden werden soll.

Im Abschnitt 6 „Reinigung“ werden Vorgaben für mechanische und chemische Reinigungsverfahren zur Beseitigung chemischer und mikrobieller Verunreinigungen in den Leitungen, auch mit Hinweis auf erforderliche Arbeitsschutzmaßnahmen, präzisiert.

Reinigung im Sinne des Arbeitsblatts (vgl. Abschnitt 3.14 des Arbeitsblatts) ist das Entfernen unerwünschter organischer und anorganischer Substanzen und mikrobieller Verunreinigungen aus einer Trinkwasserinstallation (vgl. Abschnitt 3.20 des Arbeitsblatts).

Die Reinigung kann bereits bei Neuinstallationen notwendig sein, wenn sich Rückstände durch Montagehilfsstoffe sowie bau- und montagebedingte Verunreinigungen gebildet haben.

Diese müssen vor jeder Inbetriebnahme entfernt werden, da grundsätzlich jede Ablagerung (z. B. von Korrosionsprodukten) zu einer Beeinträchtigung der Trinkwasserqualität führen kann.

In Bestandsinstallationen kann sich ein der Qualität des Trinkwassers abträglicher Biofilm in dem Rohrleitungssystem gebildet haben, der als Nährboden für unliebsame Keime und Bakterien dient (u. a. auch für multiresistente Keime wie *Pseudomonas aeruginosa*).

Mechanische Reinigungsverfahren sind gemäß Abschnitt 6.3.2 des Arbeitsblatts

- Spülen mit Wasser (Verwendung von filtriertem Trinkwasser)
- Spülen mit Wasser/Luft-Gemischen (Ausführung nur durch Fachfirmen)
- Spülen mit Wasser und mechanischen Hilfsmitteln (ggf. zusätzliche Korrosionsschutzmaßnahmen)

Bei chemischen Reinigungsverfahren (vgl. Abschnitt 6.3.3 des Arbeitsblatts) unter Verwendung chemischer Zusätze sind Vorrichtungen zum Einschleusen und zur Entsorgung der Spülwässer erforderlich.

Hinweis

Das Reinigen mit chemischen Zusätzen darf nur von Fachfirmen ausgeführt werden.

Leitungen für kaltes und erwärmtes Trinkwasser sind getrennt zu reinigen. Die grundlegende Vorgehensweise ist in Abschnitt 6.2

beschrieben. Gereinigt werden soll unter Verwendung geeigneter hygienisch einwandfreier Fittings, Schläuche usw. strangweise. Begonnen werden soll an der Hauptabsperrarmatur. Zuerst wird im nächstgelegenen Stockwerk gereinigt. Die Reinigung wird dann schrittweise bis zum am weitesten entfernten Stockwerk fortgesetzt.

Empfindliche oder bewegliche Bauteile sind zur Reinigung aus der Trinkwasserinstallation auszubauen. Ein Wiedereinbau soll erst nach Reinigung gemäß Herstellerangaben und ggf. Desinfektion der gesamten Trinkwasserinstallation erfolgen (vgl. Abschnitt 6.4 des Arbeitsblatts).

Musterprotokolle für die Dokumentation der Reinigung von Trinkwasserinstallationen mit mechanischen Reinigungsverfahren und für die Reinigung mit chemischen Zusätzen sind informativ in Anhang C des Arbeitsblatts enthalten.

In Abschnitt 7 „Desinfektion“ wird darauf aufmerksam gemacht, dass bei Überschreitung der mikrobiologischen Grenzwerte der TrinkwV (vgl. § 6, Anlage 1 Teil I TrinkwV 2023) die mikrobielle Kontamination unbedingt zu beseitigen ist.

Zur Risikoabschätzung und zu Maßnahmen beim Nachweis von Pseudomonas aeruginosa wird auf die Empfehlung des Umwelt-Bundesamtes aus dem Jahr 2006 hingewiesen.

Eine weitere UBA-Empfehlung zu *Pseudomonas aeruginosa* wurde im Juni 2017 ausgegeben.

Eine regelmäßige Überwachung ist insbesondere in Krankenhäusern, Einrichtungen des ambulanten Gesundheitswesens, Pflegeeinrichtungen und Kindertagesstätten angezeigt.

Kann die Einhaltung der Grenzwerte nicht durch Reinigung erreicht werden, muss die Trinkwasserinstallation vollständig desinfiziert werden.

Mit der Desinfektion soll die Abtötung und/oder Inaktivierung unerwünschter Mikroorganismen erreicht werden (vgl. Abschnitt 3.3 des Arbeitsblatts). Organische Desinfektionsmittel dürfen nicht eingesetzt werden (vgl. Abschnitt 7.4.1 des Arbeitsblatts). Vor einer Desinfektion sind möglichst Ursache und Stelle(n) der Kontamination zu ermitteln.

Bei einer vorübergehenden Desinfektion des Trinkwassers vor der technischen Sanierung der Trinkwasserinstallation wird von einer Trinkwasserdesinfektion gesprochen.

Nach § 23 Abs. 3 Nr. 1 TrinkwV 2023 darf sie nur auf Anordnung des Gesundheitsamtes erfolgen.

Während dieser Maßnahme steht weiterhin Trinkwasser für die Verbraucher zur Verfügung (vgl. Abschnitt 7.1 des Arbeitsblatts). Bei der Anlagendesinfektion wird der kontaminierte Bereich bis zur Entnahmestelle des Verbrauchers erfasst.

Für den Verbraucher wird während der Anlagendesinfektion kein Trinkwasser über die Trinkwasserinstallation zur Verfügung gestellt. Die Anlagendesinfektion ist nur von einer formell qualifizierten Fachfirma durchzuführen (vgl. Abschnitt 7.2 des Arbeitsblatts).

Die beauftragten Fachkräfte müssen aufgrund fachlicher Ausbildung, praktischer Tätigkeit und Erfahrung über ausreichende Fähigkeiten und Kenntnisse der einschlägigen Bestimmungen für die ordnungsgemäße Durchführung der übertragenen Aufgaben verfügen (vgl. Abschnitt 3.8 des Arbeitsblatts).

Die Desinfektion muss von mit notwendiger Schutzbekleidung (z. B. FFP3-Atemschutzmasken) ausgerüstetem Personal erfolgen.

Die Desinfektion von Trinkwasseranlagen kann thermisch oder chemisch erfolgen. Die thermische Desinfektion (vgl. Abschnitt 7.2.2 des Arbeitsblatts) stellt dabei die wirksame Regeldesinfektion für Warmwasseranlagen dar. Besonders zu beachten ist hierbei jedoch die korrekte Ausführung des Verfahrens, das von sachkundigen Fachfirmen durchzuführen ist.

Das Trinkwasser in der Anlage muss mindestens auf 70 °C aufgeheizt werden und nach der Aufheizphase länger als drei Minuten an allen Entnahmestellen auslaufen.

So soll sichergestellt werden, dass die Wärme in möglichst jeden Leitungsabschnitt der Trinkwasserinstallation diffundiert. Da die thermische Desinfektion innerhalb eines kompakten abgeschlossenen Zeitfensters weniger Stunden erfolgen soll (nicht über z. B. die Dauer einer Woche), ist normalerweise die Installation einer Begleitheizung vonnöten, die bereits vorerwärmtes Wasser in die Installation speist.

Wenngleich neuwertigere Erwärmungsanlagen die hohen erforderlichen Temperaturen erzeugen, kann durch Beimischung kalten Frischwassers aus dem Hauswassereingang die Temperatur des Boilers so abkühlen, dass ein Pausieren oder gar ein Abbruch der Desinfektion die Folge ist. Wird der Temperaturbereich von 70 °C unterschritten, ist die Desinfektion abzubrechen.

Temperatur und Spülung jeder einzelnen Entnahmestelle sind zu protokollieren.

Hinweis

Eine Überprüfung der Werkstoffe der Installation auf ihre Hitzebeständigkeit muss vor der Durchführung einer thermischen Desinfektion erfolgen, da es ansonsten möglicherweise zu Beschädigungen des Rohrleitungssystems kommen kann.

Anhang D.2 stellt ein Musterprotokoll für die Dokumentation der Durchführung eines thermischen Desinfektionsverfahrens zur Verfügung.

Die chemische Desinfektion (vgl. Abschnitt 7.2.3 des Arbeitsblatts) kann nur wirksam werden, wenn die Chemikalien unmittelbar auf die Mikroorganismen einwirken können.

Die über Dosierpumpen und Messeinrichtungen einzubringenden Chemikalien sollen hierbei in gleichbleibender Konzentration eingeführt werden. Die festgestellte Mindestmittelkonzentration muss nach gebotener Einwirkzeit protokolliert werden.

Vor Wiederinbetriebnahme der Installation nach chemischer Desinfektion ist darauf zu achten, dass die Desinfektionsmittel vollständig aus der Trinkwasserinstallation entfernt werden.

Das hat durch eine rückstandsfreie Ausspülung der Chemikalien zu erfolgen, bis diese nicht mehr nachzuweisen sind.

Vor Durchführung einer chemischen Desinfektion muss vor allem festgestellt werden, ob die Trinkwasserinstallation vollständig durchgespült werden kann. Dabei ist insbesondere auf mögliche Totleitungen zu achten. Zu beachten ist auch, dass jedes Desinfektionsverfahren eine Belastung für alle Werkstoffe darstellt, was immer auch zur Schädigung der Trinkwasserinstallation führen kann.

Ein Musterprotokoll für eine chemische Desinfektion ist in Anhang D.1 zu finden.

Für die Desinfektion von Apparaten und Bauteilen (vgl. Abschnitt 7.3 des Arbeitsblatts) gelten spezielle Regeln. Darunter fällt auch die Desinfektion von Trinkwassererwärmern und Speicherbehältern.

Abschnitt 7.4 beschreibt Anforderungen an Desinfektionsmittel. Anhang A des Arbeitsblatts gibt informativ einen Überblick über bewährte Desinfektionschemikalien.

Zur Desinfektion eingesetzte Chemikalien müssen den Anforderungen der DIN EN 806-4 für die Wasseraufbereitung entsprechen.

Eine Liste zulässiger Aufbereitungsstoffe und Desinfektionsverfahren (§-20-Liste) führt das Umweltbundesamt (vgl. § 20 TrinkwV 2023).

Beim Einsatz von Desinfektionschemikalien müssen außerdem weitere einschlägige Rechtsvorschriften (Gefahrstoffverordnung, produktspezifische Sicherheitsdatenblätter, Unfallverhütungsvorschriften, Chemikalienverbotsverordnung) beachtet werden.

Besondere Hinweise dazu sind in weiteren DVGW-Arbeitsblättern (u. a. W 224 zum Einsatz von Chlordioxid und W 229 bei Verwendung von Chlor und Hypochloriten) zu finden.

Anwendung des Arbeitsblatts

Das Arbeitsblatt ist allgemein verständlich und dient v. a. der praktischen Anwendung. Es ist übersichtlich aufgebaut und enthält in seinen Anhängen u. a. Muster-Protokolle für die Durchführung von Reinigungs- und Desinfektionsmaßnahmen.

Das Arbeitsblatt wendet sich an Planer und Errichter von Trinkwasserinstallationen sowie Hersteller von Bauteilen, an die zuständigen Behörden (z. B. Gesundheitsämter) und ausführende Fachfirmen.

Der Betreiber einer Trinkwasserinstallation kann das Arbeitsblatt nutzen, um in Absprache mit einer i. d. R. zu beauftragenden Fachfirma das für seine individuelle Trinkwasserinstallation günstigste Reinigungs- und Desinfektionsverfahren zu bestimmen.

Ausführung der Pflichten

Das DVGW-Arbeitsblatt W 551-3 bildet die Anforderungen an Reinigungs- und Desinfektionsverfahren für Trinkwasserinstallationen entsprechend den allgemein anerkannten Regeln der Technik ab.

Aktualisierungen der in den normativen Verweisen des Arbeitsblatts aufgeführten trinkwasserrechtlichen Vorschriften sind zu beachten.

Die Empfehlungen des Umweltbundesamtes gelten weiterhin.

Bei datierten Verweisen ist die jeweils neueste Fassung des entsprechenden Dokuments zu beachten. Das betrifft insbesondere die 2023 novellierte Trinkwasserverordnung.

Bezug zur TrinkwV

Das DVGW-Arbeitsblatt W 551-3 gibt die konkreten zugelassenen und zweckdienlichen Desinfektionsmaßnahmen und -verfahren an, die anzuwenden sind, um den Anforderungen der Trinkwasserverordnung zu genügen.

In die novellierte TrinkwV 2023 wurde § 31 Untersuchungspflichten in Bezug auf *Legionella spec*. aufgenommen. § 51 TrinkwV 2023 gibt in diesem Zusammenhang Handlungspflichten des Betreibers vor.

Bei Überschreitung des in Anlage 3 Teil II TrinkwV 2023 festgelegten technischen Maßnahmenwerts von 100 KBE/100 ml entsteht für den Betreiber der Anlage die Pflicht zum Handeln.

Es ist gemäß § 51 Abs. 1 Nr. 3 TrinkwV 2023 eine Risikoabschätzung entsprechend der Empfehlung des Umweltbundesamts „Empfehlungen für die Durchführung einer Gefährdungsanalyse gemäß Trinkwasserverordnung – Maßnahmen bei Überschreitung des technischen Maßnahmenwertes für Legionellen" vom Dezember 2012 (Bundesgesundheitsblatt 2023 S. 188) zu erstellen.

Als Sofortmaßnahmen werden in der UBA-Empfehlung z. B. thermische Desinfektion und Spülungen vorgeschlagen.

2.10 Probenahmearmaturen in der Trinkwasser-Installation – Anforderungen und Prüfungen (DIN 35860:2020-11)

Einführung

Die DIN 35860:2020-11 mit dem Titel „Probenahmearmaturen in der Trinkwasser-Installation – Anforderungen und Prüfungen" beschreibt die Voraussetzungen an eine Probenahmearmatur in einem Rohrleitungssystem (PN10) mit höchstzulässigem Druck von 10 bar bei 20 °C Wassertemperatur.

Hat man die Normenreihe im Blick, so fällt insbesondere bei dieser Norm auf, dass es sich um ein sehr kurzes, aber in jüngster Zeit inhaltlich volatiles Normenkonstrukt handelt. Der am 16.08.2019 erschienene Entwurf DIN 35860:2019-09 wurde zurückgezogen und im Juli 2020 gegen die aktuelle Version DIN 35860:2020-07 ersetzt, welche ihrerseits der Version DIN 35860:2020-11 gewichen ist. Gegenüber DIN 35860:2020-07 wurde im Abschnitt 6.2.2.1 zur Prüfung ein Satz korrigiert, der einen fehlerhaften Ablauf darstellte.

Dieses Beispiel zeigt, wie sehr es sich empfiehlt, sich regelmäßig mit den Änderungen und ggf. auch Zurückziehungen von Normen kritisch auseinanderzusetzen. Informationen zu Änderungen in den Normdokumenten werden meist frühzeitig in einschlägigen Verbänden, Fachgremien und -zeitschriften diskutiert. Sie finden die blanke Information jedoch auch auf den einschlägigen Webseiten der Herausgeber bzw. Verlage.

Inhalte und Anwendungsbereich der Norm

Die in sieben Druckseiten sich kurz auf die schiere Konstruktion beziehende, technisch gehaltene Norm beschäftigt sich mit Probenahmearmaturen in haushaltsüblichen Gebäudewasserversorgungsanlagen (Trinkwasser-Installationen) mit einem Nenndruck von PN 10, was 10 bar bei einer Wassertemperatur von 20 °C entspricht. Diese Probenahmearmaturen sollen dabei ermöglichen, die Trinkwasserbeschaffenheit gemäß der TrinkwV zu bewerten sowie den Einfluss der Trinkwasser-Installation innerhalb des Gebäudes zu ergründen. Hierzu werden insbesondere Anforderungen und Prüfungen von Werkstoffen sowie konstruktive Anforderungen und Prüfungen beleuchtet. Im weiteren Verlauf der Norm werden Dichtigkeitsprüfung, Desinfizierbarkeit, Druckfestigkeit und die Festigkeit der Betätigungselemente diskutiert. In Deutschland gängige, zugelassene bzw. von Fachpersonal verwendete Armaturen (VIEGA, KEMPER, EWE und weitere) erfüllen diese Kriterien i. d. R. bei Auslieferung. Nichtsdestotrotz ist gemäß TrinkwV im laufenden Betrieb nicht der einbauende Installateur, sondern der Betreiber einer Gebäudewasserversorgungsanlage (der frühere Unternehmer oder sonstige Inhaber einer Trinkwasserversorgungsanlage, UsI) in der Pflicht.

Praxistipp

Hier empfiehlt es sich, bei der Übernahme der Anlage einen Vermerk im schriftlichen Übergabeprotokoll vorzunehmen und die Probenahmearmaturen auch nach der Übernahme regelmäßiger Prüfung gemäß geltendem Recht und a. a. R. d. T. zu unterziehen.

Darüber hinaus sollten die Probenahmearmaturen regelmäßig einer Dichtigkeitsprüfung unterzogen werden. Da im Rahmen der Trinkwasseruntersuchung an den Probenahmearmaturen eine thermische Desinfektion durch Abflammen der Armatur stattfindet, treten Undichtigkeiten aufgrund bspw. ausgedehnter Dichtungsringe immer wieder auf.

Weiterführende Normen und Richtlinien

Neben den bereits im Vorfeld genannten Gesetzen und Vorschriften sowie weiterführenden bzw. zitierten Normen und Richtlinien sind die Bewertungsgrundlage für Kunststoffe und andere organische Materialien im Kontakt mit Trinkwasser (KTW-BWGL), die DIN EN ISO 19458:2006-12 „Wasserbeschaffenheit – Probenahme für mikrobiologische Untersuchungen", die DIN EN ISO 228-1:2003-05 „Rohrgewinde für nicht im Gewinde dichtende Verbindungen" sowie die DIN EN 10204:2005-01 „Metallische Erzeugnisse – Arten von Prüfbescheinigungen" von Bedeutung.

3 Wasserqualität

3.1 Abweichungen von Anforderungen aus der TrinkwV (DVGW W 1020:2018-03)

Einführung

Das DVGW-Arbeitsblatt W 1020 gibt Empfehlungen und Hinweise für den Fall von Abweichungen von Anforderungen der TrinkwV und definiert dazu Grundlagen zur Ausarbeitung von Maßnahmen- und Handlungsplänen.

Durch die letzte Novellierung der TrinkwV im Jahr 2023 und die damit einhergehende Neugliederung der Paragrafen der TrinkwV stimmen die Normbezüge derzeit nicht überein. Sie beziehen sich somit noch auf die alte Fassung der TrinkwV, wodurch entsprechend mit einer zeitnahen Überarbeitung des DVGW 1020 zu rechnen ist. Insbesondere ist davon auszugehen, dass die Einrichtung des sog. „Water Safety Plans“ bei den Betreibern zentraler Wasserversorgungsanlagen Berücksichtigung finden wird.

Das Arbeitsblatt richtet sich vorrangig an die öffentliche Wasserversorgung, also „Betreiber zentraler Wasserversorgungsanlagen“ (wie bspw. Stadtwerke), und dient damit der konstruktiven Kommunikation zwischen Wasserversorgern und den jeweils zuständigen Behörden für den Vollzug der TrinkwV – i. d. R. dem jeweiligen Gesundheitsamt.

Da bei versorgerseitigen Verunreinigungen für gewöhnlich eine größere Anzahl an potenziellen Verbrauchern betroffen ist, sind die im Arbeitsblatt gegebenen Abläufe im Bedarfsfall existenziell für den Gesundheitsschutz der Bevölkerung.

Inhalte der Norm

Das Arbeitsblatt beschreibt den notwendigen Ablauf zur effizienteren Kommunikation zwischen Behörden und Wasserversorgungunternehmen im Fall von Abweichungen von der Trinkwasserverordnung.

Der Entscheidungsablauf zur Bewertung von Abweichungen lautet dabei wie folgt:

1. Feststellung einer Abweichung nach §§ 5 bis 7 TrinkwV (a. F.)
2. Feststellung einer potenziellen Gesundheitsgefährdung
3. Feststellung möglicher weiterer leitungsgebundener Wasserversorgungsmöglichkeiten
4. Feststellung akuter Gesundheitsgefährdung
5. Ersatzwasserversorgung und damit Unterbrechung der leitungsgebundenen Wasserversorgung im Rahmen des Maßnahmenplans

Eine wichtige Abgrenzung trifft das Arbeitsblatt hinsichtlich von Maßnahmenplan und Handlungsplan.

Im Sinne des Arbeitsblatts ist der Maßnahmenplan verbindlich durch die TrinkwV geregelt und bedarf der Zustimmung des Gesundheitsamts im Fall jedweder Änderungen. Gegenseitige klare Kommunikations- und Entscheidungswege sind hierbei zu fixieren wie auch Entscheidungsabläufe bis hin zur Unterbrechung leitungsgebundener Wasserversorgung.

Der Handlungsplan wiederum stellt ein freiwillig zu erstellendes Dokument dar, welches zwar grundsätzlich mit dem Gesundheitsamt abgestimmt wird, jedoch lediglich Abweichungen im Normalbetrieb regelt, ohne die Erforderlichkeit der Unterbrechung leitungsgebundener Wasserversorgung.

Im weiteren Verlauf stellt das Arbeitsblatt die notwendigen Anforderungen an Inhalte der vorgenannten Pläne dar.

In den informativen Anhängen zum Arbeitsblatt sind des Weiteren Muster und Vorlagen zu schriftlichen Anzeigen von Abweichungen der TrinkwV gegenüber dem Gesundheitsamt, aber auch Ansätze zur Ursachenaufklärung und Checklisten für das Aufstellen eines Maßnahmenplans gegeben.

Anwendung der Norm

In Anbetracht des häufigeren Auftretens außergewöhnlicher Naturereignisse, z. B. von Hochwassersituationen infolge von Starkregen, kann die Qualität der öffentlichen Wasserversorgung beeinträchtigt werden.

Im Falle qualitativer Beeinträchtigungen von öffentlicher Trinkwasserversorgung ist schnelles und strukturiertes Handeln aller Beteiligten existenziell.

Das Arbeitsblatt gibt dem informierten Adressatenkreis hier klare und gut strukturierte Hilfe mit praktischen Anwendungsmustern und Beispielen.

Ausführung der Pflichten

Die Ausführungen der sich aus der TrinkwV ergebenden Pflichten werden im Arbeitsblatt vereinfacht dargestellt und zur praktischen Umsetzung in Form von Mustern aufbereitet.

Eine Information aller angeschlossenen Verbraucher wird ebenso dargestellt wie Zuständigkeiten und Abläufe innerhalb des Wasserversorgungsunternehmens selbst.

Weitere rechtliche Anforderungen

Es gelten Sanktionen aus der TrinkwV, hier basierend auf dem Infektionsschutzgesetz, im Fall von Zuwiderhandlung.

Die Vorgaben des jeweiligen Gesundheitsamts, vor allem in Anbetracht der Zustimmung zum jeweiligen Maßnahmenplan, sind zu beachten.

Bezug zur TrinkwV

Das DVGW-Arbeitsblatt W 1020 beschreibt konkrete Maßnahmenpläne für Versorgungsunternehmen im Kontaminationsfall und führt damit die Inhalte der TrinkwV konkret aus – gibt dazu auch explizite Vorlagen. Es richtet sich an private wie öffentliche Wasserversorgungunternehmen sowie Mitarbeiter von z. B. Gesundheitsämtern.

3.2 Neue Stoffe und Herausforderungen an die Wasserqualität

Mit der Richtlinie (EU) 2020/2184 sind neben Vorgaben für zuvor bereits überwachte Stoffe, wie die Desinfektionsnebenprodukte Chlorit und Chlorat, auch Parameter zur Überwachung hormonell wirkender Stoffe, wie Bisphenol A, eingeführt worden. Auch gibt es Grenzwerte für per- und polyfluorierte Alkylsubstanzen (PFAS), bei denen es sich um sogenannte Ewigkeits-Chemikalien handelt, die kaum oder gar nicht in der Umwelt abgebaut werden. Zur PFAS-Gruppe gehört auch TFA (Trifluoracetat/Trifluoressigsäure). Gelangen die genannten Stoffe ebenso wie Nitrat und Blei ins Trinkwasser, können sie gesundheitliche Schäden beim Menschen verursachen. Durch die einzelnen Stoffe ergeben sich unterschiedliche Herausforderungen für die Gewährleistung der Trinkwasserqualität.

Schadstoffe können aus der Umwelt ins Grund- oder Oberflächenwasser und auf diesem Weg ins Rohwasser für die Trinkwasseraufbereitung eingebracht werden. Wasserversorgungsunternehmen müssen daher die Risiken für das Einbringen derartiger Substanzen ins Rohwasser bewerten. Das Risiko hängt u. a. von der Art der Industrie und Landwirtschaft in der Nähe der Trinkwassereinzugsgebiete ab und beeinflusst den erforderlichen Aufwand für die Aufbereitung des Trinkwassers.

In der Trinkwasser-Installation kann durch Migration der verwendeten Materialien und Werkstoffe für Leitungen und Armaturen ins Trinkwasser eine Verunreinigung des Wassers erfolgen. Hier ist auf den Einsatz geeigneter zulässiger Materialien zu achten. Teilstücke von Installationen sind ggf. auszuwechseln.

3.2.1 PFAS – per- und polyfluorierte Alkylsubstanzen

Bei PFAS handelt es sich um eine Familie von etwa 5.000 per- und polyfluorierten Alkylsubstanzen, die nicht natürlichen Ursprungs sind. PFAS sind besonders wasser-, fett- und schmutzabweisende Industriechemikalien, die fast überall eingesetzt werden. Die Stoffe sind thermisch und chemisch sehr stabil und werden auf natürlichem Weg nicht abgebaut. Sie sind u. a. in Regenjacken, Kosmetik, Skiwachs und Löschschäumen zu finden, die in der Vergangenheit an zahlreichen Flughäfen eingesetzt wurden. PFAS befinden sich auch auf landwirtschaftlichen Flächen, auf denen Industrieabfälle unsachgemäß entsorgt wurden. Auch Kläranlagen und Deponien, in denen sich PFAS-haltige Abwässer und Gegenstände sammeln, tragen zur Anreicherung dieser Stoffe in der Umwelt bei.

Gesundheitliche Risiken

Zur PFAS-Familie gehören beispielsweise PFOA und PFOS, die u. a. in Antihaftbeschichtungen bzw. Imprägnierungsmitteln, Feuerlöschschäumen und Verpackungen verwendet wurden. Aufgrund von humanepidemiologischen Studien wird u. a. davon ausgegangen, dass erhöhte Werte dieser Stoffe im Blut entwicklungstoxische Effekte und verringerte Geburtsgewichte von Babys, eine verminderte Fertilität von Frauen, verringerte Antikörperbildung mit Auswirkungen auf das Immunsystem, erhöhte Cholesterin-Konzentrationen und Diabetes mellitus Typ II zur Folge haben können. Das individuelle Risiko in Abhängigkeit von der Höhe einer PFOA- oder PFOS-Belastung kann aber nicht sicher abgeschätzt werden. Weitere Informationen in diesem Zusammenhang können im Internet auf einer Seite des Umweltbundesamtes zu „PFAS im Menschen" abgerufen werden.

Grenzwerte

Grenzwerte für Gruppen von Mitgliedern der PFAS-Familie werden in Anlage 2 Chemische Parameter Teil I der TrinkwV vorgegeben. Der Grenzwert PFAS-20 wird aus der Summe der Konzentrationen von zwanzig Mitgliedern der PFAS-Familie gebildet. Der Grenzwert beträgt 0,000 10 mg/l (gleich 100 ng/l). Der Parameter „Summe PFAS-20" muss ab dem 12.01.2026 gemessen und eingehalten werden. Der Parameter „Summe PFAS-4" wird aus der Summe der Konzentrationen von vier Mitgliedern der PFAS-Familie gebildet, darunter PFOA und PFOS. Der Grenzwert beträgt 0,000 020 mg/l (gleich 20 ng/l) und ist ab dem 12.01.2028 einzuhalten.

PFAS-Risiken in Trinkwassereinzugsgebieten und Trinkwasser-Installationen

Teil I der Anlage 2 steht unter der Überschrift „Chemische Parameter, deren Konzentration sich im Verteilungsnetz einschließlich der Trinkwasser-Installation i. d. R. nicht mehr erhöht". Besonderes Augenmerk auf diese Parameter sollte daher bei der Risikoanalyse im Rahmen der TrinkwEGV gelegt werden. PFAS-Risiken in Trinkwassereinzugsgebieten bestehen insbesondere infolge flächenhafter Belastung, beispielsweise durch

Klärschlämme, verunreinigte Komposte oder Bodenhilfsstoffe, eventuell auch in Skigebieten.

Berücksichtigt werden müssen aber auch punktuelle Belastungen im Umfeld von Flughäfen, bei vorangegangenen Großbränden durch Einsatz von Löschschäumen oder in der Umgebung spezieller industrieller Anlagen bzw. Altlasten (vgl. PFAS im Trinkwasser – Sachstand und Aspekte zur Bewertung. Bundesgesundheitsbl. 67, 971–974 (2024). (https://doi.org/10.1007/s00103-024-03906-5). Prüfverfahren sind publiziert in DIN EN 17892:2024-08 (Bestimmung in filtriertem Trinkwasser), in DIN 3608:202408 (Bestimmung in wässrigen Auszügen von Bodenmaterialien), in DIN 38407-42:2011-03 (Bestimmung im Abwasser), in DIN 38414-14:2011-08 (Bestimmung in Gewässersedimenten, Klärschlämmen, Kompost und Böden) und in ISO 21675:2019 (Bestimmung in Wässern). Ein weiteres Prüfverfahren zur quantitativen Bestimmung verschiedener perfluorierter Kohlenwasserstoffe mittels Hochleistungsflüssigkeits-Chromatographie (HPLC) ist in Arbeit. Begleitet werden die Arbeiten vom Arbeitskreis NA 119-08-02-05 AK „Organische Analytik" im DIN-Normenausschuss Wasserwesen (NAW).

In Trinkwasser-Installationen müssen PFAS-Belastungen möglicherweise in Zusammenhang mit Elastomeren betrachtet werden, die nicht PFAS-frei sind, wie beispielsweise Fluorelastomere (Fluorkautschuk – FKM). Entsprechende Produkte sind ggf. zu ersetzen.

3.2.2 TFA – Trifluoracetat/Trifluoressigsäure

TFA ist eine Substanz, die zur PFAS-Familie gehört, aber nicht in die Gruppen PFAS-4 und PFAS-20 fällt. TFA entsteht als Abbauprodukt (Metabolit) von Stoffen, die mindestens eine Trifluormethyl-Gruppe (-CF3) enthalten.

Verbreitung von TFA

Seit wenigstens dreißig Jahren wird die Entwicklung der TFA-Konzentration im Wasser und in der Atmosphäre beobachtet. TFA entsteht u. a. als Abbauprodukt PFAS-haltiger Pestizide. Die PFAS-Bausteine der Pestizide tragen zu einer höheren Wirksamkeit der Pflanzenschutzmittel (PSM) bei. Dadurch hat der Einsatz derartiger Pestizide stark zugenommen. Das hat zu einer verstärkten Bildung von TFA geführt. TFA entsteht aber auch aus einer Reihe anderer fluorierter Stoffe – so aus Kältemitteln von Klimaanlagen, Arzneimitteln und in Prozessen in der Industrie. TFA ist ein sehr stabiler Stoff und baut sich in der Umwelt nicht weiter ab. Wegen seiner extremen Wasserlöslichkeit dringt TFA durch Versickern und Abfließen von landwirtschaftlichen Flächen leicht in den Wasserkreislauf ein. TFA aus fluorhaltigen Gasen verteilt sich in der Atmosphäre und erreicht mit Niederschlägen den Wasserkreislauf. Mit herkömmlichen Aufbereitungsmethoden ist TFA aus dem Wasser nicht zu entfernen.

Gesundheitliche Risiken

Über lange Zeit ist die toxikologische Wirkung von TFA unterschätzt worden. Die Einschätzung hat sich in jüngster Vergangenheit geändert. Das Bundesinstitut für Risikobewertung bewertet TFA als fortpflanzungsgefährdend. Die vorgeschlagene offizielle Gefahrenklasse heißt „Reproduktionstoxisch, Kategorie

1B“ mit den Gefahrenhinweisen H360Df: „Kann das Kind im Mutterleib schädigen. Kann vermutlich die Fruchtbarkeit beeinträchtigen“ (vgl. Presseinformation des BfR vom 26.05.2025/ Nr. 13/2025).

Minimierung des Eintrags von TFA in den Wasserkreislauf

Die Entfernung von einmal in den Wasserkreislauf gelangtem TFA ist sehr schwierig. TFA wird als sehr langlebig und sehr mobil in der Umwelt eingeschätzt (englisch: very persistent, very mobile – vPvM). Diese neue Gefahrenklasse ist im europäischen Chemikalienrecht mit dem Hinweis EUH451: „Kann sehr lang anhaltende und diffuse Verschmutzung von Wasserressourcen verursachen“ versehen. In der Umwelt werden Stoffe mit der Eigenschaft vPvM schwer abgebaut. Sie binden kaum an Sedimente oder Aktivkohlefilter. Einträge von TFA in den Wasserkreislauf sollten daher möglichst vermieden werden.

Der Weg, dafür Regelungen einzuführen und so regulativ eingreifen zu können, erfordert einigen Aufwand. Die deutsche Bundesstelle für Chemikalien (BfC) hat in diesem Kontext gemeinsam mit dem Umweltbundesamt (UBA) und dem Bundesinstitut für Risikobewertung (BfR) im April 2025 einen Vorschlag zur harmonisierten Einstufung und Kennzeichnung von TFA gemäß CLP-Verordnung gemacht. Eine derartige Einstufung könnte eventuell Minimierungsstrategien stärken, die zu einer Reduzierung von TFA-Belastungen und TFA-Emissionen führen können. Solange dafür eine Rechtsgrundlage fehlt, ist eine freiwillige Abstimmung der beteiligten Akteure – insbesondere von Wasserversorgungsunternehmen und landwirtschaftlichen Unternehmen – erforderlich, um nach Wegen zu suchen, um beispielsweise Pflanzenschutzmittel mit PFAS-Bausteinen durch PSM ohne diese ganz oder teilweise auszutauschen.

Zukünftig sollte TFA in der Zulassung von Pflanzenschutzmitteln adressiert werden. Diesen und andere Vorschläge enthält der Bericht des vom UBA initiierten Vorhabens „Trifluoracetat (TFA) – Grundlagen für eine effektive Minimierung schaffen – Räumliche Analyse der Eintragspfade in den Wasserkreislauf" (verfügbar unter www.umweltbundesamt.de/publikationen).

Grenzwerte

Einen gesetzlichen Grenzwert für die TFA-Konzentration im Trinkwasser gibt es derzeit nicht. Bei einer Einstufung von TFA als Pestizid-Metabolit, das für Verbraucher ein gesundheitliches Risiko birgt, dürfte gem. Anhang I Teil B der Richtlinie (EU) 2020/2184 der Parameterwert von 0,1 µg/l (gleich 100 ng/l) nicht überschritten werden. Dafür fehlt aber in Deutschland eine Rechtsgrundlage. Auch ist anzumerken, dass die Empfehlungen für einzuhaltende Grenzen i. d. R. über dem genannten Wert liegen.

3.2.3 Nitrat

Nitrate sind sehr gut in Wasser lösliche Salze der Salpetersäure. In der Landwirtschaft werden sie als anorganischer Dünger (Mineraldünger) in Form von Kalisalpeter (Kaliumnitrat), Kalksalpeter (Kalziumnitrat) oder Natronsalpeter (Natriumnitrat) verwendet. Auch Ammoniumnitrat findet bei der Herstellung von Düngemitteln Verwendung. Wegen der guten Wasserlöslichkeit verteilen sich Nitrate gut im Wasser.

Überwachung in Trinkwassereinzugsgebieten

Fast immer ist ein erhöhter Nitratgehalt im Trinkwasser Folge intensiver Düngung auf landwirtschaftlich genutzten Flächen im Trinkwassereinflussgebiet. In zentralen Wasserversorgungsanlagen kann durch Aufbereitungsmaßnahmen mit katalytischer Nitratreduktion oder biologischer De-Nitrifikation der Nitratgehalt gesenkt werden. „Schadstoffverdünnung“ zur Einhaltung der Grenzwerte durch Mischung von nitratbelastetem Wasser und nitratarmem Wasser ist eine weitere Möglichkeit. In Kleinanlagen sind Umkehrosmoseanlagen eine Möglichkeit zur Aufbereitung von nitratbelastetem Rohwasser.

Die Nitratkonzentration im Grund- und Oberflächenwasser oder Rohwasser muss überwacht werden. Zur Reduzierung der Nitratbelastung können Wasserversorger mit Landwirtschaftsunternehmen zusammenarbeiten, um Nitratüberschüsse durch geeignete Schutzmaßnahmen zu reduzieren. Eventuell müssen auf Grundlage der Düngeverordnung strengere Düngeregeln erlassen werden (vgl. §§ 13, 13a DüV).

Gesundheitliche Risiken

Durch einen zu hohen Nitratgehalt im Trinkwasser werden insbesondere Säuglinge gefährdet, die jünger als drei bis sechs Monate sind. Ein weniger saures Magenmilieu bei ihnen als bei älteren Kindern kann zu einer Reduktion von Nitrat in Nitrit führen. Gelangt dieses Nitrit ins Blut, wird durch Oxidation der rote Blutfarbstoff Hämoglobin zu Methämoglobin, das keinen Sauerstoff mehr binden kann. Weniger Sauerstoff wird aufgenommen. Die ungenügende Sauerstoffsättigung kann als bläuliche Verfärbung der Haut, Zyanose (Blausucht), wahrgenommen werden. Die Säuglingszyanose („blue infant syndrome“) ist eine lebensbedrohliche Erkrankung. Auch eine zu hohe Nitritkonzentration erhöht das Risiko für die Säuglinge.

Bei älteren Menschen können Nitrate insbesondere durch Bakterien im Darm in Nitrite umgewandelt werden. Es entstehen dabei sogenannte Nitrosamine, die krebserregend sein können.

Maßnahmen in Trinkwassereinzugsgebieten

Die Richtlinie 91/676/EWG zum Schutz der Gewässer vor Verunreinigungen durch Nitrat aus landwirtschaftlichen Quellen (Nitratrichtlinie) verpflichtet die Mitgliedsstaaten u. a. zur Überwachung des Oberflächenwassers und des Grundwassers, zur Ausweisung gefährdeter Gebiete und zur Aufstellung von Regeln der guten fachlichen Praxis in der Landwirtschaft.

Die Nitratrichtlinie ist mit der neuen Düngeverordnung (DüV) in nationales Recht umgesetzt worden. Damit können besonders belastete Gebiete, verbunden mit strengeren Bewirtschaftungsauflagen, ausgewiesen werden (vgl. § 13a DüV).

Grenzwerte

Der Grenzwert für Nitrat beträgt 50 mg/l. Der Grenzwert für Nitrit beträgt 0,50 mg/l. Am Ausgang des Wasserwerks darf der Messwert für Nitrit 0,10 mg/l nicht überschreiten.

Es muss zusätzlich sichergestellt sein, dass die Summe der Beträge von Nitratkonzentration in mg/l geteilt durch 50 und Nitritkonzentration in mg/l geteilt durch 3 nicht größer als 1 ist. Die Messunsicherheit bei der Bestimmung der Nitratkonzentration darf höchstens 7,5 mg/l, bei der Nitritkonzentration höchsten 0,1 mg/l betragen.

3.2.4 Chlorat

Chlorate sind Salze der Chlorsäure. In der Vergangenheit wurden Natrium- und Kaliumchlorat in Unkrautbekämpfungsmitteln eingesetzt. In der EU ist die Anwendung chlorathaltiger Pflanzenschutzmittel nicht mehr gestattet. Auch chlorathaltige Biozide dürfen nicht mehr verwendet werden. Allerdings gelangen Chlorate ins Trinkwasser immer noch als Abbauprodukte von Desinfektionsmitteln, die zur Wasseraufbereitung verwendet werden.

Chlorate in Desinfektionsmitteln

Bei welchen Aufbereitungsstoffen, die zur Desinfektion von Wasser eingesetzt werden dürfen, Chlorate zu beachten sind, ist in Teil I c der Liste zulässiger Aufbereitungsstoffe und Desinfektionsverfahren gem. § 20 TrinkwV (BAnz AT 27.01.2023 B12) angegeben. Chlorate sind zu beachten bei der Verwendung von:

- Calciumhypochlorit
- Chlordioxid
- Natriumhypochlorit

Bei dauerhafter Verwendung der Desinfektionsmittel ist ein Chlorat-Höchstwert von 70 μg/l (gleich 0,070 mg/l) im Wasser erlaubt. Bei zeitweiser Zugabe der Desinfektionsmittel, wenn die Desinfektion anders nicht gewährleistet werden kann, und für kurzfristige Störfälle gelten ggf. größere Höchstwerte.

Gesundheitliche Risiken

Chlorate können die Aufnahme von Jod in die Schilddrüse hemmen. Wiederholte Aufnahme von Chloraten kann in der Folge zu zeitweiligen Veränderungen des Schilddrüsenhormonspiegels führen. Besonders gefährdet sind Neugeborene und Kinder, Schwangere sowie Menschen mit Schilddrüsenerkrankungen oder Jodmangel. Eine akute Aufnahme von hohen Mengen kann zu Übelkeit, Erbrechen und Durchfall führen. Die Jodaufnahme normalisiert sich i. d. R. nach einiger Zeit, wenn kein Chlorat mehr aufgenommen wird.

Grenzwerte

Der Grenzwert für die Konzentration von Chlorat ist in Anlage 2 Teil II Chemische Parameter der TrinkwV angegeben. Er beträgt 0,070 mg/l. Auf eine Untersuchung kann i. d. R. verzichtet werden, wenn bei der Wassergewinnung, Wasseraufbereitung und Wasserverteilung keine Desinfektion mit chloratbildenden Aufbereitungsstoffen durchgeführt wurde.

Für die zeitweise Dosierung gilt ein Grenzwert von 0,20 mg/l. Bei der Desinfektion mit Chlordioxid gilt der Grenzwert für die zeitweise Dosierung als eingehalten, wenn nicht mehr als 0,20 mg/l Chlordioxid dazugegeben wird. Wenn zur Gefahrenabwehr eine erhöhte Dosierung von Natrium- oder Calciumhypochlorit erforderlich ist, darf die Chlorat-Konzentration kurzzeitig 0,70 mg/l betragen. Wird am Ausgang des Wasserwerks oder im Verteilnetz ein Referenzwert von 0,020 mg/l Chlorat eingehalten, darf davon ausgegangen werden, dass der vorgegebene Grenzwert an der Stelle, an der eigentlich zu prüfen wäre, eingehalten wird.

Auf die Untersuchung des Chlorit-Grenzwertes von 0,20 mg/l (Anlage 2 Teil II TrinkwV) kann i. d. R. verzichtet werden, wenn keine Desinfektion mit Chlordioxid erfolgt. Der Grenzwert gilt als eingehalten, wenn bei der Desinfektion nicht mehr als 0,20 mg/l Chlordioxid hinzugegeben werden.

3.2.5 Bisphenol A

Bisphenol A ist eine Industriechemikalie, die mittels Reaktion von zwei (bi) Molekülen Phenol und als Reaktant einem Molekül Aceton (A) hergestellt wird. Bisphenol A ist die bekannteste chemische Verbindung der Gruppe der Bisphenole. Bisphenol A wird u. a. zur Herstellung von Epoxidharz, Beschichtungsmaterialien und Polymeren (bspw. Polykarbonaten und PVC) verwendet. Bis Ende 2019 wurde Bisphenol A (BPA) auch bei der Produktion von Thermopapier genutzt. Der Grenzwert für Bisphenol A ist mit der Umsetzung der EU-Trinkwasserrichtlinie (vgl. Anhang I Teil B) als neuer Parameter in die TrinkwV eingeführt worden (siehe Anlage 2 Teil II TrinkwV).

Vorgaben für die Wasserversorgung

Materialien und Werkstoffe dürfen derzeit in Trinkwasser-Installationen nur eingesetzt werden, wenn dadurch die maximal tolerierbare Konzentration von Bisphenol A am Wasserhahn (MTC-tap) 2,5 μg/l nicht übersteigt (vgl. Anlage Polymerspezifischer Teil zur Bewertungsgrundlage für Kunststoffe – KTW-BWGL).

Die Risikobewertungen hinsichtlich der Folgen des Einsatzes von Materialien, die Bisphenol A in das Trinkwasser freisetzen können, sind nicht einheitlich. Offenbar problematisch ist aber die gängige Methode der Innenrohrsanierung (Religning-Verfahren) mit Epoxidharz, das Bisphenol A enthalten kann. Davor warnt der TÜV Nord (vgl. BundesBauBlatt BBB 7–8/2015). Insbesondere bei der Anwendung des Verfahrens für Warmwasserleitungen kann eine erhöhte Konzentration von Bisphenol A im Trinkwasser die Folge sein.

Gesundheitliche Risiken

Bisphenol A ist ein Stoff mit hormonähnlicher Wirkung. Der Stoff gehört zur Gruppe der endokrinen Disruptoren. Endokrin wirksame Substanzen können körpereigene Hormone nachahmen und so hormonell geregelte Abläufe im menschlichen Körper beeinträchtigen. Dazu gehören Störungen bei Fortpflanzung, Wachstum und Entwicklung. Gefahren gehen von Bisphenol A insbesondere für Säuglinge und Kinder aus. Bisphenol A gilt auch als Mitauslöser für eine Reihe von Krebserkrankungen.

Seit 20.01.2025 ist die Verwendung von Bisphenol A in Materialien, die Kontakt mit Lebensmitteln haben, verboten [siehe Verordnung (EU) 2024/3190 über die Verwendung von Bisphenol A und anderen Stoffen]. Übergangsbestimmungen sind in Art. 11 und 12 für fertige Einweg- bzw. fertige Mehrweg-Lebensmittelkontaktgegenstände bis spätestens 20.01.2029 enthalten. Obwohl Wasser als das „Grundnahrungsmittel Nummer eins“ gilt (bspw. nach Aussage des Bundesamtes für Verbraucherschutz und Lebensmittelsicherheit), ist die genannte EU-Verordnung für den Bereich der Trinkwasserversorgung nicht anwendbar.

Umfangreiche Aussagen über die „Gesundheitliche Bewertung von Bisphenol A in Lebensmitteln“ des Bundesinstituts für Risikobewertung können online über bfr.bund.de abgerufen werden.

Grenzwerte

Ab 12.01.2024 gilt ein Grenzwert von 0,002 5 mg/l (gleich 2,5 µg/l). Die Messunsicherheit darf gem. Anlage 7 Teil I TrinkwV 50 % (also 1.25 µg/l) betragen.

Zur Analyse wird beispielsweise LC-FLD (Flüssigchromatographie mit einem Fluoreszenzdetektor) von Prüflaboren angewandt, die den allgemeinen Anforderungen gem. ISO 17025 (in Deutschland DIN EN ISO/IEC 17025) genügen.

3.2.6 Blei und Bleileitungen

Die Richtlinie (EU) 2020/2184 zielt auch auf die Durchführung von Maßnahmen zum Austausch von aus Blei gefertigten Bestandteilen in bestehenden Hausinstallationen ab, sofern dies wirtschaftlich und technisch machbar ist (vgl. Art. 10 Abs. 3 Trinkwasserrichtlinie). Es wird angestrebt, dass die Konzentration von Blei im Trinkwasser 5 μg/l nicht übersteigt.

Gesundheitliche Risiken

Seit 1973 dürfen Bleirohre nicht mehr in Trinkwasser-Installationen verwendet werden. Trotzdem hat es noch lange Zeit Bleileitungen im Bestand gegeben. Es sollte beachtet werden, dass selbst sehr niedrige Aufnahmemengen gesundheitsgefährdend sind. Insbesondere bei Ungeborenen, Säuglingen und Kleinkindern kann Blei zu erheblichen Schädigungen des Nervensystems und Beeinträchtigungen der Blutbildung führen.

Bleileitungen – Umsetzung der Vorgaben in nationales Recht

Nach § 17 Abs. 1 TrinkwV müssen Trinkwasserleitungen oder Teilstücke von Trinkwasserleitungen aus dem Werkstoff Blei bis zum Ablauf des 12.01.2026 nach den allgemein anerkannten Regeln der Technik entfernt oder stillgelegt werden.

Die Frist kann nach § 17 Abs. 2 auf Antrag vom Gesundheitsamt verlängert werden, wenn vor dem 12.01.2026 ein im Installateurverzeichnis eines Wasserversorgungsunternehmens gelistetes Unternehmen mit der Entfernung oder Stilllegung der bleibelasteten Teile der Trinkwasser-Installation beauftragt wurde. Eine Fristverlängerung ist auch möglich, wenn das Installationsunternehmen einen bestimmten Termin nach dem 12.01.2026 bescheinigt, zu dem Austausch oder Stilllegung erfolgen können.

Eine Fristverlängerung auf Antrag bis längstens zum Ablauf des 12.01.2036 ist möglich, wenn es sich um eine Gebäudewasser- oder Eigenwasserversorgungsanlage handelt, das Trinkwasser nur für den eigenen Haushalt des Betreibers der Wasserversorgungsanlage genutzt wird und (!) eine Schädigung der Gesundheit der Verbraucher, die die Wasserversorgungsanlage regelmäßig nutzen, insbesondere unter Berücksichtigung von deren Alter und Geschlecht nicht zu befürchten ist. Ändert sich die Gefährdungsbeurteilung des Kreises der regelmäßigen Verbraucher des Trinkwassers (bspw. Hinzukommen von Minderjährigen, schwangeren Frauen oder Frauen im gebärfähigen Alter) ist das Gesundheitsamt zu informieren. Bei Eigentümerwechsel endet die Fristverlängerung ein Jahr nach Eigentümerübergang (vgl. § 17 Abs. 3).

Besondere Informations- und Anzeigepflichten gibt es für Betreiber einer zentralen oder dezentralen Wasserversorgungsanlage sowie für Wasserversorgungs- und Installationsunternehmen, wenn sie Kenntnis von der Verwendung von Bleileitungen haben oder erlangen (vgl. § 17 Abs. 4 bis 6 TrinkwV). Betreiber müssen unaufgefordert das Gesundheitsamt über die Entfernung von Bleileitungen oder Teilstücken von Bleileitungen informieren. Sie müssen auch den versorgten Verbrauchern ab dem

13.01.2026 in Textform erklären und nachweisen, dass sie ihren Pflichten nachgekommen sind oder die Frist verlängert wurde.

Blei – Umsetzung der Vorgaben in nationales Recht

Betroffen sind Werkstoffe und Produkte, bei denen Blei als Bestandteil einer Legierung verwendet wird. Materialien und Werkstoffe dürfen bis 31.12.2026 für die Errichtung oder Instandhaltung von Wasserversorgungsanlagen nur verwendet werden, wenn sie den Anforderungen der Metall-Bewertungsgrundlage des Umweltbundesamtes entsprechen.

Ausgangsstoffe, Zusammensetzungen und Bestandteile, die im Zeitraum vom 13.07.2021 bis zum 31.12.2026 national genehmigt wurden, können bis zum 31.12.2032 zur Herstellung von Produkten im Kontakt mit Trinkwasser im nationalen Geltungsbereich weiterhin verwendet werden.

Da ab dem 12.01.2028 in Deutschland der abgesenkte Grenzwert für Blei im Trinkwasser von 2,5 μg/l gilt, können Produkte, die gegenwärtig noch in der Metall-Bewertungsgrundlage aufgeführt sind, danach eventuell nicht mehr für die Errichtung oder Instandhaltung von Wasserversorgungsanlagen verwendet werden können. Das hat zur Folge, dass ab dem 11.01.2028 folgende in der Anlage „Positivliste der trinkwasserhygienisch geeigneten metallenen Werkstoffe“ der Metall-BWGL aufgeführte Materialien nicht mehr eingesetzt werden dürfen (vgl. Einleitung der Metall-BWGL):

2.5.3.1	CW511L-DW (CuZn38As)	(Pb < 0,2 %)
2.9.3.1	CW617N-DW (CuZn40Pb2)	
	CW612N-DW (CuZn39Pb2)	

2.9.3.2	CW614N-DW (CuZn39Pb3)
	CW603N-DW (CuZn36Pb3)
2.10.3.1	CC757S (CuZn39Pb1Al-C)
2.11.3.1	CC770S (CuZn36Pb-C)
2.11.3.2	CW626N-DW (CuZn33Pb1.5AlAs)
2.11.3.3	CW625N-DW (CuZn35Pb1.5AlAs)
2.12.3.1	CC772S (CuZn36Pb1.5AsSbAl-C)
2.13.3.1	CW725R-DW (CuZn33Pb1AlSiAs)
2.14.3.1	CC499K (CuSn5Zn5Pb2-C)

3.2.7 Natriumhypochlorit – DIN EN 901

Angaben zu Natriumhypochlorit in der Liste zulässiger Aufbereitungsstoffe

Natriumhypochlorit ist ein Aufbereitungsstoff, der zur Desinfektion von Wasser eingesetzt werden kann. Er ist in Teil I c der Liste zulässiger Aufbereitungsstoffe – Desinfektionsverfahren gem. § 20 TrinkwV (BAnz AT 27.01.2023 B12) beschrieben (Lfd. Nr. 4).

Tabelle 1: *Angaben zu Natriumhypochlorit*

CAS-Nummer	7681-52-9
EINECS-Nummer	231-668-3
Reinheits-anforderungen	nach DIN EN 901 Tab. 1: Grenzwert für Verunreinigungen mit Natriumchlorat ($NaClO_3$): < 5,4 % (m/m) des Aktivchlors

Tabelle 1: *Angaben zu Natriumhypochlorit*

Maximal zulässige Zugabe	1,2 mg/l freies Cl_2
Konzentrationsbereich nach Abschluss der Aufbereitung	max. 0,3 mg/l freies Cl_2 min. 0,1 mg/l freies Cl_2
Zu beachtende Reaktionsprodukte	Trihalogenmethane, Bromat, Chlorat

Die Liste der Aufbereitungsstoffe enthält die folgenden Bemerkungen zur Desinfektion mit Natriumhypochlorit: Zusatz bis zu 5,1 mg/l freies Cl_2 und Gehalte bis 0,6 mg/l freies Cl_2 nach der Aufbereitung bleiben außer Betracht, wenn anders die Desinfektion nicht gewährleistet werden kann oder wenn die Desinfektion zeitweise durch Ammonium beeinträchtigt wird. Der Grenzwert für Bromat ist zu beachten. Für Chlorat gelten folgende Höchstwerte (siehe auch die Anmerkungen zu Chlorat in diesem Abschnitt):

- 70 μg/l für die dauerhafte Zugabe (bis zu einer Zugabe von 1,2 mg/l Cl_2). Die 10 %-Regel bleibt außer Betracht, wenn anders die Desinfektion nicht gewährleistet werden kann.
- 200 μg/l für die zeitweise Zugabe, wenn die Desinfektion nicht anders gewährleistet werden kann.
- 700 μg/l für kurzfristige Störfälle, bis 5,1 mg/l Cl_2.

DIN EN 901:2025-04 Produkte zur Aufbereitung von Wasser für den menschlichen Gebrauch – Natriumhypochlorit

Die Norm ist als Technische Regel in das Regelwerk des DVGW einbezogen. Sie enthält Informationen zu Grenzwerten in der Substanz für Arsen, Antimon, Cadmium, Chrom, Quecksilber, Nickel und Selen und deren Nachweis. Weiten Raum nehmen Angaben zur Anwendung und zum Arbeits- und Gesundheitsschutz beim Umgang mit diesem Desinfektionsmittel ein.

Natriumhypochlorit ist als Biozid gem. der Verordnung (EU) 528/2012 eingestuft. Die Dosierung bei der Desinfektion hängt von der Beschaffenheit des Rohwassers ab. Es sollte darauf geachtet werden, dass die maximale Aktivchlorkonzentration in der Wasserversorgung (üblicherweise einige Zehntel von 1 mg/l) nicht überschritten wird. Beim Einsatz ist zu beachten, dass der Aktivchlorabbau in dem Desinfektionsmittel von Temperatur und Lagerzeit abhängt. Die Chlorkonzentration wird kleiner mit höherer Temperatur und Lagerzeit. Die Chloratbildung wird größer mit höherer Temperatur und Lagerzeit.

Natriumhypochlorit ist ein Gefahrstoff. Eine Kennzeichnung muss auf Behältern für Transport und Lagerung der Substanz mit den folgenden Gefahrsymbolen erfolgen:

- GHS05 – Gefahrenklasse Hautätzend (Gefahrenkategorien 1, 1A, 1B, 1C); Gefahrenklasse Schwere Augenschädigung (Gefahrenkategorie 1)
- GHS09 – Gefahrenklasse Gewässergefährdend (akut und langfristig)

Gefahrhinweise (H-Sätze) und ergänzende Gefahrenmerkmale und Kennzeichnungsmerkmale (EUH-Sätze) müssen informieren über

- H314: Verursacht schwere Verätzungen der Haut und schwere Augenschäden
- H400: Sehr giftig für Wasserorganismen
- EUH031: Entwickelt bei Berührung mit Säure giftige Gase (Chlor)

Produkte, die den Vorgaben der Norm entsprechen, müssen gekennzeichnet sein mit der Angabe „Dieses Produkt entspricht EN 901“.

Natriumhypochlorit muss vor Licht (direkter Sonneneinstrahlung) geschützt und an einem kühlen Ort in geeigneten Behältern – beispielsweise Kunststoffbehältern aus Polyethylen (HDPE) oder hartem Polyvinylchlorid (PVC-U) – aufbewahrt werden.

Natriumhypochlorit darf nicht zusammen mit Säuren, sauren Salzen, Ammoniak, Ammoniumsalzen und deren Derivaten sowie Isocyanurat-Derivaten gelagert werden. Der Anwender muss Unverträglichkeiten erkennen. Die Substanz kann bei Temperaturen zwischen -20°C und -30°C gefrieren. Transportvorschriften sind zu beachten. Auf einer Warntafel ist das Transportgut mit UN-Nummer 1791 zu kennzeichnen.

Bei Unfällen und Anwendung ist im Übrigen zu beachten:

- Erste Hilfe bei Berührung der Haut – reichlich mit Wasser spülen, verunreinigte Kleidung ablegen. Bei Hautreizungen und -verätzungen Arzt konsultieren. Bei Berührung mit den Augen unverzüglich mindestens 15 min mit reichlich Wasser spülen. Augenarzt konsultieren.
- Nicht in Abwasserleitungen entsorgen. Austretende Flüssigkeit und verunreinigte Rückstände in Kunststoffbehältern sammeln. Verschüttete Flüssigkeit mit absorbierendem Material aufnehmen – keine Sägespäne. Verunreinigtes Werkzeug durch Spülen mit viel Wasser reinigen.

Hinweise für die Anwendung von Natriumhypochlorit bei der Verwendung als Desinfektionsmittel bei der Aufbereitung von Schwimm- und Badebeckenwasser gibt die DGUV-Information 213-04 (BGI 8688). Diese Hinweise können aber auch für den Umgang mit Natriumhypochlorit als Desinfektionsmittel bei der Wasseraufbereitung berücksichtigt werden.

3.3 Wasserbeschaffenheit (DIN EN ISO 11731:2019-03)

Einführung

Nach dem ersten bekannten Ausbruch der Legionärskrankheit im Jahre 1976 wurde das Erreger-Bakterium isoliert und als *Legionella pneumophila* (altgriechisch für „lungenliebend") benannt. Die Gattung der Legionella umfasst laut Robert Koch Institut (RKI) mindestens 60 derzeit bekannte Spezies mit mehr als 79 Serogruppen. Alle Legionellen sind potenziell humanpathogen, d. h. für den Menschen gefährlich. Für Erkrankungen besonders bedeutsam ist der Serotyp 1, der alleine für rund 80 % aller Legionellen-Infektionen verantwortlich scheint.

Aufgrund der hohen Infektionsgefahr ist die Überwachung der Legionellen für die öffentliche Gesundheit besonders wichtig. Um dieser Bedeutung gerecht zu werden, führte der Gesetzgeber eine Untersuchungspflicht für „Großanlagen" in die Trinkwasserverordnung ein.

Die stäbchenförmigen Bakterien sind in geringen Mengen nahezu immer im Wasser vorhanden, in Seen und Flüssen sowie auch in der heimischen Badewanne. In niedriger Konzentration sind sie für gesunde Menschen relativ ungefährlich. Zum Problem werden sie erst, wenn sie durch vernebelten Wasserdampf (sog. „Aerosole") in die Lunge gelangen. Typisch passiert dies beim Duschen oder beim Aufenthalt im Whirlpool, da hier vermehrt Wasserdampf eingeatmet wird, der mit den Bakterien belastet sein kann.

Aber auch über Wasserrutschen im Schwimmbad, Klimaanlagen, Wasservernebler, Luftbefeuchter und Küchenbrausen gelangen die Bakterien gemeinsam mit dem Wasserdampf in die Umgebungsluft. Wenn sich die Erreger in Rückkühlwerken und Kläranlagen angesammelt haben, können sie ebenso zur Gesundheitsgefahr für den Menschen werden. Ein bedenklicher Fall, der national Aufmerksamkeit erregte, war der Legionellose-Ausbruch in Warstein im Jahr 2013 mit ca. 170 Verdachts- und Erkrankungsfällen.

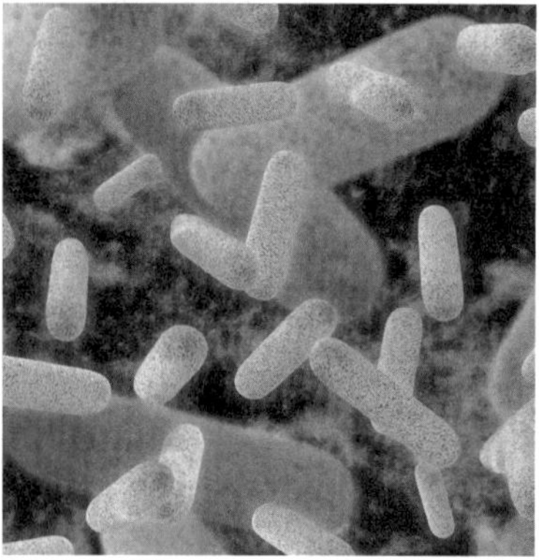

Bild 1: *Legionella pneumophila*
(Quelle: ©fotoliaxrender.com - stock.adobe.com)

Bei einer ordnungsgemäß betriebenen Anlage herrscht kein Grund zur Panik. Nach derzeitigem Kenntnisstand besteht keine Infektionsgefahr, wenn keimhaltiges Wasser getrunken oder zum Händewaschen benutzt wird. Sind jedoch Temperaturen bei Trinkwassererwärmern zu niedrig oder befinden sich

Totvolumina in der Trinkwassererwärmungsanlage, so steigt das Risiko für Legionellen-Wachstum sowie auch die Vermehrung anderer Keime drastisch an.

Um eine Kontamination nachzuweisen bzw. bestmöglich auszuschließen, müssen nach definierten Schemata regelmäßig Proben von nachweislich qualifiziertem Personal der Trinkwassererwärmungsanlage (TWA) entnommen werden. Diese Proben müssen in einem akkreditierten mikrobiologischen Labor gemäß DIN EN ISO 11731 untersucht werden, sodass dem Betreiber der TWA sowie auch der überwachenden Behörde Auskunft über den Zustand der Anlage erteilt werden kann und ggf. schnellstmöglich Gegenmaßnahmen eingeleitet werden können.

Inhalte der Norm

Die DIN EN ISO 11731:2019-03 ersetzte die DIN EN ISO 11731-2:-2018-03. Sie ist die überarbeitete deutsche Fassung der internationalen Norm ISO 11731:2017 und enthält das Deutsche Einheitsverfahren zur Wasser-, Abwasser- und Schlammuntersuchung „K23 – Zählung von Legionellen".

Neben der Zusammenfassung und Erweiterung der Vorgängernormen umfasst der Anwendungsbereich weiterhin alle Arten von Wasser einschließlich Trink-, Brauch- und Abwasser sowie natürliche Gewässer und wasserhaltige Matrizes wie bspw. Biofilme und Sedimente.

Die Norm legt Kultivierungsverfahren zur Isolierung von Legionella und Abschätzung ihrer Anzahl in Wasserproben fest, die abhängig von Herkunft oder Eigenschaften der Probe entweder durch Membranfiltration konzentriert, verdünnt oder direkt ausgestrichen werden. Proben, die eine besonders hohe Legionellen-Kontamination erwarten lassen, können auch ohne Konzentrierungsschritte bearbeitet werden. Zur Reduzierung von Störungen können, wie in der Vergangenheit durch ergänzende Regeln beschrieben, Probenteile mit Hitze und/oder Säure behandelt werden. Ein Entscheidungsbaum in Anhang J der Norm hilft bei der Festlegung der Vorgehensweise im Labor.

Dabei gilt zu beachten: Es gibt ca. 60 beschriebene Legionellen-Spezies, und nicht alle sind unter Laborbedingungen kultivierbar. Deshalb können mit den in der vorliegenden Norm beschriebenen Verfahren nicht alle Spezies von Legionella eindeutig wiedergefunden werden. Hochmoderne Analysenmethoden, wie z. B. Matrix-unterstützte Laser-Desorption/Ionisation (MALDI), ermöglichen eine sehr genaue Erkennung der vorhandenen Bakterien, selbst wenn diese nicht kultivierbar sind. Diese Verfahren sind im Bereich der Forschung gängig und kommen auf Kundenwunsch auch in Routinelaboratorien immer häufiger zur Anwendung.

Für die rechtliche Relevanz ist diese nicht-kultivierbare Spezies jedoch von nachgeordneter Bedeutung, da sie als bekannter Krankheitserreger im Mittelpunkt des Schutzinteresses der Volksgesundheit steht.

Anwender ohne Labortätigkeit müssen sich auf die fachmännische Handhabung der mikrobiologischen Untersuchung durch die Auswahl qualifizierter Laboratorien z. B. mittels Nachweis von Akkreditierungs- und Notifizierungsunterlagen verlassen.

Anwendung der Norm

Die DIN-Norm beschreibt die Zählung von Legionellen im Labor, die mittels klassischer Bebrütung auf selektiven Nährmedien kultiviert werden. Die Zählung der so für das menschliche Auge sichtbar werdenden, morphologisch charakteristischen Kolonien erlaubt eine qualifizierte Abschätzung der in der Ausgangsprobe vorhandenen Legionellen. Die Bestätigung von verdächtigen Kolonien durch L-Cystein oder Eisen-(III)-Bedarf ergänzt die reine augenscheinliche Bestimmung biochemisch.

Hinweis

Spezies- oder Serotyp-Bestimmungen, die vielfältige weitere Schlüsse zulassen, sind gesonderte Untersuchungen und werden ausdrücklich nicht in der vorliegenden Norm behandelt!

Vor der tatsächlichen Laboruntersuchung sind Probenherkunft und Probenentnahme die beiden wichtigsten Punkte. Basierend auf diesem Vorwissen und der Abschätzung der zu erwartenden Konzentration, muss eines der in Abschnitt 8.4 der Norm beschriebenen Ansatzverfahren ausgewählt werden. Es kann sowohl mit einem Direktansatz als auch mit konzentrierten, verdünnten oder filtrierten Proben gearbeitet werden.

Diese ggf. vorbehandelten Proben werden auf ein selektives Nährmedium (gepufferter Aktivkohle-Hefeextrakt-Agar, Glycin-Vancomycin-Polymyxin-B-Cycloheximid-Agar oder modifizierter Agar nach Wadowsky und Yee) übertragen (beimpft) und ausgestrichen. Nach der Absorption der Flüssigkeit erfolgt die Bebrütung im Brutschrank. Dort werden die Proben sieben bis zehn Tage bei 36 (± 2) °C bebrütet. Um Überwucherungen vorzubeugen, werden die Platten jedoch bereits in einem Zeitraum zwischen zwei und fünf Tagen nach dem Bebrütungsbeginn in

Augenschein genommen. Eventuell überwucherte Proben können so ausgesondert und weitere Maßnahmen veranlasst werden.

Regulär bebrütete Proben werden nach den o. g. zehn Tagen durch Inaugenscheinnahme gezählt. Die meist weißgrauen Kolonien gehen auf jeweils ein einziges Bakterium zurück und werden daher als koloniebildende Einheit (KBE) gezählt. Wegen des technischen Fortschritts und der Vielzahl an Legionellen-Proben in den einschlägigen Laboratorien gibt es mittlerweile teil- oder gar voll automatisierte Verfahren, die die Präzision beim Zählen erhöhen und den Einfluss zufälliger Fehler minimieren.

Abhängig vom verwendeten Verfahren sowie dem auf das Nährmedium übertragenen Volumen muss der gezählte Wert mit Verdünnungs-, Konzentrations- oder Entnahmefaktoren multipliziert oder dividiert werden, um schlussendlich einen Wert in KBE/l zu erhalten.

Dieser Wert ist gemäß DIN-Norm auf einem Untersuchungsbericht festzuhalten und mindestens mit folgenden Informationen zu ergänzen:

- verwendetes Untersuchungsverfahren mit Verweis auf die ISO 11731
- eindeutige Bezeichnung der Probenentnahmestelle, Probenentnahmetechnik und ggf. Wiederholungsprobe
- Datum und Zeitpunkt der Probenentnahme, Datum des Empfangs der Proben, Start- und Enddatum der Untersuchungen, mögliche Beeinflussungen während Lagerung, Transport und Verlauf der Untersuchungen

Abweichend von der ISO 11731 ist es gemäß DVGW W 551 in Deutschland üblich, die Legionellen-Konzentration in KBE/100 ml anzugeben, da der technische Maßnahmenwert sich auf 100 ml bezieht. Aus einer Überschreitung dieses Werts von 100 KBE/100 ml ergeben sich weitere Maßnahmen wie eine sofortige oder umgehende weitergehende Untersuchung (siehe DVGW W551) oder, im schlimmsten Falle – bei einer „extrem hohen Kontamination" >10.000 KBE –, eine behördlich ausgesprochene Nutzungseinschränkung (sog. „Duschverbot"). Dies bedeutet ggf. weitreichende Konsequenzen für Bewohner, Patienten und weitere Nutzer von kontaminierten Anlagen.

Ausführung der Pflichten

Für den Nachweis von Legionellen in Trinkwässern, Abwässern, Kühlwässern von Verdunstungskühlanlagen und Kühltürmen sowie in Waschwässern von Nasswäschern und weiteren Medien kann nur ein Labor beauftragt werden, das für Nachweis und Probenahme unter Einhaltung der aktuellen Normen und allgemein anerkannten Regeln der Technik gemäß DIN EN ISO/IEC 17025 akkreditiert ist. Dies gilt neben den reinen Nachweisen auch für die Probenentnahme nach DIN EN ISO 19458. Bis zur Reform der Trinkwasserverordnung im Jahr 2018 war es gängige Praxis, dass auch Dritte, z. B. ein Installateur, mit der Probenahme beauftragt werden konnten. Dieser musste jedoch ins Qualitätsmanagementsystem des Untersuchungslabors eingebunden und somit nah an das ausführende Labor gebunden sein. Bei diversen in Deutschland anerkannten Laborstandorten lief die Akkreditierung aus bzw. musste diese durch Reakkreditierungs-Audits erneuert werden. Mit der Akkreditierung gemäß der DIN EN ISO/IEC 17025:2018 haben sich von Probenahme bis hin zum Befund einige Anforderungen an die Laboratorien drastisch geändert bzw. verschärft, die im Laufe der Jahre zu deutlichen Veränderungen in der Probenehmerlandschaft geführt haben. Gemäß § 39 TrinkwV dürfen die erforderlichen Untersuchungen des Trinkwassers einschließlich der Probennahmen nur von dafür "zugelassenen Untersuchungsstellen" durchgeführt werden.

Unter dem Link: https://www.lgl.bayern.de/downloads/zqm/doc/internetzugang_untersuchungsstellen.pdf[1] finden sich nach Bundesland aufgelistet die Direktzugänge zu den zugelassenen Untersuchungsstellen.

Das heißt, das Labor ist dafür verantwortlich, dass von der Probenahme bis zum Prüfbericht alle rechtlichen und normativen Anforderungen erfüllt sind, um Richtigkeit, Präzision und Dokumentation der gesamten Untersuchung zu gewährleisten. Dies gilt insbesondere dann, wenn das Labor mit der (automatisierten) Weitergabe der Untersuchungsdaten an die zuständige Behörde beauftragt ist.

Konkret umgesetzt werden kann diese Vorgabe nur noch durch beim Labor fest angestellte Probenehmer. Im Fall von externen Probennehmer, die Mitarbeiter von Wasserversorgern sind, sollten diese vertraglich in das QM-System der Untersuchungsstelle eingebunden werden, um die Verantwortlichkeit der Untersuchungsstelle vorlegen zu können. Aus den Hinweisen der DAkkS ergibt sich aktuell, dass das Unternehmen seinen Mitarbeiter bei seiner Arbeit als externer Probennehmer vollständig von Weisungen seines Arbeitgebers freistellen muss.

1 (zuletzt aufgerufen am 30.08.2023)

Im Labor muss eine Standardarbeitsanweisung (engl. Standard Operating Procedure, SOP) vorliegen, die den Nachweis von Legionellen in Wässern mit hoher Begleitflora abdeckt. Die Laboratorien müssen eine Akkreditierung speziell für die in der Verordnung genannten Wässer vorweisen können. Auch hier ist die Einbindung der Probenehmer in das Qualitätsmanagementsystem des Labors unabdingbar. Neben der Fachkunde zu mikrobiologischen Probenahmen müssen Probenehmer ebenfalls über umfangreiches Wissen hinsichtlich der spezifischen Anforderungen bei der Probenahme in Verdunstungskühlanlagen, Kühltürmen und Nassabscheidern verfügen. Von dieser Qualifikation kann ausgegangen werden, wenn sie erfolgreich an einer Probenehmerschulung für Trinkwasser teilgenommen haben sowie eine Qualifikation gemäß der Schulung nach VDI 2047 Blatt 2 besitzen.

Anforderungen an die Probenahme in häuslichen Trinkwassererwärmungsanlagen

Bei der Probenahme sind die Vorgaben der DIN EN ISO 19458 und weitere allgemein anerkannte Regeln der Technik (z. B. DVGW-Arbeitsblatt W 551) einzuhalten. Zudem ist es wichtig zu wissen, ob es sich um eine **orientierende** oder **weiterführende** Untersuchung oder ggf. eine **Nachuntersuchung** handelt. Generell muss darauf geachtet werden, dass der Zeitpunkt der Probenahme den **Normalbetrieb** der Anlagen widerspiegelt. In der Realität ist dies die größte Herausforderung. Häufig werden TWA unmittelbar vor der geplanten Probenahme hochgeheizt, um hohe Legionellen-Zahlen zu vermeiden. Nach der Untersuchung werden die Temperaturen wieder gesenkt, um die Energiekosten niedrig zu halten. Obgleich dies eine rechtlich mehr als fragwürdige Vorgehensweise ist, die sich nicht mit der Intention des Gesetzgebers deckt, so ist sie doch gängige Praxis und bleibt im Labor häufig unentdeckt. Es werden also Messergebnisse produziert, die nicht der gelebten Realität entsprechen. Hier hilft nur, aufzuklären und TWA-Betreiber bzw. den Betreiber von Gebäudewasserversorgungsanlagen (ehemals „Unternehmer oder sonstiger Inhaber von Trinkwasser-Installationen“) von Sinn und Notwendigkeit der Untersuchung zu überzeugen. Insbesondere führt die lediglich kurzfristige Anhebung der Temperatur im Boiler, ohne Diffusion der Wärme in die gesamte Installation (wie der thermischen Desinfektion), zumeist aber ohnehin dazu, dass extrem hohe Überschreitungen befundet werden, da die Legionellen durch die punktuelle Hitze gezwungen sind, sich an optimaleren Stellen der Installation zu sammeln.

Probenahmeplanung bei Rückkühlwerken und anderen technischen Großanlagen

Bei Anlagen mit Biozidzugabe sollte die Probenahme zeitlich vor einer Biozidzugabe erfolgen. Bei regelmäßiger Biozidzugabe sollte das Zeitfenster zwischen Zugabe und Probenahme so groß wie möglich gehalten werden. Es ist insbesondere zu vermeiden, eine Probe kurz nach einer erfolgten Biozíddosierung zu entnehmen.

Bei Proben, die Biozide enthalten, muss das Biozid bei der Probenahme soweit möglich inaktiviert werden. Dies muss bereits bei der Planung der Probenahme berücksichtigt werden.

Gemäß der Verordnung muss der Betreiber dem Labor und dem Probenehmer den Zeitpunkt einer erfolgten Biozidzugabe sowie die Menge und Art des Biozids mitteilen.

Oxidative Biozide wie Chlor/Hypochlorit, Chlordioxid oder Ozon können durch Natriumthiosulfat inaktiviert werden. Wasserstoffperoxid kann durch Katalase inaktiviert werden. Für nicht oxidative Biozide geben die DIN EN 13623 im Anhang B und die VDI 2047/2 im Anhang A Hinweise zu empfohlenen Inaktivierungsmitteln.

Zu anwendbaren Konzentrationen der Inaktivierungsmittel für Proben aus Verdunstungskühlanlagen, Kühltürmen und Nasswäschern gibt es bisher nur wenig Erfahrung aus der Praxis. Hier besteht noch Forschungsbedarf.

Proben, die nicht oxidative Biozide enthalten und bei denen keine Inaktivierung durchgeführt wird, müssen am Tag der Probenahme möglichst zeitnah untersucht werden, um eine weitere Inaktivierung der Legionellen zu vermeiden. Auf das Problem der fehlenden Inaktivierung ist im Prüfbericht hinzuweisen.

Probenahmestellen und Art der Probenahme

Die Auswahl der Probenahmestellen ist bei allen Untersuchungsobjekten von außerordentlich großer Bedeutung!

Für TWA beschreibt das DVGW-Arbeitsblatt W 551 wie folgt:

„Die Anzahl der erforderlichen Proben ist bei der orientierenden Untersuchung so zu wählen, dass jeder Steigstrang erfasst wird. Zusätzlich ist eine Probe am Austritt des Trinkwassererwärmers (Warmwasserleitung) und eine Probe am Eintritt in den Trinkwassererwärmer (Zirkulationsleitung) zu nehmen."

Für weitergehende Untersuchungen und Nachuntersuchungen können zusätzlich weitere Probenentnahmestellen ausgewählt werden. In allen Fällen gilt jedoch, dass die Probenentnahmestellen eindeutig und klar definiert und dokumentiert sein müssen.

Bei Verdunstungskühlanlagen, Kühltürmen und Nasswäschern ist die Wahl der Probenentnahmestelle u. a. abhängig von den bau- und betriebstechnischen Gegebenheiten. Die Probenahme erfolgt immer an denselben Probenahmestellen. Diese müssen vor Ort oder auf einem Anlagenplan dauerhaft und eindeutig gekennzeichnet sein. Zudem müssen sie im Probenahmeprotokoll sowie im Prüfbericht exakt bezeichnet werden.

Fazit

Die DIN EN ISO 11731-1 beschreibt eine Laboruntersuchung von Legionellen, die für die meisten Eigentümer, Unternehmer, Betreiber und Installateure weit weg von ihrer täglichen Berufspraxis ist. Obgleich das Untersuchungslabor sowie dessen Probenehmer einer Sorgfaltspflicht unterliegen und ihre Kompetenz durch die Akkreditierung nachweisen müssen, ist trotz allem der Betreiber einer Gebäudewasserversorgungsanlage (ehemals „UsI") gemäß TrinkwV für die regelmäßige fachgerechte Legionellenuntersuchung verantwortlich. Ein Grundverständnis für die Bedeutung und Zählung von Legionellen ist daher für jeden verantwortungsbewussten Betreiber unablässig.

3.4 Anleitungen für das Benchmarking in der Trinkwasserversorgung und Abwasserbeseitigung (DIN ISO 24523:2018-03)

Einführung

Die DIN ISO 24523:2018-03 Dienstleistungen im Bereich Trinkwasser Anleitungen für das Benchmarking in der Trinkwasserversorgung und Abwasserbeseitigung ersetzt das zurückgezogene Merkblatt DVGW W 1100 Definition von Hauptkennzahlen für die Wasserversorgung.

Die Norm ist die deutsche Fassung der internationalen englischsprachigen ISO 24523:2017. Sie beschreibt grundlegende Rahmenbedingungen, Methoden, Chancen und Risiken für das Benchmarking im Bereich der Trinkversorgung und Abwasserbeseitigung. Die Anleitung richtet sich an alle Betreiber unabhängig von ihrer Rechtsform. Konkrete Ziele, die im nationalen Rahmen erreicht werden müssen, enthält die Norm nicht. Sie ist hauptsächlich für freiwilliges Benchmarking vorgesehen.

Inhalte der Norm

Die Norm beschreibt einleitend eine Reihe von Begriffen, die in der Norm verwendet werden – von aggregierter Kennzahl über Erklärungsfaktoren bis zu Bezugsgröße. Benchmarking wird als „systematische[r] Prozess zur Identifizierung, zum Kennenlernen und zur Übernahme erfolgreicher Praktiken von Benchmarking-Partnern", den Teilnehmern eines Benchmarking-Projekts, definiert.

Die Norm beschreibt Ziele, Arbeitsschritte und Merkmale des Benchmarkings. Detailliert werden Hauptaktivität, weitere Aktivitäten, Hinweise und Empfehlungen für die einzelnen Arbeitsschritte erläutert: 1. Vorbereitung, Planung, 2. Datenbeschaffung, 3. Bestimmung der Benchmarks, 4. Analyse, 5. Umsetzung.

Ziel des Benchmarkings sind das Aufzeigen von Verbesserungspotenzialen, die Herausarbeitung realisierbarer Maßnahmen zur Leistungsverbesserung und deren Umsetzung. Anforderungen an Kennzahlensysteme für Dienstleistungen im Bereich der Trinkwasserversorgung und Abwasserbeseitigung werden beschrieben.

Die Norm enthält informative Verweise (Links) auf Beispiele für freiwillige Benchmarking-Prozesse in der Wasserwirtschaft, u. a. zum ÖVGW-Trinkwasser-Benchmarking, zum ÖWAV-Abwasser-Benchmarking in Österreich sowie zu verschiedenen Projekten der Trinkwasserversorgung und Abwasserbeseitigung in Deutschland.

Anwendung der Norm

Die Norm gibt Anleitungen, die hauptsächlich für das freiwillige Benchmarking vorgesehen sind. Das mit dem Benchmarking befasste Personal sollte über technische, kaufmännische und administrative Kenntnisse verfügen. Wie im nationalen Vorwort betont wird, bedarf es bei Arbeiten nach dieser Norm der Hinzuziehung von Fachleuten oder Facheinrichtungen. Die deutsche

Wasserwirtschaft, namentlich DVGW und DWA, begrüßt ausdrücklich die Norm.

Bezug zur TrinkwV

Die DIN ISO 24523 beschreibt Benchmarking-Prozesse für die Trinkwasser- und Abwasserwirtschaft. Sie richtet sich an private wie auch öffentliche Trinkwasser- bzw. Abwasserdienstleister, insbesondere also auch an Betreiber zentraler Wasserversorgungsanlagen (wie bspw. Stadtwerke).

3.5 Trinkwassererwärmungs- und Trinkwasserleitungsanlagen; Maßnahmen zur Verminderung des Legionellenwachstums (DVGW W 551-1)

Einführung

Das DVGW-Arbeitsblatt W 551-1 „Trinkwassererwärmungs- und Trinkwasserleitungsanlagen; Technische Maßnahmen zur Verminderung des Legionellenwachstums; Planung, Errichtung, Betrieb und Sanierung von Trinkwasserinstallationen“ stellt den Gold-Standard in der Umsetzung der Trinkwasserverordnung dar.

Mit Beschluss des DVGW-Lenkungskomitees „Hygiene und Sicherheit in der Trinkwasserinstallation“ wurde das DVGW W 551 zum zentralen Arbeitsblatt, unter dem alle technischen Regeln zur Trinkwasserhygiene zusammengefasst wurden. Dadurch wurde das bislang bestehende DVGW W 551 neu zum DVGW W551-1.

Durch die Novellierung der TrinkwV im Jahr 2023 gibt es sprach- und inhaltlichen Änderungsbedarf, sodass mit einer zeitnahen Revision des DVGW W 551-1 zu rechnen ist. Beispielsweise wurde im Gegensatz zum DVGW W 551-1 der technische Maßnahmenwert um ein KBE herabgesetzt, sodass der technische Maßnahmenwert nunmehr bereits „bei Erreichen von 100 KBE“ greift.

Darüber hinaus gibt es semantische Unterschiede; so bezeichnet der „Betreiber einer Gebäudewasserversorgungsanlage“ (TrinkwV) den in der Norm noch bezeichneten „Unternehmer oder sonstigen Inhaber einer Trinkwasserinstallation“ (UsI).

Besondere Bedeutung erhält das Arbeitsblatt durch die Ausführung der jeweiligen Untersuchungsumfänge im Rahmen der TrinkwV sowie der Darstellung der technischen Maßnahmen bei Überschreitung des technischen Maßnahmenwerts der TrinkwV.

Sowohl für Unternehmer und sonstige Inhaber von Trinkwasserinstallationen als auch im Bereich der TrinkwV tätige Fachunternehmen gibt das DVGW-Arbeitsblatt entsprechend die konkreten Anforderungen an eine TrinkwV-konforme Umsetzung der vom Gesetzgeber zur Vermeidung gesundheitlicher Beeinträchtigung der Verbraucher/Nutzer erlassenen allgemeinen Maßnahmenwerte.

Hierdurch entsteht, unabhängig von dem Langnamen des Arbeitsblatts, ein natürlicher Fokus auf den Parameter „Legionella“.

Inhalte der Norm

Das Arbeitsblatt beginnt bereits mit der historischen Beschreibung der Entdeckung von „Legionellen“ und legt auch in der Folge den Fokus auf Planung und Errichtung von Trinkwasserinstallationen zur Vermeidung von Legionellenkontaminationen.

Hierzu stellt das Arbeitsblatt zunächst auch die Definition von Klein- und Großanlagen fest und normiert damit auch nochmal die Untersuchungspflicht der jeweiligen Trinkwasserinstallationen.

Kleinanlagen sind gemäß dem W 551-1 entsprechend:

- Ein- und Zweifamilienhäuser per Definition
- Anlagen mit Trinkwassererwärmungsanlagen ≤ 400 l Speicherinhalt und einem Inhalt ≤ 3 l in jeder Stichleitung zwischen Abgang zur Trinkwassererwärmung und der jeweiligen Entnahmestelle.

Entsprechend ergibt sich die Definition nach TrinkwV untersuchungspflichtiger Anlagen wie folgt:

- Anlagen mit Trinkwassererwärmern mit mehr als 400 l Inhalt oder mehr als 3 l Leitungsinhalt in jeder Rohrleitung zwischen dem Abgang Trinkwassererwärmer und Entnahmestelle
- weitere Anlagen per Definition (u. a. Hotels, Krankenhäuser, Campingplätze etc.)

Eine besondere Rolle kommt dem W 551-1 dabei in der Festlegung von Umfang, zeitlicher Abfolge und Intervall der Legionellenuntersuchungen nach TrinkwV zu.

Das Arbeitsblatt grenzt folgende Formen von Legionellenuntersuchungen ab:

- orientierende Untersuchung, routinemäßig
- weitergehende Untersuchung im Fall einer Maßnahmenwertüberschreitung (Legionellenkontamination >100 koloniebildende Einheiten)

• Nachuntersuchung (nach weitergehender Untersuchung und dem Ergreifen erster Maßnahmen)

Durch das Arbeitsblatt ergibt sich der geltende Standard der orientierenden Untersuchung in Form von notwendigen Probenahmen an einzurichtenden Probenahmehähnen an Warmwasservorlauf und Zirkulation sowie an jedem Steigstrangende.

Gerade die Festlegung der Entnahmestellen sorgte dabei in der Folge bei zahlreichen Betreibern von Trinkwasserinstallationen für Verwirrung, da das Arbeitsblatt auch die Möglichkeit einer im Umfang eingeschränkten sog. „systemischen Untersuchung" anführt.

Das Arbeitsblatt legt jedoch hohe Anforderungen an vorliegende Unterlagen und Qualifikation des Sachverständigen fest, welcher den Umfang einer systemischen Untersuchung auf Basis bestehender Leitungspläne festlegen soll, die in der Praxis schwer umsetzbar bzw. unwirtschaftlich sind, weshalb das Arbeitsblatt selbst von einer routinierten Umsetzung des gewöhnlichen orientierenden Untersuchungsumfangs ausgeht.

Des Weiteren führt das Arbeitsblatt in tabellarischer Form die ersten Befundbewertungen einer orientierenden, aber auch einer weitergehenden Untersuchung an und legt dabei bereits zeitliche Abfolge und Umfang weiterer Maßnahmen fest. Hierzu zählen auch Sofort- und Dekontaminationsmaßnahmen zur direkten Gefahrenabwehr der betroffenen Verbraucher/Nutzer. Dazu nimmt das W 551-1 bereits Inhalte des dezidiert von Trinkwasserdesinfektion handelnden W 551-3 vorweg.

So beschreibt das Arbeitsblatt klar die thermische Desinfektion als vorrangig zu nutzende Desinfektion im Rahmen der Legionellenbeseitigung und führt auch deutlich aus, dass im Falle einer gegenüberzustellenden chemischen Desinfektion nicht von einer ausreichenden Reduktion ebenjener Bakterien ausgegangen werden kann.

Entsprechend teilt das Arbeitsblatt mögliche Legionellenkontaminationen in folgende Kategorien ein:

< 100 KBE: keine/geringe Kontamination
> 100 KBE: mittlere Kontamination
> 1.000 KBE: hohe Kontamination
> 10.000 KBE: extrem hohe Kontamination

Anwendung

Das DVGW-Arbeitsblatt W 551-1 ist denkbar adressatenfreundlich und allgemein verständlich formuliert. Es beschreibt alle notwendigen Basisinformationen zur Umsetzung der TrinkwV in Bezug auf die Verpflichtung zur Legionellenuntersuchung kompakt und nachvollziehbar.

Da das Arbeitsblatt v. a. allgemeingültige Vorgänge beschreibt und in näheren Ausführungen auf die jeweiligen weiterführenden Normen verweist, ist es trotz zwischenzeitlich zahlreicher weiterer Novellen der TrinkwV nach wie vor aktuell und dient nicht nur dem jeweiligen Betreiber, oder Fachunternehmen, sondern vor allem auch den jeweils zuständigen Gesundheitsämtern als maßgebliche Orientierung zum Umgang mit Legionellenkontaminationen.

Bemerkenswert ist dabei, dass das W 551-1 als DVGW W 551 bereits seit April 2004 besteht und entsprechend schon lange vor der Untersuchungspflicht auf Legionellen aus der ersten Novellierung der TrinkwV im Jahr 2011 einen bewährten Handlungsrahmen normiert hat.

Zu beachten ist insbesondere, dass, wenngleich es derzeit Unterschiede in der Bewertung des Überschreitens/Erreichens des technischen Maßnahmenwerts zur TrinkwV gibt, die weitergehende Befundbewertung dennoch analog anzuwenden ist.

Ausführung der Pflichten

Die im DVGW-Arbeitsblatt W 551-1 konkret ausgeführten Pflichten, wie die Umfänge der Untersuchungen sowie die anschließende Bewertung der entsprechenden Befunde, aber auch die zeitliche Abfolge weiterer Maßnahmen ergeben sich aus der TrinkwV.

Die TrinkwV beschreibt dabei nur allgemein, was das DVGW W 551-1 konkreter ausführt bzw. aus weiteren ausführenden Richtlinien, Normen und Arbeitsblättern subsumiert.

Weitere Pflichten ergeben sich u. a. aus dem Infektionsschutzgesetz im Falle vom Umgang mit festgestellten Legionellenkontaminationen sowie z. B. Verkehrssicherungspflichten.

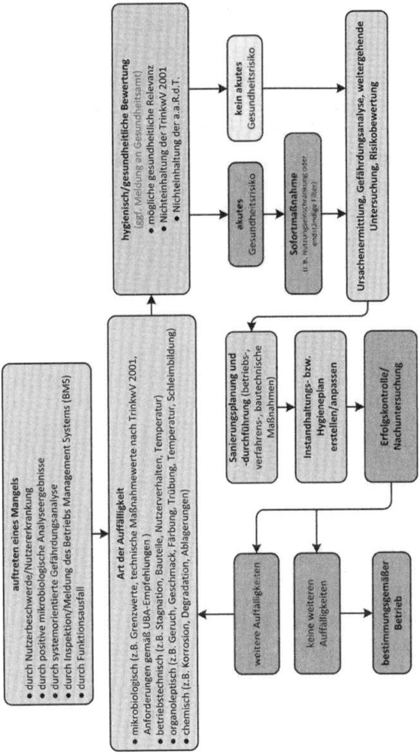

***Bild 1:** Mängelbeseitigung (Quelle: In Anlehnung an DVGW W 551-2)*

Bezug zur TrinkwV

Das DVGW-Arbeitsblatt W 551-1 führt ergänzend zur TrinkwV konkrete Untersuchungsintervalle wie auch das weitere Vorgehen in Abhängigkeit der Befunde aus und regelt den zeitlichen Rahmen der darauf basierenden weiteren Maßnahmen. Es dient sowohl dem Betreiber einer Gebäudewasserversorgungsanlage (ehemals UsI) und ausführenden Fachunternehmen, aber auch z. B. interessierten Bewohnern in der Einschätzung der Befundergebnisse bzw. im allgemeinen Umgang mit der Umsetzung der TrinkwV.

3.6 Einfluss von Materialien auf Trinkwasser (DIN EN 12873-2:2022-02)

Einführung

Kommen Materialien in Kontakt mit Trinkwasser (vgl. §§ 1, 2 Nr. 1 TrinkwV 2023), so dürfen sie keine nachteiligen Auswirkungen auf dessen Beschaffenheit haben. Das wird in § 14 TrinkwV von Werkstoffen und Materialien für die Errichtung oder Instandhaltung von Wasserversorgungsanlagen gefordert.

Mit der Richtlinie (EU) 2020/2184 (EU-Trinkwasser-Richtlinie) wird u. a. die Festlegung harmonisierter EU-weit geltender Mindestanforderungen für Materialien und Werkstoffe, die mit Wasser für den menschlichen Gebrauch in Berührung kommen, angestrebt (vgl. Grund Nr. 20 in der Richtlinie).

In der Folge sind bisher die Teile 2 und 4 der Normenreihe EN 12873 überarbeitet worden.

Die DIN EN 12873-2:2022-02 legt ein Prüfverfahren fest, mit dem der Stoffübergang (Migration) in das Trinkwasser von Materialien mit im Folgenden näher bestimmten Merkmalen bestimmt werden kann.

Das Verfahren ist beschränkt auf nicht metallische und nicht zementgebundene Materialien, die vor Ort in für Transport oder Speicherung vorgesehenen Wasserversorgungsanlagen aufgebracht werden.

Die Norm gilt auch für den Einsatz dieser Materialien in Anlagen für Transport und Speicherung von Rohwasser, das zur Herstellung von Trinkwasser verwendet wird.

Im Ergebnis der Prüfung kann der Umfang der Extraktion von Bestandteilen der untersuchten Materialien in das Wasser beurteilt und so festgestellt werden, ob die geprüften Materialien den Anforderungen der Trinkwasserrichtlinie genügen.

Angewendet werden kann die Norm bspw. für Materialien, deren physikalische oder chemische Eigenschaften sich bei bestimmungsgemäßer Verwendung ändern, wie z. B. Beschichtungsstoffe, Anstrichstoffe und Klebstoffe.

Anwendbar ist die Norm aber auch für Materialien, die sich beim Aufbringen vor Ort nicht verändern, wie z. B. Schmierfette und Schmierflüssigkeiten.

In der Einleitung zur Norm wird darauf hingewiesen, dass Materialien, die den Anforderungen der Norm genügen, nicht automatisch in einem EU- oder EFTA-Mitgliedsstaat akzeptiert oder zugelassen sind. Die Beurteilung, welche Konsequenzen aus der Anwendung der in der Norm beschriebenen Methodik gezogen werden können, obliegt den nationalen Behörden.

Die im Februar 2022 ausgegebene DIN EN 12873-2 ersetzt die DIN EN 12873-2:2005-04. Gegenüber dieser gab es einige Änderungen.

So wurden die Werte für die Prüftemperaturen präzisiert. Die Verwendung von Chromsäure wurde gestrichen. Diese Substanz ist äußerst giftig und wird als krebserregend eingestuft.

Außerdem wurden die Beispiele für die Analyse des Wassers nach Migration von Teilen der untersuchten Materialien systematisiert und erweitert.

Die aktualisierte Europäische Norm EN 12873-2 wurde vom Technischen Komitee CEN/TC 164 „Wasserversorgung" erarbeitet. Zuständiges nationales Gremium ist der Arbeitsausschuss NA 119-07-09 AA „Werkstoffe im Kontakt mit Trinkwasser" im DIN-Normenausschuss Wasserwesen (NAW).

Hinweis

Die Teile 1, 3 und 4 der Normenreihe EN 12873 werden im Folgendem nicht behandelt. Teil 1 ist Prüfverfahren für fabrikmäßig hergestellte Produkte gewidmet. Teil 3 behandelt Prüfverfahren für Ionenaustauscher- und Adsorberharze. In Teil 4 geht es um Prüfverfahren für Membranen für die Wasserbehandlung.

Inhalt der Norm

Die Norm beinhaltet elf Abschnitte und zwei normative und drei informative Anhänge.

Der Anwendungsbereich der Norm wird kurz in Abschnitt 1 beschrieben.

Normativ Bezug genommen wird in der Norm auf die EN ISO 7393-2 „Wasserbeschaffenheit – Bestimmung von freiem Chlor und Gesamtchlor – Teil 2" in Abschnitt 2. An anderer Stelle wird außerdem auf die EN ISO 13530 „Water Quality" hingewiesen.

In Abschnitt 3 „Begriffe“ wird u. a. die Migrationsrate als extrahierte Stoffmasse in mg pro Tag bei vorgegebener Temperatur (in °C) je dm^2 des Prüfstücks definiert.

Aus der Norm ergeben sich Anforderungen für die Hersteller von Materialien, die der Prüfung unterzogen werden müssen.

Hersteller der Materialien müssen genaue Anweisungen zum Aufbringen der Materialien und zum sicheren Umgang mit zu verwendenden Chemikalien bereitstellen. Die Vorbereitung der Prüfungen basiert auf diesen Anweisungen (vgl. u. a. Abschnitte 4 und 7.1 der Norm).

Folgende Angaben werden erwartet:

a) Vorbereitung der Oberfläche,
b) Mischverhältnisse und Mischverfahren,
c) Aufbringungsverfahren,
d) Mindesttemperatur und -dauer zum Härten,
e) Schichtdicke des Produkts,
f) zugehörige Materialien, z. B. Grundierungen.

Für Prüfungen sollen die Prüfstücke unter Berücksichtigung der schriftlichen Herstelleranweisungen für die Aufbringung vor Ort hergestellt werden.

Die Prüfstücke werden in mindestens drei Migrationsperioden mit dem Versuchswasser in Kontakt gebracht. Bei vorgegebener Temperatur dauert eine Prüfperiode für Materialien für den Einsatz mit kaltem Wasser 72 Stunden und 24 Stunden im Fall einer Warm- oder Heißwasserprüfung.

Produktnormen oder nationale Behörden können die Anzahl der durchzuführenden aufeinander folgenden Migrationsperioden festlegen (vgl. Abschnitt 4 der Norm).

Abschnitt 5 beschreibt die Reagenzien, die im Rahmen der Prüfung benötigt werden. Das betrifft einerseits das für die Prüfung verwendete Wasser (u. a. gechlortes Versuchswasser) und zum anderen die Reinigungsflüssigkeiten für Glasgeräte.

Die für die Prüfung benötigten Geräte sind in Abschnitt 6 aufgelistet.

Abschnitt 7.2 beschreibt Anforderungen an die Vorbereitung der Prüfstücke.

Abschnitt 7.3 macht Vorgaben für das Verhältnis von Oberfläche (S) des Prüfstücks und Volumen (V) des Wassers, mit dem es in Kontakt kommen soll. Diese S/V-Verhältnisse können durch nationale Vorschriften festgelegt werden.

Wie Prüfstücke vor dem Migrationsversuch mittels Spülen, Stagnation und Vorwaschen vorbehandelt werden müssen, ist Gegenstand von Abschnitt 8. Unterschiede gibt es bei der Vorbereitung für die Kaltwasserprüfung (23 +/- 2) °C, für die Warmwasserprüfung (60 +/- 2) °C und für die Heißwasserprüfung (85 +/- 2) °C.

Wie die einzelnen Prüfungen durchzuführen sind, ist in Abschnitt 9 beschrieben.

In Abschnitt 10 sind die Beziehungen zur Berechnung der Stoffe im Migrationswasser und der Migrationsrate der ermittelten Stoffe angegeben.

Die Ergebnisse der Prüfung sind vom Prüflabor im Prüfbericht zusammenzustellen. Dieser ist für die Beurteilung der Normkonformität der untersuchten Materialien wichtig und hat gemäß Abschnitt 11 der Norm folgenden Inhalt:

- Allgemeine Angaben (u. a. zum Prüflabor und fachlich Verantwortlichen für die Prüfung sowie zum Prüfgegenstand und Auftraggeber der Prüfung)
- Angaben zum Material (u. a. Handelsname des Materials und Einzelheiten der Vorbereitung der Prüfstücke)
- Angaben zu den Prüfstücken (u. a. zur Herkunft von Anweisungen für die Aufbringung)
- Angaben zum Prüfverfahren (u. a. Angaben zu den Migrationsversuchen)
- Prüfergebnisse in Tabellenform (u. a. für jede Prüftemperatur und jede Art von Versuchswasser)

Der normative Anhang A beschreibt eine Anordnung zum Spülen von Rohren mit einer Nennweite größer als DN 80.

Der normative Anhang B beschreibt die Versuchsanordnung zur Prüfung von nicht homogenen Produkten und Rohren mit einer Nennweite größer als DN 80.

Informativ sind die Anhänge C, D und E.

Anhang C enthält Beispiele für die Abfolge zum Erhalt von Migrationswasser bei 72-Stunden-Kaltwasserspülung sowie für die Abfolge zum Erhalt von Migrationswasser bei 24-Stunden-Warm- und Heißwasserspülung.

Anhang D beschreibt verfahrenstechnische Überprüfungen mit Standardadditionen (Positiv-Kontrollen). Zwei Fließbilder zur Durchführung von Migrationsversuchen mit kaltem Wasser und mit Wasser mit erhöhter Temperatur sind in Anhang E aufgenommen.

Konsequenzen

Die Norm wendet sich in erster Linie an Prüflabore, die mit der Konformitätsprüfung von nicht metallischen und nicht zementgebundenen Materialien, die für die Aufbringung vor Ort in Anlagen für die Trinkwasserversorgung vorgesehen sind, beauftragt werden.

Für den Hersteller derartiger Materialien macht die Norm in diesem Zusammenhang Vorgaben für die Bereitstellung von Informationen, die für die Anwendung der Materialien in Zusammenhang mit der Prüfung erforderlich sind.

Auch nationale Behörden sind bezüglich der Festlegung einiger Rahmenbedingungen gefordert, für die in der Norm ein Spielraum eröffnet wird. So konkretisiert die Bewertungsgrundlage für Kunststoffe und andere organische Materialien im Kontakt mit Trinkwasser (KTW-BWGL, Version vom 23.08.2024) die Vorgaben der DIN EN 12873-2.

Die Prüfung dauert 10 Tage mit 3 Migrationsperioden für die Kaltwasserprüfung und 7 Migrationsperioden für die Heißwasserprüfung.

Das Umweltbundesamt (UBA) weist in einer Information vom 20.07.2024 auf die aktuelle Rechtslage, die zukünftig geltende europäische Regelung und die entsprechenden Übergangsregelungen für Materialien und Werkstoffe im Kontakt mit Trinkwasser hin.

Auf Grundlage von § 15 TrinkwV hat das UBA bisher Anforderungen an Materialien und Werkstoffe im Kontakt mit Trinkwasser festgelegt. Dazu hat es in der Vergangenheit verbindlich geltende materialspezifische Bewertungsgrundlagen festgelegt, u. a. die KTW-BWGL. Mit diesen Bewertungsgrundlagen werden die allgemeinen hygienischen Anforderungen gemäß § 14 TrinkwV konkretisiert.

Hinweis

In der Trinkwasserverordnung wird zur Zeit nichtvorgeschrieben, in welcher Form die Konformität mit diesen Anforderungen bestätigt werden muss. Allerdings wird nach § 16 TrinkwV vermutet, dass die Anforderungen erfüllt sind, wenn dies durch einen akkreditierten Zertifizierer bestätigt wird.

Diese Rechtslage wird ab 31.12.2026 durch einen neuen EU-Rechtsrahmen aufgrund der (Trinkwasser-)Richtlinie (EU) 2020/2184 abgelöst. Es ist derzeit in Deutschland nicht beabsichtigt, die europäischen Mindestanforderungen durch strengere Anforderungen zu ergänzen.

Allerdings besteht mit der neuen Rechtslage für Produkte aus endgültigen Materialien und Werkstoffen, die für den Kontakt mit Trinkwasser vorgesehen sind, eine Zertifizierungspflicht (!). Die

Zertifikate müssen von akkreditierten und bei der Europäischen Kommission notifizierten Konformitätsbewertungsstellen (Zertifizierungsstellen) ausgestellt werden. Für in Deutschland ansässige Konformitätsbewertungsstellen heißt das, dass sie zusätzlich zu der Akkreditierung durch die Deutsche Akkreditierungsstelle (DAkkS) auch von der notifizierenden Behörde für Deutschland bei der EU-Kommission akkreditiert werden müssen. Welche Behörde das ist, wird noch gesetzlich festgelegt.

Die Zertifikate können aber unabhängig davon aus rechtlichen Gründen nicht vor dem 31.12.2026 erteilt werden.

Bis zum 31.12.2026 wird das UBA noch Bewertungen vornehmen. Anträge für nationale Bewertungen werden u. a. für bisher nicht vollständig bewertete organische Ausgangsstoffe bis zum 31.03.2025 angenommen.

Das UBA kann aber nicht zusichern, dass eine Bewertung noch erfolgen kann. Zwischen dem 12.07.2021 und dem 31.12.2026 bewertete Ausgangsstoffe sollen noch bis zum 31.12.2032 verwendet werden können.

4 Anlagentechnik, Speicherung und Aufbereitung

4.1 Qualifikationsanforderungen an Fachunternehmen (DVGW W 316:2018-04)

Einführung

Das DVGW-Arbeitsblatt W 316 (A) beschreibt Qualitätsanforderungen und Qualifikationskriterien an Fachunternehmen und Planungsbüros, die im Bereich Planung, Bau und Instandhaltung von Trinkwasserbehältern tätig sind. Um den aktuellen Anforderungen zu entsprechen, wurde das alte DVGW-Arbeitsblatt W 316:2014-10 dem Stand der Technik angepasst. Dazu gehören u. a. die Berücksichtigung neuer Regeln über den Fachkenntnisnachweis ebenso wie Ausführungen zur Spezifikation von Systembehältern, aber auch Konkretisierungen der Prüfungsmodalitäten.

Inhalte der Norm

Das DVGW-Arbeitsblatt W 316 (a) gliedert sich in 6 Kapitel und 3 Anhänge.

Kapitel 1

Hier wird der Anwendungsbereich beschrieben. Das DVGW-Arbeitsblatt beschreibt die formalen, personellen und sachlichen Anforderungen an Fachunternehmen und Planungsbüros für Trinkwasserbehälter. Außerdem werden Vorgaben zur Prüfung und Überwachung solcher Unternehmen formuliert.

Kapitel 2

Hier werden Dokumente, die zur Anwendung des DVGW-Arbeitsblatts erforderlich sind, aufgeführt. Diese sind insbesondere die DVGW Richtlinien W 101, W 270, W 291, W 300 1-8, die DIN-Normen DIN 1045 2-4, DIN 31051, DIN 1504 1-10, die DVS 2212-1, DVS 2212-3 sowie diverser Leitlinien, Empfehlungen des Umweltbundesamts.

Kapitel 3

Hier werden wichtige Begriffe definiert. Diese sind z. B.:

- Fachaufsicht: Person, die zum einen für das Qualitätsmanagement zuständig ist und zum anderen für die Leitung des Personals und Aufsicht der Bauleistungen bei Trinkwasserbehältern eingesetzt wird
- Fachkraft: Person, die durch das Fachunternehmen für die handwerkliche, praktische und qualitätsrelevante Ausführung von Bauleistungen bei Trinkwasserbehältern bestellt wird
- Fachplaner: eine für die planerischen Arbeiten bei Vorbereitung und Durchführung des Baus und der Sanierung von Trinkwasserbehältern zuständige Person
- Instandhaltung: Diese umfasst laut DIN 31051 die Grundmaßnahmen Inspektion, Wartung und Instandsetzung
- Verkleinerung: Verringerung oder Anpassung des Nutzvolumens der Wasserkammern
- etc.

Kapitel 4

In Kapitel 4 werden folgende formelle Voraussetzungen beschrieben.

Im Allgemeinen

Im Allgemeinen werden Aufgaben von Planungsbüros und Fachunternehmen beschrieben. Diese sind z. B.:

- die Ermittlung und Strukturierung der Anforderungen aus dem Betrieb
- Aufnahme und Aufrechterhaltung von Kontakten zu Behörden und Dritten
- Variantenbetrachtung
- Planung, Bauüberwachung
- Berücksichtigung der hygienischen Belange der Trinkwasserversorgung
- Qualitätssicherung der Bauausführung
- etc.

Untergeordnete Strukturen von Fachunternehmen

Hierbei wird festgelegt, dass Fachunternehmen alle Niederlassungen, Betriebsstellen und ähnliche Organisationseinheiten benennen müssen, die im Bereich Trinkwasserbehälter tätig sind. Eigenständige Niederlassungen oder Betriebsstellen müssen grundsätzlich eigens überprüft werden. Nichteigenständige Niederlassungen und Betriebsstellen müssen auf ihre fachliche Eignung hin geprüft werden.

Tätigkeitsfelder

Tabellarisch werden die Tätigkeitsfelder sowie die Werkstoffe mit den jeweiligen Anforderungen und Nachweisen anschaulich dargestellt.

Tabelle 1: *Eingruppierung von Fachunternehmen (Quelle: In Anlehnung an DVGW W 316)*

Tätigkeitsfeld	Ab-kürzung	Anforderungen
Systembehälter; vor Ort montierte Systembehälter gemäß DVGW W 300-6	SB	DVGW W 300-6 (M), ATV-DVWK-A 127, DIN EN 13121-3
Neubau gemäß DVGW W 300-1	NB	DVGW W 300-1 (A), DVGW W 300-2 (A) und DVGW W 300-4 (A), DVGW W 347 (A), DVGW W 270 (A), UBA-Leitlinien, DVGW W 398 (M) DIN 50930-6, DIN 1045-2, -3 und -4, DIN EN 206, DAfStb-Richtlinien, DIN EN 1504-1 bis -10
Instandsetzung Beton-/ Tragwerk: Sicherstellung der Standsicherheit der Konstruktion	ITW	DVGW W 300-3 (A) und DVGW W 300-4 (A), DVGW W 347 (A), DVGW W 270 (A), UBA-Leitlinien, DIN 50930-6, DAfStb-Richtlinien, DIN 1045-2, -3 und -4, DIN EN 206, DIN EN 1504-1 bis -10

***Tabelle 1:** Eingruppierung von Fachunternehmen (Quelle: In Anlehnung an DVGW W 316)*

Tätigkeitsfeld	Abkürzung	Anforderungen
Verbesserung der Oberfläche: Sicherstellung der Beständigkeit der Oberfläche und Erhöhung der Standzeit des Korrosionsschutzes der Bewehrung ohne die Notwendigkeit von ITW oder Aufbringen einer Auskleidung nach DVGW W 300-3 (A)	O	DVGW W 300-3 (A) und DVGW W 300-4 (A), DVGW W 347 (A), DVGW W 270 (A), UBA-Leitlinien, DIN 50930-6, DAfStb-Richtlinien, DIN 1045-2, -3 und -4, DIN EN 206, DIN EN 1504-1 bis -10

In einem weiteren Unterkapitel werden die Voraussetzungen an ein Qualitätsmanagementsystem (QM) nach DIN EN ISO 9001 beschrieben.

Kapitel 5

Im Kapitel 5 werden die personellen Voraussetzungen an die Mindestanzahl qualifizierter Mitarbeiter, an die Fachplaner, die Fachaufsicht und die Fachkräfte näher erläutert.

Tabelle 2: *Mindestanzahl an qualifizierten Mitarbeitern für Fachunternehmen (Quelle: In Anlehnung an DVGW W 316)*

Anzahl des im Bereich Trinkwasserbehälter fest angestellten Fachpersonals	Fachaufsicht	Fachkraft
1–5	1	1
6–10	1	2
11–15	2	3
16–20	2	4
21–25	2	5
26–30	3	6
> 30	4	>6

Kapitel 6

Im Kapitel 6 findet man die Anforderungen an die Technische Ausstattung der Planungsbüros und Fachunternehmen. Diese sind z. B.:

- Werkzeuge zur digitalen Kommunikation und Projektbearbeitung
- Verfügbarkeit von CAD-Systemen
- Organisation der erforderlichen Gerätschaften zur Bauzustandsanalyse
- Ausrüstung in ausreichendem Umfang und einwandfreier Beschaffenheit

Anhang A

Anhang A stellt tabellarisch die erforderlichen Fachinhalte dar:

- A 1: Grundlagen
- A 1 a: Übersicht der relevanten technischen Regeln
- A 1 b: Technologie der Trinkwasserbehälter
- A 1 c: Bauzustandsanalyse von Trinkwasserbehältern
- A 1 d: Ausführung der Instandsetzung von Trinkwasserbehältern
- A 2: Auskleidungs-, Beschichtungssysteme und Werkstoffe Systembehälter
- A 2 a: Zementgebundene Beschichtungen
- A 3: Polymerbeschichtungen
- A 4: Platten und Dichtungsbahnen
- A 5: Nichtrostender Stahl
- A 6: Glasfaserkunststoffe

Anhang B

Anhang B beschreibt die Prüfungsordnung für Fachkräfte, Fachaufsicht und Fachplaner von Schulungen zur DVGW W 316. Ziel der Prüfung ist der Nachweis über das erworbene Fachwissen. Sie besteht aus einer schriftlichen Prüfung gemäß Anhang A und ggf. aus einem Fachgespräch. Pro richtiger Antwort bekommt der Teilnehmer einen Punkt, die Prüfung ist bei mindestens 50 % der Gesamtpunktzahl bestanden.

Anhang C

Anhang C enthält die Unternehmensprüfung. Die Erfüllung der Anforderungen nach Abschnitt 4 bis 6 sind mindestens alle fünf Jahre nachzuweisen. Mit der Beurteilung der Prüfergebnisse werden Experten beauftragt, die bestimmte Voraussetzungen erfüllen müssen. Diese sind z. B.:

- Abschluss eines ingenieurwissenschaftlichen oder naturwissenschaftlichen Studiums mit geeigneter Fachrichtung
- mindestens fünf Jahre kontinuierliche theoretische und praktische Erfahrung auf dem Gebiet Trinkwasserbehälter
- umfassende Kenntnisse über die einschlägigen Rechtsvorschriften und Technischen Regeln
- neutral, fair und interessenunabhängig

Die Prüfung findet vor Ort in Form eines Audits statt, wobei der Aufwand abhängig von der Anzahl an erforderlichen Fachgesprächen ist. Die Prüfung setzt sich aus der Unternehmensprüfung, der Vor-Ort-Prüfung und den Fachgesprächen zusammen.

Anwendung der Norm

Fachunternehmen und Planungsbüros, die im Bereich Planung, Bau und Instandsetzung von Trinkwasserbehältern tätig sind, finden in der DVGW W 316 die für sie notwendigen und gültigen Qualifikationsanforderungen und Qualitätskriterien.

In dem DVGW-Arbeitsblatt werden die Anforderungen an den Kenntnisstand der Fachinhalte dargestellt. Eine Definition der Tätigkeitfelder findet sich ebenso wie eine Beschreibung der zu verwendenden Werkstoffe und der erforderlichen Anforderungen und Nachweise bei deren Verwendung und Bearbeitung.

Die Anforderungen an ein QM-System werden erörtert, wie auch die personellen Voraussetzungen und die Anforderungen an die technische Ausrüstung.

Es werden aber auch Vorgaben zur Prüfung und Überwachung der Fachunternehmen und Planungsbüros vorgestellt.

Ausführung der Pflichten

Besonders zu beachten ist der Anhang A.

Elementarer Bestandteil der Qualifikation von Fachunternehmen und Planungsbüros, die im Bereich Trinkwasserbehälter tätig sind, ist die Kenntnis der Fachinhalte.

Im Anhang A werden die Anforderungen über die erforderlichen Kenntnisse der Fachinhalte für Fachplaner, Fachaufsicht und Fachkräfte ausführlich beschrieben.

Hinweis

Die erforderliche notwendige Sachkunde muss nachgewiesen werden. Eine entsprechende Schulung zur DVGW W 316 ist daher erforderlich. Die Gültigkeitsdauer des Nachweises ist auf fünf Jahre beschränkt. Eine Unternehmensprüfung erfolgt durch einen „Experten". Seine Voraussetzungen sind ebenfalls in der DVGW W 316 aufgeführt.

4.2 Zentrale Trinkwasserversorgung – Leitsätze für Anforderungen an Trinkwasser, Planung, Bau, Betrieb und Instandhaltung der Versorgungsanlagen (DIN 2000:2017-02)

Einführung

Die zentrale Trinkwasserversorgung dient der Bereitstellung von bedenkenlos genießbarem Wasser für die Bevölkerung und weiterer Verbraucher. Die Versorgung erfolgt hierbei in einem räumlich abgegrenzten Bereich, der von der Gewinnung des Rohwassers bis zur Gebäudewasserversorgungsanlage („Trinkwasser-Installation") beim Verbraucher reicht.

Demnach sind neben dem Leitungsnetz auch alle leitungsgebundenen Anlagen betroffen, die mit Trinkwasser in Kontakt kommen und somit Einfluss auf dessen Beschaffenheit haben.

Die DIN-Norm 2000:2017-02 gibt eine übergreifende Einführung auf dem Gebiet der Trinkwasserversorgung und richtet sich vorwiegend an die Betreiber zentraler Wasserversorgungsanlagen wie Wasserversorger im Zuge der neuen Trinkwasserverordnung nun genannt werden. Ebenfalls werden Nutzer und Behörden angesprochen, um durch deren Zusammenarbeit mit dem Wasserversorger eine langfristig sichere Versorgung zu gewährleisten.

Zentrale Bestandteile

Zentrale Bestandteile dieser DIN-Norm sind neben allgemeinen Zielstellungen und Aufgaben auch der Schutz natürlicher Wasserressourcen, das Erreichen einer einwandfreien Trinkwasserbeschaffenheit, die Festlegung von grundsätzlichen Verantwortlichkeiten sowie Aspekte, welche die gesamte Lebensdauer einer Versorgungsanlage von deren zielgerichteter Planung bis zum sicheren Betrieb betreffen.

Da die DIN-Norm 2000 lediglich grundlegende Vorgaben enthält, sind zur genaueren Betrachtung dieses Themengebiets die Trinkwasserverordnung und die Technischen Regelwerke des DVGW anzuwenden. Dort finden sich neben weiterführenden Informationen bspw. Handlungsanweisungen bei Störfällen und dem Überschreiten von Grenzwerten der Trinkwasserqualität. Die Trinkwasserversorgung aus Kleinanlagen und nicht ortsfesten Anlagen nach DIN 2001-1 bis -3 und Anlagen der Trinkwasser-Installation nach DIN EN 806 und DIN 1988 werden in entsprechenden Normen behandelt und sind nicht Teil der DIN 2000.

Inhalte der Norm

Oberste Zielstellung der Versorgung mit Trinkwasser stellen die Aspekte einer sicheren Bereitstellung, bedenkenloser Beschaffenheit sowie der nachhaltigen und wirtschaftlichen Nutzung dieses lebensnotwendigen Rohstoffs dar.

Zur Sicherstellung einer einwandfreien Qualität formuliert die DIN-Norm Leitsätze zur Trinkwasserbeschaffenheit. Demnach ist Wasser als natürliches Gut anzusehen, das möglichst wenig anthropogener Beeinflussung unterliegen sollte. Es muss farblos, klar, kühl sowie insofern geruchlich und geschmacklich einwandfrei sein, dass es zum Genuss anregt und bedenkenlos konsumiert werden kann.

Die mikrobielle Belastung ist auf ein Minimum zu beschränken, um die Gefährdung der menschlichen Gesundheit durch Infektionen oder Epidemien zu verhindern. Neben Mikroorganismen sind ebenso alle weiteren kontaminierenden Stoffe zu vermeiden, insofern dies mit vertretbarem Aufwand realisierbar ist.

Die Wasserqualität an der Übergabestelle zum Verbraucher muss mindestens den gesetzlichen Anforderungen genügen und somit ohne weitere Aufbereitung genießbar sein.

Weiterhin werden grundlegende Voraussetzungen an Anlagen der Trinkwasserversorgung festgelegt. Neben dem Leitungsdruck sind Menge und Durchfluss ausreichend zu dimensionieren. Eine hohe Anlagenverfügbarkeit und zuverlässige Trinkwasserversorgung sind anzustreben, um der Bevölkerung dauerhaft die Bereitstellung von einwandfreiem Trinkwasser zu ermöglichen.

Zur Sicherstellung der Nachhaltigkeit des Wasserkreislaufs sind Trinkwasservorkommen ökologisch zu nutzen. Ressourcen mit der Beschaffenheit, welche die direkte Nutzung ohne weitere Aufbereitung ermöglicht, sind bevorzugt zu verwenden. Soweit dies nicht möglich ist, sind naturnahe Aufbereitungsverfahren anzuwenden. Das gewonnene Rohwasser soll möglichst geringfügig in seiner natürlichen Zusammensetzung verändert werden.

Bei der Verwendung von Wasservorkommen, die einer Aufbereitung bedürfen, sind Stoffe nur in den zwingend notwendigen Mengen hinzuzugeben. Eine Nutzung der Ressourcen als Trinkwasser ist anderen Verwendungen vorzuziehen.

Organisatorische Bedingungen

Neben technischen Voraussetzungen sind außerdem organisatorische Rahmenbedingungen zu schaffen, die Zuständigkeiten regeln und eine zielgerichtete Kommunikation zwischen Wasserversorgern, Behörden und Verbrauchern begünstigen. Nur durch die Zusammenarbeit aller Akteure – von der Bundesebene bis zum kommunalen Bereich – ist das Ziel einer gesicherten Versorgung mit unbedenklichem Trinkwasser möglich. Die Verantwortungsbereiche der Gesundheitsämter regelt die Trinkwasserverordnung.

Neben den Versorgern sollten auch die Aufsichtsbehörden über alle Rahmenbedingungen auf technischer, personeller und finanzieller Ebene verfügen.

Durch qualifiziertes Personal, das regelmäßig durch Fort- und Weiterbildungen über den Stand der Technik geschult wird, ist neben einer kontinuierlichen Trinkwasserversorgung auch die Lösung von Störungen und Extremsituationen möglich. Das hierfür notwendige Sicherheitskonzept ist ebenso von Bedeutung wie eine übergeordnete Aufbau- und Ablauforganisation, die regelmäßig extern auditiert werden sollte. Kommt es trotz umfassenden Sicherheitsmanagements zu kritischen Vorfällen, hat eine unverzügliche Kontaktaufnahme der Wasserversorger mit den zuständigen Behörden zu erfolgen.

Entsprechend vorher aufgestellter Maßnahmen- und Handlungspläne erfolgen so gezielte Schritte zur Verhinderung der Gefährdung menschlicher Gesundheit. Die Unterbrechung der Versorgung sollte als letzte Möglichkeit erfolgen und ist nur in dem Fall gerechtfertigt, wenn die weitere Bereitstellung des bedenklichen Wassers kritischer ist als die Folgen einer Versorgungspause.

Weiterhin sind die Betreiber zentraler Wasserversorgungsanlagen verpflichtet, allen Verbrauchern bei Bedarf Informationen zur Trinkwasserbeschaffenheit auszustellen. Geplante Versorgungsunterbrechungen sind den Nutzern rechtzeitig mitzuteilen.

Das Einbeziehen der Erfahrungen von Verbrauchern sollte durch ein Qualitätsmanagement zur kontinuierlichen Verbesserung der Wasserversorgung beitragen. Dadurch ist es möglich, Schwachstellen systematisch zu beseitigen.

Anwendung der Norm

Instandhaltung

Neben aufbau- und ablauforganisatorischen Richtlinien sind Anlagen der zentralen Trinkwasserversorgung durch den Wasserversorger in einem Zustand zu errichten und zu erhalten, der einen optimalen Betrieb im Hinblick auf die Versorgungssicherheit und Trinkwasserqualität ermöglicht.

Dies betrifft nach der Planung und dem Bau von Versorgungsanlagen auch deren nachhaltigen und wirtschaftlichen Betrieb sowie die Instandhaltung. In jedem dieser Bereiche sind die allgemein anerkannten Regeln der Technik (a. a. R. d. T.) sowie Umweltschutzbestimmungen einzuhalten.

Anlagen, Werkstoffe und alle trinkwasserleitenden Teile sind so auszuwählen, dass langfristig keine negative Beeinflussung der Wasserqualität durch bspw. Korrosion erfolgt. Zusätzliche Aufbereitungsschritte des Trinkwassers für höhere hygienische Anforderungen sind nicht Aufgabe der Wasserversorger.

Zum Ausgleich möglicher Anlagenausfälle sind redundante Teilsysteme und ein ausgereiftes Ersatzteilmanagement zu empfehlen. Um mögliche Folgeschäden und eine Kontamination zu verhindern, sind Störungen in jedem Fall umgehend zu beheben.

Die notwendige Instandhaltung umfasst Maßnahmen einer effizienten und umweltschonenden Erhaltung der gesamten Versorgungskette. Die Instandhaltung von Anlagen der zentralen Trinkwasserversorgung sollte vorbeugend erfolgen, insofern dies durch einen vertretbaren Aufwand möglich ist.

Eine ausfallorientierte Instandhaltung ist zu vermeiden und nur gerechtfertigt, wenn durch Ausfälle von Anlagen oder Komponenten keine Beeinträchtigung der Trinkwasserbeschaffenheit oder der allgemeinen Versorgung auftreten kann.

Ausführung der Pflichten

Pflicht zur Dokumentation

Für alle Tätigkeiten an den Anlagen sind Arbeitsanweisungen zu erstellen sowie entsprechende Unterweisungen des technischen Personals durchzuführen. Nur fachkundiges Personal oder spezialisierte externe Dienstleister sind für technische Arbeiten an den Anlagen anzuweisen.

Zur Dokumentation der Versorgungsanlagen gehören Nachweise über Störungen, Instandsetzungen, planmäßige Wartungen und Reinigungsmaßnahmen. Ebenfalls zu dokumentieren sind sämtliche Untersuchungen der Wasserqualität. Diese sind im Anschluss an Arbeiten an trinkwasserführenden Anlagenteilen durchzuführen, um sicherzustellen, dass es zu keinerlei Kontamination gekommen ist.

Weiterhin ist eine strategische Planung notwendig, welche zukünftige Entwicklungen von quantitativen und qualitativen Faktoren betrachtet. Hierfür zu ermitteln sind bspw. erforderliche Anpassungen der Anlagenkapazitäten hinsichtlich des sich ändernden Wasserbedarfs infolge demografischer oder regionaler Veränderungen. Auf die Anpassung gesetzlicher Grenzwerte der Trinkwasserqualität ist durch geeignete technische Maßnahmen zu reagieren.

Weiterführende Regelwerke

Zur weiterführenden Betrachtung der zentralen Trinkwasserversorgung ist vorwiegend auf die Technischen Regelwerke des DVGW zu verweisen. Hier finden sich Informationen zum Schutz von Trinkwasserressourcen sowie deren nachhaltige Nutzung (DVGW W 101, 102, 123, 125 und 127).

Planung, Bau, Betrieb und Instandhaltung von Aufbereitungsanlagen werden in DVGW W 202 im Rahmen der Technischen Regeln zur Wasseraufbereitung (TRWA) genauer behandelt.

Anforderungen an die Speicherung und die technischen Anlagen der Verteilung von Trinkwasser finden sich im DVGW W 300-1 bis DVGW-Arbeitsblatt W 300-3 bzw. im DVGW W 400-1 bis DVGW-Arbeitsblatt W 400-3. Für weitere Informationen zu den Anforderungen an die Trinkwasserversorger sind die Technischen Regeln aus dem DVGW-Arbeitsblatt W 100 heranzuziehen.

Die DIN 2000 als anerkannte Regel der Technik im Trinkwasserbereich ergänzt die Anforderungen der TrinkwV im Hinblick auf Anforderungen der Wasserbeschaffenheit. Diese beziehen sich auf den Verantwortungsbereich der zentralen Trinkwasserversorgung. Durch die DIN 2000 werden die gesetzlichen Regelungen der TrinkwV und des WHG mit technischen Regeln verknüpft und grundlegende Anforderungen und Zielstellungen im Hinblick auf Trinkwasserqualität sowie Ökologie und Ökonomie definiert.

4.3 Trinkwasserversorgung aus Kleinanlagen (DIN 2001-1:2019-01, DIN 2001-2:2018-01, DIN 2001-3:2015-12)

DIN 2001-1

Einführung in die DIN 2001-1

Die DIN 2001-1 beschreibt die grundlegenden Anforderungen an das Trinkwasser bei ortsfesten Kleinanlagen/Versorgungsanlagen. Darüber hinaus werden die Anforderungen an Planung, Bau, Betrieb und Instandhaltung dieser Versorgungsanlagen erörtert.

Inhalte der DIN 2001-1

Die DIN 2001-1 gliedert sich in acht Kapitel und einen Anhang.

Kapitel 1

Hier wird der Anwendungsbereich beschrieben.

Kapitel 2

Es werden Dokumente, die zur Anwendung der DIN-Norm erforderlich sind, aufgeführt. Dies sind u. a. die DVGW-Arbeitsblätter W 115, W 120-1, W 135, W 214-2, W 232 2-3, W 294-1, W 400 1–3, die DIN-Normen 1988-200, 1998-300, 2000, 4046, 4840, die DIN EN-Normen 805, 806-3, 1717, 15219 und die TrinkwV in der aktuellen Fassung.

Kapitel 3

In Kapitel 3 werden für die Anwendung geltende Begriffe definiert. Diese sind:

- Trinkwasser: Wasser, das nach TrinkwV für den menschlichen Gebrauch bestimmt ist
- Kleinanlagen: Versorgungsanlage mit leitungsgebundenen Systemen und eigener Wassergewinnung
- Wasseraufbereitung: gezielte und wissenschaftlich begründete technische Maßnahme zur Anpassung der Wasser- und Trinkwasserbeschaffenheit
- Betreiber: Unternehmer oder sonstiger Inhaber (UsI) einer Kleinanlage zur Trinkwasserversorgung

Kapitel 4

In Kapitel 4 werden folgende unterschiedliche ortsfeste Kleinanlagen bildlich näher bestimmt:

a) ortsfeste Kleinanlagen, dezentrale kleine Wasserwerke
b) ortsfeste Kleinanlagen zur Eigenversorgung
c) ortsfeste Kleinanlagen zur Eigenversorgung mit Brauchwasserabgabe

Kapitel 5

Das Kapitel 5 enthält Anforderungen an ortsfeste Kleinanlagen. Dabei werden in Unterkapiteln folgende Anforderungen unterschieden:

- Allgemeine Anforderungen: An Wasser in Haushalten sind grundsätzlich die gleichen Anforderungen wie an Trinkwasser zu stellen. Darüber hinaus gilt dies auch für Wasser in öffentlichen Einrichtungen, Industrie, Gewerbe und Landwirtschaft. Die Einhaltung der Betreiberpflichten wird durch das zuständige Gesundheitsamt überprüft.
- Verfügbarkeit von Trinkwasser und Versorgungsunterbrechung: Trinkwasser muss stets in geforderter Qualität und in ausreichender Menge zur Verfügung stehen. Dazu ist ein Maßnahmenplan zu erstellen, der u. a. Angaben darüber enthält, was bei Störungen oder Ausfällen getan werden muss.
- Schutz der Trinkwasserressourcen: Zum Schutz des Trinkwassers und der Trinkwasserressourcen muss eine geeignete Abwasserentsorgung stattfinden. Die Lagerung von Abfällen aller Art ist im Zustrom der Wassergewinnungsanlage strikt verboten.
- Wahl des Wasservorkommens: Vorzugsweise wird Grundwasser aus gut filtrierten Untergrundschichten verwendet. Bei der Beurteilung von Quellwasser ist vor allem auf die mikrobielle Beschaffenheit des Wassers zu achten (siehe DVGW W 127).
- Wasseraufbereitung: Wasser, das nicht sicher die erforderliche Güte hat, ist zu Trinkwasser aufzubereiten.
- Grunduntersuchung des Wasservorkommens:

***Tabelle 1:** Grunduntersuchung des Wasservorkommens (Quelle: in Anlehnung an DIN 2001-1)*

Untersuchung	Parameter
Mikro-biologisch	Coliforme Bakterien, *Clostridium perfringensa*, *E.coli*, Enterokokken, Koloniezahl 22 °C, Koloniezahl 36 °C
Chemisch-physikalisch	obligatorisch: Ammonium, Eisen, elektrische Leitfähigkeit, Färbung, Geruch, Mangan, Nitrat, Nitrit, pH-Wert, Temperatur, TOC, Trübung
	weitere Parameter: Basekapazität bis pH-Wert 8,2, Calcium, Chlorid, Kalium, Magnesium, Natrium, Säurekapazität bis pH 4,3, Sulfat
	bei Verdacht auf geologische Besonderheiten, z. B.: Antimon, Arsen, Chrom, Fluorid, Uran
	bei begründetem Verdacht auf Kontamination, z. B.: Benzol, Blei, Bor, Bromat, Cadmium, Cyanid, Epichlorhydrin, Kupfer, Nickel, organische Chlorverbindungen, Pflanzenschutzmittel und Biozidprodukte, polycyclische aromatische Kohlenwasserstoffe (PAK), Quecksilber, Trihalogenmethane, Vinylchlorid

- Rechtsvorschriften: Die allgemein anerkannten Regeln der Technik sind einzuhalten. Die Zusammenarbeit mit Fachleuten ist dabei von Vorteil, da so sichergestellt ist, dass alle notwendigen Kenntnisse vorhanden sind.

Kapitel 6

Im Kapitel 6 werden die Anforderungen an Trinkwasser dargestellt. Dabei werden folgende Anforderungen genauer beschrieben:

- Grundanforderungen: Trinkwasser muss appetitlich sein und zum Genuss anregen. Zudem muss es frei von Krankheitserregern und keimarm sein.
- Hygienische Anforderungen: Mikrobiologisch muss Trinkwasser so beschaffen sein, dass durch seinen Genuss eine Schädigung der menschlichen Gesundheit auszuschließen ist. Auch chemisch und physikalisch ist darauf zu achten, dass eine Infektion des Menschen nicht möglich ist.
- technische Anforderungen: Hier spielen nur Druck, Menge und Temperatur eine Rolle.

Kapitel 7

Die Anforderungen an Planung und Bau von ortsfesten Kleinanlagen findet man in Kapitel 7. Dabei werden folgende Anforderungen genauer beschrieben:

- Grundanforderungen: Kleinanlagen müssen so beschaffen sein, dass sie jederzeit gesundheitlich unbedenkliches Trinkwasser in ausreichender Menge und Druck zur Verfügung stellen können. Wasser aus einer Kleinanlage darf dennoch nicht in die öffentliche Trinkwasserversorgung gelangen. Die Planung und der Bau von Kleinanlagen dürfen ausschließlich durch fachkundige Personen stattfinden.

- Anforderungen an Anlagen zur Wassergewinnung: Quellfassungen und Bohrbrunnen kommen für die Wassergewinnung infrage. Diese werden in der Norm bildlich genau erläutert.
- Anforderungen an Anlagen zur Wasseraufbereitung: Diese Anlagen müssen den allgemein anerkannten Regeln der Technik entsprechen und einen einwandfreien Betrieb unter Einbezug aller möglichen Belastungen (z. B. Hochwasser, Schneeschmelze) gewährleisten. Die Aufbereitungsanlagen sind mit einem Typenschild mit Angabe von Funktion, Anlagentyp, Hersteller, Baujahr, Nenndruck, Dauerdurchfluss und Anschlusswerten zu kennzeichnen. Außerdem muss jeder Anlage eine auch für Laien verständliche Bedienungsanleitung beigefügt werden.
- Anforderungen an Anlagen zur Speicherung und Verteilung: Bei Speicherung und Verteilung darf die Qualität des Wassers nicht mehr als technisch unvermeidbar verändert werden. Dabei ist die Zugänglichkeit für Wartung und Instandhaltung sicherzustellen.

Kapitel 8

Hier werden der Betrieb und die Kontrolle von ortsfesten Kleinanlagen durch den Betreiber beschrieben. Dazu gehören u. a. die wiederkehrenden Wasseruntersuchungen wie auch das Führen eines Betriebsbuchs. Im Trinkwasserbuch muss jede bauliche Änderung, die Einfluss auf die Qualität des Trinkwassers haben kann, und jede Änderung der Nutzung eingetragen werden.

***Tabelle 2:** Wiederkehrende Untersuchung für Kleinanlagen (Quelle: in Anlehnung an DIN 2001-1)*

Untersuchung	Parameter
Mikro-biologisch	*E.coli*, Enterokokken, Coliforme Bakterien, *Clostridium perfringens*, Koloniezahl 22 °C, Koloniezahl 36 °C
Chemisch-physikalisch	Chlorid, Natrium, Sulfat, Nitrat, Nitrit, Ammonium, Eisen, Färbung, Geruch, elektrische Leitfähigkeit, Mangan, Oxidierbarkeit oder TOC, Trübung, pH-Wert, Calcitlösekapazität

Anhang A

Hier ist bespielhaft ein Maßnahmenplan nach Trinkwasserverordnung aufgeführt.

Hinweis

Der Maßnahmenplan unterliegt der Zustimmung des zuständigen Gesundheitsamtes.

Anwendung der DIN 2001-1

Jeder, der eine ortsfeste Kleinanlage zur Trinkwasserversorgung plant, baut, betreibt und instand hält, sollte sich über die grundlegenden Anforderungen hierzu im Klaren sein.

Die DIN 2001-1 beschreibt anschaulich die unterschiedlichen Anforderungen, sei es bei der Planung, beim Bau, beim Betrieb, bei der Wassergewinnung, bei der Speicherung bis zur notwendigen Wasseruntersuchung. Aber auch auf das Verhalten im Störfall wird praxisnah eingegangen.

Ausführung der Pflichten

In der DIN 2001-1 werden die Anforderungen und die Pflichten bei der Planung, beim Bau, beim Betrieb und bei der Instandhaltung von ortsfesten Kleinanlagen detailliert beschrieben.

Die ortsfeste Kleinanlage zur Trinkwasserversorgung muss u. a. jederzeit gesundheitlich unbedenkliches Trinkwasser liefern. Ortsfeste Kleinanlagen zur Trinkwasserversorgung dürfen nur mit einer Sicherungseinrichtung nach DIN EN 1717 mit Nichttrinkwasseranlagen verbunden werden. Trinkwasser aus ortsfesten Kleinanlagen zur Trinkwasserversorgung darf nicht in die öffentliche Trinkwasserversorgung gelangen.

Die Planung und der Bau von ortsfesten Kleinanlagen dürfen nur durch fachkundige Personen und Fachfirmen mit der Qualifikation nach DVGW W 1210-1 durchgeführt werden.

Besonders hingewiesen sei dabei auf die wiederkehrenden Wasseruntersuchungen und das Führen eines Betriebsbuchs.

DIN 2001-2

Einführung in die DIN 2001-2

Die DIN 2001-2 beschreibt die grundlegenden Anforderungen an das Trinkwasser bei nicht ortsfesten Kleinlagen/Versorgungsanlagen. Darüber hinaus werden die Anforderungen an

Planung, Bau, Betrieb und Instandhaltung dieser Versorgungsanlagen erörtert. Zu den nicht ortsfesten Kleinanlagen gehören auch Bordanlagen von Land-, Luft- und Wasserfahrzeugen, die entweder gewerblich genutzt oder an Privatpersonen vermietet werden, nicht ortsfeste Anlagen mit Wasserspeicher und Versorgungsanlagen bei öffentlichen Veranstaltungen.

Inhalte der DIN 2001-2

Die DIN 2001-2 gliedert sich in neun Kapitel, zwei Anhänge, fünf Bilder und sieben Tabellen.

Kapitel 1

Hier wird der Anwendungsbereich beschrieben.

Kapitel 2

Hier werden Dokumente, die zur Anwendung der DIN-Norm erforderlich sind, aufgeführt. Diese sind u. a. die DGGW-Arbeitsblätter W 270, W 408, W 543, die DIN-Normen 1988-100, 1998-200, 2000, 4046, 4807-5, die DIN EN 1717, 13618, 14805, 16370 und die TrinkwV in der aktuellen Fassung.

Kapitel 3:

Es werden wichtige Begriffe definiert, wie z. B.:

- nicht ortsfeste Anlage mit Trinkwasserspeicher: mobile Anlage, die Trinkwasser aus verschiedenen Abgabestellen bezieht und bevorratet
- zeitweise an eine Verteilungsstelle angeschlossene Anlage: nicht ortsfeste Anlage ohne Trinkwasserspeicher, die Trinkwasser für gewissen Zeiträume aus einer Verteilungsstation bezieht

- Wasseraufbereitung: wissenschaftlich begründete technische Maßnahme zur Anpassung der Wasserbeschaffenheit
- Desinfektion: Maßnahme zur Abtötung von Krankheitserregern im Trinkwasser oder an wasserführenden Anlagenteilen
- Konservierung: Verhinderung der Vermehrung von Mikroorganismen im Trinkwasser
- Betreiber: Unternehmer oder sonstiger Inhaber (UsI) einer nicht ortsfesten Anlage
- Übergabestelle: Stelle, an der das Trinkwasser von einem UsI aus einer Wasserversorgungsanlage nach DIN 2000 an eine Verteilungs- oder Befüllungsanlage übergeben wird
- Sicherungseinrichtung: technische Vorrichtung nach DIN EN 1717, die eine Verunreinigung des Trinkwassers, z. B. durch Rückfließen, sicher verhindert
- Entnahmestelle: Stelle zur Entnahme des Trinkwassers aus der Anlage
- Befüllungsanlage: Anlage, die Trinkwasser an Land-, Luft- und Wasserfahrzeuge übergibt
- Fachkraft: Person, die aufgrund ihrer Qualifikation ausreichende Kenntnisse für ihre übertragenen Aufgaben besitzt und mit den einschlägigen Bestimmungen vertraut ist

Kapitel 4

In Kapitel 4 werden Versorgungsstrukturen und Verantwortungsbereiche beschrieben.

Tabelle 3: *Verantwortlichkeiten für die Versorgungsabschnitte I–III nicht ortsfester Anlagen (Quelle: in Anlehnung an DIN 2001-2)*

<table>
<tr><th colspan="4">Versorgungsabschnitt</th></tr>
<tr><th></th><th>Verantwortlich</th><th>ab</th><th>bis einschließlich</th></tr>
<tr><td>I</td><td>Wasserversorgungsunternehmen (WVU)</td><td>Wassergewinnungsanlage</td><td>der zentralen Sicherungseinrichtung (SE) an der Übergabestelle (Ü)</td></tr>
<tr><td rowspan="3">II</td><td>Betreiber der Verteilungsanlage (V)</td><td rowspan="3">nach Sicherungseinrichtung (SE) der Übergabestelle (Ü)</td><td>SE der Abgabestelle (AV) der Verteilungsanlage (V)</td></tr>
<tr><td rowspan="2">Betreiber der Befüllungsanlage (B)</td><td>über die Abgabestelle AB auch Schlauchleitung (SL) der Befüllungsanlage (B)</td></tr>
<tr><td>SE der Abgabestelle (AB) der Befüllungsanlage (B)</td></tr>
<tr><td rowspan="3">III</td><td>Betreiber der zeitweise an eine Verteilungsanlage angeschlossenen Anlage (zaA)</td><td>nach SE der Abgabestelle (AV)</td><td>über den Anlagenanschluss (AA) zur Entnahmestelle (E) in der nicht ortsfesten Anlage</td></tr>
<tr><td rowspan="2">Betreiber des Land-, Luft- und Wasserfahrzeugs</td><td>Füllstutzen (F)</td><td rowspan="2">Entnahmestelle (E) in der nicht ortsfesten Anlage</td></tr>
<tr><td>nach SE der Abgabestelle (AB)</td></tr>
</table>

Kapitel 5

Kapitel 5 beinhaltet Grundanforderungen und Verantwortlichkeiten im Versorgungsabschnitt I (zentrale Trinkwasserversorgung). Hierbei ist festgelegt, dass die Anforderungen der TrinkwV auch an der Übergabestelle eingehalten werden müssen. Diese muss zudem mit einer Sicherungseinrichtung ausgestattet sein. Verantwortlich dafür sind sowohl das örtliche Wasserversorgungsunternehmen als auch der UsI.

Kapitel 6

Im Kapitel 6 wird auf den Versorgungsabschnitt II (Verteilungs- und Befüllungsanlage) eingegangen. Verteilungs- und Befüllungsanlagen dienen der Bereitstellung von Trinkwasser für nicht ortsfeste Anlagen. Sie beziehen ihr Wasser aus Anlagen des Versorgungsabschnitts I und geben es an den Versorgungsabschnitt III ab. Die Übernahme des Trinkwassers darf dabei nur aus Anlagen der öffentlichen Wasserversorgung oder aus überwachten Kleinanlagen erfolgen. Die Anforderungen der TrinkwV müssen in der gesamten Verteilungs- und Befüllungsanlage eingehalten werden.

Bei der Planung und Installation solcher Anlagen ist die Mitwirkung eines vom Wasserversorgungsunternehmen eingetragenen Installateurs erforderlich. Die Verteilungs- und Befüllungsanlagen müssen so betrieben, überwacht und instandgehalten werden, dass auch beim Eintreffen vorhersehbarer Extrembedingungen (z. B. Erwärmung der Schläuche im Sommer) Trinkwasser abgegeben wird, das den Anforderungen der TrinkwV genügt.

Für die Desinfektion von Trinkwasser dürfen nur Desinfektionsmittel bzw. -verfahren angewandt werden, die gem. §§ 11 und 12 TrinkwV zugelassen sind.

Kapitel 7

Im Kapitel 7 wird auf den Versorgungsabschnitt III (Trinkwasserbereitstellung) eingegangen. In diesem Versorgungsabschnitt wird Trinkwasser über die Entnahmestellen an Endverbraucher abgegeben. Auch hier müssen alle Anforderungen der TrinkwV zwingend eingehalten werden. Die Wartungs- und Betriebsanweisung dieser nicht ortsfesten Anlagen müssen vom Verantwortlichen unterschrieben und an geeigneter Stelle ausgehängt werden.

Hinweis

Der hygienisch bedenkliche Zustand einer Anlage oder des Trinkwassers berechtigt die zuständige Behörde, die Anlage zu sperren.

Die Verantwortlichkeit des Anlagenbetreibers beginnt hinter der Sicherungseinrichtung an der Abgabestelle, am Füllstutzen oder hinter der Sicherungseinrichtung an der Abgabestelle und erstreckt sich bis hin zu den Entnahmestellen.

Für die Trinkwasseraufbereitung existieren infrage kommende Aufbereitungsverfahren. Andere Verfahren dürfen nur dann eingesetzt werden, wenn deren hygienisch einwandfreie und unbedenkliche Wirksamkeit nachgewiesen wurde.

Tabelle 4: *Trinkwasseraufbereitungsverfahren (Quelle: in Anlehnung an DIN 2001-2)*

Verfahrensziel	Verfahren	Anforderung	Bemerkungen
Trübstoffentfernung	austauschbare Feinfilter, rückspülbare Feinfilter und Membranfilter	Trübung < 1,0 NTU, bei anschließender Desinfektion < 0,2 NTU	
Teilenthärtung	Ionenaustauscher	Restgehalt ≥ 1,5 mmol/l Calcium	korrosive Eigenschaften berücksichtigen
Aufhärtung	Filtration über geeignetes Filtermaterial, ggf. nach Zusatz von CO_2	Säurekapazität mind. 1,5 mmol/l	nach Meerwasserentsalzung
Adsorption	Aktivkohle	Wechselanzeige durch Wassermengenzähler	
Anhebung des pH-Werts	Reaktionsfiltration mit Calciumcarbonat	pH-Wert ≥ 7,7	nach Meerwasserentsalzung
Desinfektion	Hypochlorit, Chlordioxid UV-Bestrahlung		

Kapitel 8

Im Kapitel 8 erfolgen Hinweise bezüglich der behördlichen Überwachung. Diese erfolgt über die zuständigen Gesundheitsämter, die ggf. Maßnahmen anordnen dürfen.

Kapitel 9

Im Kapitel 9 wird das Führen eines Betriebsbuchs erläutert. Dieses dient zum Nachweis ordnungsgemäßer Planung, von Bau, Betrieb und Instandhaltung durch den Betreiber. Es muss mindestens folgende Angaben enthalten:

- Inhaber/Betreiber/Nutzer
- Anzeige über Erstinbetriebnahme
- Bedienungsanleitung
- alle Untersuchungsergebnisse
- Niederschriften von Prüfungen des Gesundheitsamtes
- Nachweise über Wartungen, Instandsetzungen und Austausch von Schläuchen
- Verzeichnis über bauliche Änderungen, Betriebsstörungen und sonstige Vorkommnisse
- Dokumentation von durchgeführten Maßnahmen (z. B. Desinfektion, Spülung, Reinigung)

Das Betriebsbuch muss der zuständigen Überwachungsbehörde jederzeit zugänglich sein.

Anhang A

Hier wird der Untersuchungsumfang und die Untersuchungshäufigkeit der Trinkwasseruntersuchungen durch den Betreiber beschrieben und tabellarisch veranschaulicht.

Anhang B

Im Anhang B werden Hinweise auf weitere Rechtsvorschriften, Unfallverhütungsvorschriften und Technische Regeln gegeben.

Anwendung der DIN 2001-2

Jeder, der eine nicht ortsfeste Kleinanlage zur Trinkwasserversorgung plant, baut, betreibt und instand hält, sollte sich über die grundlegenden Anforderungen hierzu im Klaren sein.

Die DIN 2001-2 beschreibt anschaulich die unterschiedlichen Anforderungen, von der Planung, über Bau, Betrieb, Wassergewinnung und Speicherung bis hin zu notwendigen Wasseruntersuchungen. Aber auch auf das Führen eines Betriebsbuchs wird praxisnah eingegangen.

Ausführung der Pflichten

Die nicht ortsfeste Kleinanlage zur Trinkwasserversorgung muss u. a. jederzeit gesundheitlich unbedenkliches Trinkwasser liefern, auch unter extremen Betriebsbedingungen.

Besonders hingewiesen sei dabei auf den Geltungsbereich dieser DIN-Norm. Sie gilt für u. a. gewerblich genutzte oder an Privatpersonen vermietete Land-, Luft- und Wasserfahrzeuge sowie deren Befüllungsanlagen, für nicht ortsfeste Anlagen mit Wasserspeicher, für temporär an eine Wasserversorgung angeschlossene Anlagen und für Verteilungsanlagen auf öffentlichen Veranstaltungen. Für privat genutzte Anlagen wird die Anwendung empfohlen.

Einführung in die DIN 2001-3

Die DIN 2001-3 beschreibt die technischen Anforderungen bei nicht ortsfesten transportfähigen Kleinlagen/Versorgungsanlagen, die bei Krisenfällen oder bei Störungen der öffentlichen Wasserversorgung zum Einsatz kommen, mit einer Aufbereitungsleistung von > 0,25 m^3/h.

DIN 2001-3

Inhalte der DIN 2001-3

Die DIN 2001-3 gliedert sich in 14 Kapitel und einen Anhang.

Kapitel 1

Hier wird der Anwendungsbereich beschrieben.

Kapitel 2

Hier werden Dokumente, die zur Anwendung der DIN-Norm erforderlich sind, aufgeführt. Diese sind u. a. die DVGW-Arbeitsblätter W 270, W 294-1–3, W 557, die DIN-Normen 1988-200, 2001-2, 50930-6, 4807-5, die DIN EN-Normen 1717, 12195-1–4, 10357, die TrinkwV in der aktuellen Fassung und die KTW-Leitlinie.

Kapitel 3

Hier werden wichtige Begriffe definiert, wie z. B.:

- abzugebendes Wasser: Wasser, das entweder für den menschlichen Gebrauch vorgesehen ist oder zur Abdeckung des lebensnotwendigen Bedarfs dient
- Ersatzwasserversorgung: zeitlich begrenzte Bereitstellung von Trinkwasser während der Unterbrechung des Normalbetriebs

- Katastrophe: ein Notfall in besonders großem Ausmaß
- Krise: Situation eines Wasserversorgers, in der die gewöhnlichen Mittel zur Bewältigung des Notfalls nicht mehr ausreichen
- Notfall: Sonderfall einer Störung, die erhebliche Personen- oder Vermögensschäden zur Folge hat bzw. mit hoher Wahrscheinlichkeit haben kann
- Störung: Abweichung vom ordnungsgemäßen Betriebszustand
- Wasserspeicher: Wasserbehälter mit dem Zweck zur Abfüllung, Verteilung oder Abgabe an Verbraucher

Kapitel 4

In Kapitel 4 werden Versorgungsstrukturen und Verantwortungsbereiche beschrieben.

Kapitel 5

Im Kapitel 5 werden Anforderungen an die Anlagen in Abhängigkeit von der Rohwasserqualität beschrieben. Die Auswahl der geeigneten Rohwasserressource für die Sicherstellung der Trinkwasserversorgung in Notfällen oder Krisen ist sehr begrenzt und abhängig von der Rohwasserquelle, der Zerstörung der Anlagen sowie der Art und Lage der Fassungsanlagen. Es sollten deshalb nur Wasservorkommen herangezogen werden, die mikrobiell gar nicht oder nur gering belastet sind. Stark kontaminierte Rohwässer dürfen nur dann, wenn eine Trinkwasserversorgung anders nicht möglich ist, und nur in Verbindung mit einer mehrstufigen Aufbereitung und Desinfektion genutzt werden.

Kapitel 6

Kapitel 6 beinhaltet Anforderungen an das abzugebende Wasser. Diese Qualitätsanforderungen sind abhängig von der vorliegenden Situation und dem sich daraus ergebenden Versorgungsbetrieb. Liegt ein Normal-, Krisen- oder Katastrophenfall vor, gelten im Rahmen der Normal- und Ersatzversorgung die Anforderungen aus der TrinkwV. Danach liegt die Entscheidung beim zuständigen Gesundheitsamt, inwiefern die Anlage weiterbetrieben werden darf bzw. die Gesundheit der Verbraucher nicht gefährdet wird.

Tritt der Fall einer Notwasserversorgung ein, gilt das Wassersicherstellungsgesetz (WasSiG).

Kapitel 7

Im Kapitel 7 wird auf die Anforderungen an Planung und Bau in mehreren Unterkapiteln eingegangen. Die Aufbereitungsanlagen müssen demnach so beschaffen sein, dass eine hohe Versorgungssicherheit unter einwandfreien hygienischen Bedingungen gewährleistet wird. Den Nachweis, dass die Anlage sämtlichen Hygieneanforderungen entspricht, hat der Hersteller vorzulegen, und zwar vier Wochen vor Auslieferung der Anlage.

Die für die Verwendung geplanten Aufbereitungsstoffe und Desinfektionsverfahren müssen in der Liste gem. § 11 TrinkwV enthalten sein.

Darüber hinaus müssen Aspekte wie Robustheit, Zugänglichkeit, Aufbau, Erweiterbarkeit und Bedienbarkeit beachtet werden. Außerdem werden in Kapitel 7 der Norm Verfahren beschrieben, die sich bei den häufigsten Belastungen bewährt haben.

***Tabelle 5:** Anwendbarkeit verschiedener Verfahren (Quelle: in Anlehnung an DIN 2001-3)*

Belastungen	Verfahrensstufen
Grob- und Schwebstoffe	Sieben, Feinfiltration, Anschwemmfiltration
Kolloide	Flockung, Mikrofiltration (MF), Ultrafiltration (UF), Anschwemm-filtration
Abfiltrierbare Stoffe, Parasiten, Viren, Bakterien	Sedimentation, Filtration (Sand- oder Mehrschichtfilter, Anschwemmfiltration, MF/UF)
Sedimentation, Filtration (Sand- oder Mehrschichtfilter, Anschwemmfiltration, MF/UF)	Nanofiltration, Umkehrosmose
Adsorbierbare organische Inhaltsstoffe	Nanofiltration, Umkehrosmose, Aktivkohle
Parasiten, Viren, Bakterien	Desinfektion (Ozon, UV, Chlor, Chlordioxid)
Fehlende Pufferkapazität	$CaCO_3$-Filtration, NaOH-, $NaHCO_3$-, $Ca(OH)_2$-Dosierung
Eisen, Mangan	Oxidation (Luft, Sauerstoff, H_2O_2)
Schwermetalle	Ionenaustausch
ABC-Stoffe	Umkehrosmose, Oxidation

Kapitel 8

Im Kapitel 8 werden die Anforderungen an Materialien beschrieben. Alle Anlagenteile, die mit Wasser in Berührung kommen, dürfen ausschließlich aus Materialien bestehen, die keine höheren Mengen an Stoffen abgeben, als der aktuelle Stand der Technik erlaubt. Das Material muss deshalb inert sein, es darf nicht zur Verkeimung beitragen und es muss beständig gegen Desinfektionsmaßnahmen sein. Zudem müssen die Materialien nach der KTW-Leitlinie des UMA und der Technischen Regel DVGW W 270 geprüft sein.

Kapitel 9

Im Kapitel 9 wird die Herstellung der Einsatzbereitschaft erläutert. Die Anlagen müssen demnach konserviert und frostgeschützt eingelagert und für den Transport vorbereitet werden. Die für den Betrieb nötigen Verbrauchs- und Gebrauchsmaterialien müssen fachgerecht und rechtskonform gelagert und verpackt werden. Das eingesetzte Personal muss bereits im Voraus eingewiesen, geschult und geübt sein und durch regelmäßige Übungen einsatzbereit gehalten werden. Im Idealfall kann das Personal vor dem Transport noch einen Testlauf durchführen.

Kapitel 10

Das Kapitel 10 beschäftigt sich mit dem Transport der Anlagen. In der Anlagendokumentation sind alle Maßnahmen für die Vorbereitung und Durchführung des Transports zu beschreiben. Zulassungen und Bescheinigungen müssen als Kopie beigefügt sein.

Kapitel 11

Im Kapitel 11 werden die Anforderungen an den Aufstellungsort erläutert. Für den ordnungsgemäßen Betrieb der Anlage ist die korrekte Wahl des Aufstellungsorts maßgeblich. Dieser ist in erster Linie in Abstimmung mit den örtlichen Behörden auszuwählen. Der Aufstellungsort der mobilen Anlage sollte trockenen Fußes erreicht werden können, außerdem sollte er möglichst in der Nähe der Rohwasserquelle positioniert sein.

Eine ausreichende Energieversorgung ist sicherzustellen.

Kapitel 12

Im Kapitel 12 wird auf die Anforderungen an Betrieb und Instandhaltung eingegangen. Der Betreiber ist für den hygienisch einwandfreien Zustand der Anlage verantwortlich. Zudem muss er die erforderlichen Kenntnisse über alle einschlägigen Rechtsvorschriften und Technischen Regeln und deren Anwendung besitzen. Darüber hinaus hat er sicherzustellen, dass alle Sicherheitsdatenblätter der in der Anlage verwendeten Gefahrstoffe vor Ort ausliegen und die Mitarbeiter damit vertraut sind.

Über den Aufbau und den Betrieb der Anlage ist vom Betreiber ein Protokoll zu erstellen, das die wichtigsten Angaben enthält, z. B. Anlagentyp, Werksnummer, Aufstellungsort etc.

Kapitel 13

Das Kapitel 13 beschäftigt sich mit der Qualitätskontrolle während des Betriebs. Denn die kann nur sichergestellt werden, wenn eine regelmäßige Kontrolle aller Teile einer Anlage stattfindet. Störungen in der Anlage müssen unverzüglich behoben werden. Zudem muss der Betreiber garantieren, dass eine regelmäßige Kontrolle der Wasserqualität stattfindet, wobei der Umfang und die Häufigkeit von den zu testenden Parametern abhängen.

Kapitel 14

Im Kapitel 14 werden die Anforderungen an das Personal detailliert erläutert. Nur Fachfirmen mit ausreichend qualifiziertem Personal dürfen bei Planung, Bau und Transport eingesetzt werden. Für den Einsatz der Anlagen muss ein sachkundiger Technischer Leiter benannt werden, der für den ordnungsgemäßen Aufbau, die Inbetriebnahme und den sicheren Betrieb vor Ort verantwortlich ist.

Anhang A 1

Hier werden klassische Aufbereitungsverfahren erläutert.

Anwendung der DIN 2001-3

Im Krisen- oder Katastrophenfall muss durch nicht ortsfeste, transportfähige Versorgungsanlagen die Trinkwasserversorgung sichergestellt werden.

In der DIN 2001-3 werden anschaulich die Anforderungen und die Pflichten bei der Planung, beim Bau, beim Betrieb und bei der Instandhaltung von nicht ortsfesten transportfähigen Kleinanlagen mit einer Aufbereitungsleistung von > 0,25 m^3/h detailliert beschrieben.

Die nicht ortsfeste, transportfähige Kleinanlage zur Trinkwasserversorgung muss u. a. jederzeit gesundheitlich unbedenkliches Trinkwasser liefern, auch unter Krisen- und Katastrophenbedingungen.

Besonders hingewiesen sei auf die Anforderungen an die Anlagen in Abhängigkeit von der Rohwasserqualität.

4.4 Trinkwassererwärmer, Trinkwassererwärmungsanlagen und Speicher-Trinkwassererwärmer (DIN 4753-1:2019-05, DIN 4753-3:2017-08, DIN 4753-7:2019-05)

Einführung

Die Normengruppe DIN 4753 richtet sich an Hersteller von Speicher-Trinkwassererwärmern und informiert über die Anforderungen an Trinkwassererwärmer, die über die Norm DIN EN 12897 hinausgehen. Diese behandelt die grundsätzlichen Richtlinien der Gestaltung und Auslegung von Speicher-Wassererwärmern (mit einem Volumen von bis zu 2.000 l) mit Festlegungen zu Aspekten wie der Konstruktion, mechanischen Festigkeit, notwendiger Sicherheitseinrichtungen sowie abschließender Prüfungen. Die DIN 4753 hingegen betrachtet in den Teilen 1 und 7 vorwiegend Anforderungen an

- Wärmedämmung,
- Korrosionsschutz und
- Herstellung

von Behältern mit einem Volumen über 2.000 l bzw. unter 2.000 l.

Aufgrund der überwiegend gleichen Anforderungen werden diese Teile gemeinsam betrachtet, wobei nachfolgend auch auf grundlegende Unterschiede eingegangen wird. In beiden Teilen werden unbelüftete Speicher-Wassererwärmer betrachtet, die durch entsprechende Sicherheits- und Regeltechnik im Bereich von 0,5 bis 10 bar betrieben werden und eine maximale Wassertemperatur von 95 °C nicht überschreiten. Weitere Voraussetzung ist, dass die Bildung eines Luft-/Dampfpolsters von > 5 l sicher verhindert wird. Übersteigt die Temperatur des Heizmediums 110 °C, ist die EU-Richtlinie 2014/68/EU (Druckgeräterichtlinie) anzuwenden. Ergänzend zu den gleichen Festlegungen für Dämmung, Korrosionsschutz und Herstellung gelten für Behälter größer 2.000 l weiterhin besondere Anforderungen im Hinblick auf:

- Anforderungen des Trinkwassererwärmers und des Zwischenmedium-Wärmeaustauschers
- Typprüfung und Prüfungen während der Produktion
- Prüfung des Zwischenmedium-Wärmeaustauschers

Die Norm DIN 4553-3 ergänzt den in den Teilen 1 und 7 angesprochenen Korrosionsschutz mit zusätzlichen Vorgaben für eine Emaillierung und den kathodischen Korrosionsschutz sowie deren Prüfung.

Inhalte und Anwendung der Norm

Die Anforderungen an Dämmung, Korrosionsschutz und Herstellung sind unabhängig von der Behältergröße anzuwenden. Um einen hohen Wärmeverlust über die Behälterwand und Rohrleitungen zu vermeiden, wird eine Wärmedämmung eingesetzt. Diese ist so auszuwählen, dass es bei richtigem Gebrauch unabhängig von Wärme, Kälte und Materialalterung nicht zu einer Beeinträchtigung der Funktionsfähigkeit kommt.

Verwendete Dämmstoffe dürfen keinerlei Korrosionswirkungen hervorrufen. Insofern dies unvermeidbar ist, sind zusätzliche Maßnahmen des Korrosionsschutzes anzuwenden. Weiterhin sind die Dämmung sowie Stützkonstruktionen montagefreundlich auszulegen. Im Umgang mit Dämmstoffen sind die Technischen Regeln für Gefahrstoffe zu beachten, um Arbeitnehmer nicht in gefährlichen Kontakt mit krebserzeugenden Faserstäuben zu bringen.

Für Behälter bis 2.000 l besteht die Möglichkeit der Verwendung von Sandwichbauteilen zur Wärmedämmung. Diese bestehen in Schichtenbauweise aus Materialien mit verschiedenen Eigenschaften. Bei einer Verwendung muss mindestens Brandklasse B2 erreicht werden. Kamineffekte sind allgemein zu vermeiden.

Die Herstellung trinkwassergeführter Anlagenteile erfordert Werkstoffe, die dauerhaft keine kontaminierende Wirkung aufweisen. Um dies zu erreichen, werden korrosionsbeständige Materialien oder ein zusätzlicher Korrosionsschutz verwendet. Allgemein gebräuchliche Werkstoffe sind hierfür nicht rostende Stähle mit ausreichendem Chromanteil. Diese benötigen aufgrund ihrer Materialeigenschaften keinen zusätzlichen Korrosionsschutz. Beispiele für die in der Praxis verwendeten Stähle sind in der folgenden Tabelle aufgeführt.

Tabelle 1: *Gebräuchliche Stahlqualitäten bei Trinkwassererwärmungsanlagen (Quelle: Oestreich)*

Werkstoffnummer	Kurzname
1.4571	X6CrNiMoTi 17-12-2
1.4521	X2CrMoTi 18-2
1.4435	X2CrNiMo 18-14-3
1.4539	X1NiCrMoCu 25-20-5
1.4462	X2CrNiMoN 22-5-3
1.4362	X2CrNiN 23-4
1.4404	X2CrNiMo 17-12-2

Der Korrosionsschutz ist ebenfalls durch Emaillierung möglich. Neben der Auswahl konformer Materialien ist außerdem eine geeignete Werkstoffoberfläche zu beachten. Diese ist im metallisch blanken Zustand zu halten. Sofern an Anlagen Schweißarbeiten durchgeführt werden, sind anschließend Rückstände wie Schlacke restlos zu entfernen. Hierfür abgeschliffene Oberflächen sind danach mit salzsäurefreiem Beizmittel zu behandeln oder zu strahlen. Schweißarbeiten erfolgen auch hier unter Anwendung der zutreffenden technischen Regeln. Anschlüsse an Speicher-Wassererwärmern sind so zu gestalten, dass keine Beeinträchtigung der Funktion oder des Korrosionsschutzes besteht.

In der technischen Dokumentation des Wassererwärmers sind festzuhalten:

- verwendete Werkstoffe und Zusatzwerkstoffe
- Hauptabmessungen
- Schweißverfahren und Nahtformern (wenn zutreffend)
- Prüfüberdruck
- Informationen des Fabrikschilds (Kennzeichnung nach DIN EN 12897)

Die Auslegung von Trinkwassererwärmern kann auf Basis einer Berechnung oder experimenteller Nachweise erfolgen. Diese Bemessung ist lediglich für Behälter mit einem Volumen von mehr als 2.000 l notwendig. Unabhängig von der gewählten Methode ist jedoch ein Mindestdruck von 6 bar auszulegen.

Zur Berechnung sind die AD 2000-Merkblätter für Druckbehälter anzuwenden. Zum experimentellen Nachweis der Druckbeständigkeit von Wasserspeichern und Heizwassererwärmern ist im Rahmen der Typprüfung auch eine Wasserdruckprüfung möglich. Hierbei dürfen infolge einer 10-minütigen Belastung beim zweifachen Auslegungsdruck keine Undichtheiten, Risse oder bleibenden Verformungen auftreten. Zum Nachweis der Dauerhaftigkeit des Wassererwärmers ist dieser (nach DIN EN 12897) 20.000 periodischen Zyklen beim 1,2-fachen Druck oder 100.000 Zyklen beim 1,0-fachen Druck auszusetzen, ohne dass hierbei Mängel auftreten.

Der Zwischenmedium-Wärmeaustauscher ist trinkwasserseitig mit mindestens 10 bar auszulegen. Sicherheitseinrichtungen müssen gewährleisten, dass keine unzulässige Druckerhöhung auftritt und Leckage-Wasser sicher abgeführt wird. Die Sicherungsöffnung ist als solche zu kennzeichnen. Die Prüfung des Trinkwassererwärmers und Wärmeaustauschers erfolgt im Allgemeinen nach DIN EN 12897. Ergänzend ist eine Festigkeitsprüfung des Erwärmers beim zweifachen Auslegungsdruck vorgegeben. Wird als Zwischenmedium ein anderer Stoff als Luft verwendet, muss eine Nachspeisung nachweislich verhindert werden.

Emaillierung

Bei der Verwendung von nicht-korrosionsbeständigen Stahlwerkstoffen für die Trinkwasserbehälter ist ein zusätzlicher Korrosionsschutz notwendig. Anforderungen an die Gestaltung einer trinkwasserseitigen Behälter-Emaillierung und den kathodischen Korrosionsschutz gibt Teil 3 der Norm DIN 4753 wieder. Dieser richtet sich somit ebenfalls an Hersteller der angesprochenen Behälter sowie Personen, die beauftragt sind, den durchgeführten Korrosionsschutz auf seine Wirksamkeit zu überprüfen. Teil 3 der Norm DIN 4753 bezieht sich noch auf die Unterteilung zwischen Behältern mit ≤ 1.000 und > 1.000 l Nenninhalt.

Die wichtigsten Anforderungen an die trinkwasserseitige Emaillierung sind:

- Verwendung von emaillierfähigem Behälterstahl
- geeignete Schweißnahtgestaltung
- Vorbehandlung der Oberfläche
- ausreichende Schichtdicke der Emaillierung
- einwandfreie Oberflächenbeschaffenheit der Emailschicht
- Haftfestigkeit
- Beständigkeit gegenüber Temperatur und Säure
- Einhaltung der Grenzwerte hygienischer Unbedenklichkeit

Wurde ein geeigneter Stahl ausgewählt, sind die Schweißnähte so zu gestalten, dass keine Beeinträchtigung der anschließenden Emaillierung entsteht. Die Behandlung der Materialoberfläche und der Schweißnähte ist die Voraussetzung für eine gleichmäßige, feste und schützende Emailschicht. Die Schichtdicke des Emails darf den Mindestwert von 0,15 mm nicht unterschreiten. Örtliche Verdickungen sind auf ein Minimum zu beschränken, insofern dies technisch möglich ist. Eine Prüfung hat durch eine Stichprobenmessung der Dicke an fünf Stellen zu erfolgen.

Die Oberflächenbeschaffenheit der Emailschicht muss in Hinblick auf Fehlstellen und Zehrstellen überprüft werden. Dies erfolgt visuell und mithilfe eines geeigneten Messinstruments zur Feststellung der Ausdehnung von Fehl- und Zehrstellen. Die zulässigen Ausdehnungen von fehlerhaften Einzelstellen sind in der folgenden Tabelle zusammengefasst.

Tabelle 2: *Zulässige Ausdehnung von Fehl- und Zehrstellen nach DIN 4753-3 (Quelle: Oestreich)*

		Fehlstellen	**Zehrstellen**
Einzelstellen	Emailfläche im druckbelasteten Teil	9 mm^2	100 mm^2
	Kanten, Schweißnahtüberlappung u. a.	10 mm	10 mm
	Schweißnähte	4 mm	4 mm
zulässige Flächensumme (Behälter >1.000 l)		7 cm^2/m^2	20 cm^2/m^2

Kathodischer Korrosionsschutz

Da Fehlstellen bei der Emaillierung technisch kaum vermeidbar sind, ist ergänzend ein kathodischer Korrosionsschutz notwendig. Das sich bildende Schutzpotenzial verhindert die Korrosion des Behälters. Hierfür werden galvanische Anoden (Opferanoden aus Magnesium) oder Fremdstromanoden verwendet. Opferanoden lösen sich im Laufe der Betriebszeit auf und sind daher in ihrer Masse so zu bemessen, dass eine Kontrolle erst nach zwei Jahren notwendig ist. Hierfür ist ein Verhältnis von Anodenmasse zur emaillierten Behälteroberfläche von 0,2 kg je m^2 ausreichend.

Die Kontrolle der Opferanode kann auch im Betrieb durch eine Strommessung zwischen Anode und Behälterwand erfolgen. Geht dabei der Schutzstrom gegen null, so ist die galvanische Anode verbraucht. Voraussetzung für diese Messmethodik ist jedoch eine zur Wandung isolierte Anode. Insofern dies nicht der Fall ist, muss auf eine visuelle Kontrolle oder entsprechendes Anzeigesystem zurückgegriffen werden. Fremdstromanoden hingegen sind inert und somit für den Dauerbetrieb auszulegen. Die Funktionsweise kann bei diesen Anoden an Anzeigen überprüft werden. Bei Behältereinbauten wie Wärmetauschern ist darauf zu achten, dass diese isoliert zur Behälterwand angebracht sind, damit die Schutzwirkung nicht unwirksam wird.

Prüfungen

Der maximale Norm-Schutzstrombedarf für Behälter mit weniger als 1.000 l Nenninhalt beträgt 22,5 mA/m^2. Die Prüfung erfolgt mit einer Natriumchloridlösung im drucklosen Zustand. Die galvanische Anode muss aktiviert und in der vorgesehenen Einbauposition isoliert angebracht sein. Zur Messung werden benötigt:

- Spannungsmessgerät
- Strommessgerät
- Gleichspannungsversorgung
- Thermometer
- Leitfähigkeitsmessgerät

Nach Auswertung des gemessenen Stroms und der Spannung kann der Norm-Schutzstrombedarf berechnet werden. Die wichtigsten Daten der Prüfung sowie die Ergebnisse sind in einem Prüfbericht festzuhalten.

Hinsichtlich mechanischer Festigkeit ist die Emaillierung durch bspw. Kugelfall oder Hammerschläge zu zerstören. Nach der Zerstörung der Emailschicht müssen deutlich sichtbare Reste auf der Stahloberfläche erhalten bleiben. Metallisch blanke Stellen deuten auf eine unzureichende Haftfestigkeit der Emaillierung hin. Weiterhin sind Druckschwellprüfungen nach DIN EN 12897 durchzuführen. Die Emaillierung darf danach keine Beschädigungen aufweisen.

Zum Nachweis der Temperaturwechselbeständigkeit und Beständigkeit gegen Warmwasser sind Probeschnitte des Behälters zu verwenden. Diese sind gemäß DIN EN ISO 28706-2 herzustellen. Zur Prüfung der Temperaturwechselbeständigkeit sind mindestens drei Proben zu testen, die jeweils größer als 100 cm^2 sind. Die Prüfung erfolgt durch die Aufheizung der Proben in Luft auf 200 °C und anschließende Abkühlung in Wasser mit 15 °C. Dieser Ablauf ist fünfmal zu wiederholen, wobei die Proben zwischen den Durchgängen zu trocknen sind. Danach sind die Probeplatten auf Beschädigungen zu untersuchen. Die Prüfung der Beständigkeit gegen Warmwasser erfolgt mit einer Prüflösung aus vollentsalztem Wasser und wird in zwei Prüfrunden zu je 21 Tagen durchgeführt. Durch Gewichtsmessungen vor und nach der Prüfung kann der Abtrag berechnet werden.

Zum Nachweis der hygienischen Unbedenklichkeit sind Versuche nach DIN EN 12873-1 durchzuführen, wobei die in der folgenden Tabelle genannten Grenzwerte nach der 7. Migrationsstufe nicht überschritten werden dürfen.

Tabelle 3: *Grenzwerte nach der 7. Migrationsstufe (Quelle: in Anlehnung an DIN 4753-3:2017-08)*

Stoff	maximale Konzentration in mg/l
Blei	0,0005
Cadmium	0,00015
Nickel	0,002

Um eine kontinuierliche Qualität der Trinkwasserbehälter zu gewährleisten, sind durch den Hersteller geeignete Maßnahmen der Qualitätssicherung zu treffen. Ein auf technische und organisatorische Aspekte angepasstes Qualitätsmanagement ist dabei notwendig. Die Prüfung der hergestellten Behälter richtet sich danach, ob diese in Serie gefertigt werden oder Einzelanfertigungen sind. Werden galvanische Anoden eingesetzt, ist ein Hinweis in der Betriebsanleitung festzuhalten, dass diese nach einer Betriebszeit von zwei Jahren zu kontrollieren sind.

Die Normengruppe DIN 4753 gibt konkrete Anforderungen an die technische Auslegung von Trinkwassererwärmern vor. Dabei wird neben einem sicheren und zuverlässigen Betrieb der Anlage auch die Sicherstellung der geforderten Wasserbeschaffenheit ermöglicht. Im Gegensatz zu gesetzlichen Vorgaben wie der TrinkwV ergeben sich für Hersteller von Trinkwassererwärmern aus der DIN 4753 detaillierte Anforderungen, die für die Entwicklung, Auslegung und Kontrolle ihrer Anlagen angewendet werden können.

4.5 Thermostatische Mischer (DIN EN 1111:2017-10)

Einführung

Mit dieser Europäischen Norm (EN) werden Anforderungen an Ausführung (Konstruktion), Verhalten (Funktion) und Werkstoffe thermostatischer Mischer (PN 10) zum Mischen von Kalt- und Warmwasser auf eine feste Wassertemperatur beschrieben. Die Mischer sollen in Installationen im Niederdruckbereich mit einem Nenndruck (PN, Pressure Nominal) bis maximal 10 bar (1 MPa) verwendet werden können.

Mit den in der Norm beschriebenen Prüfverfahren soll das geforderte Verhalten an der Entnahmestelle für Temperaturen unter 45 °C verifiziert werden. Sofern verfügbar, ist die Auswahl höherer Temperaturen nicht ausgeschlossen.

Wird ein thermostatischer Mischer im häuslichen Bereich eingesetzt, um den Verbrühungsschutz für Kinder, ältere Personen und körperlich beeinträchtigte Menschen zu gewährleisten, muss die Mischwassertemperatur auf eine geeignete Badetemperatur (Körpertemperatur etwa 38 °C) eingestellt werden.

Bei Kindern besteht die Gefahr, sich schon bei niedrigeren Temperaturen als Erwachsene zu verbrühen. Die Einstellung einer kindgemäßen Temperatur macht die Beaufsichtigung von Kleinkindern während des Badens aber nicht überflüssig.

Die Norm gilt für thermostatische Mischer der Sanitärausstattung in Küchen, Bädern und Waschräumen (einschließlich aller

Räume mit Sanitärarmaturen, z. B. Toiletten) unter den in Tabelle 1 in Abschnitt 1 der Norm beschriebenen Anwendungsbedingungen.

Die Norm bezieht sich nur auf Mischer in Anlagen im häuslichen Bereich mit höchstens einer oder wenigen Entnahmestellen (z. B. ein Mischer für Brause, Badewanne, Waschbecken und/oder Sitzwaschbecken). Ausgeschlossen sind Entnahmestellen zur Reihenentnahme wie bspw. an einem Reihenwaschbecken.

Die in der Norm beschriebenen Prüfungen dienen zur Baumusterprüfung (Typprüfung). Sie sind nicht für die Qualitätskontrolle in der Fertigung thermostatischer Mischer vorgesehen.

Die DIN EN 1111 wurde überarbeitet. 2024 wurde ein Norm-Entwurf über DIN-Media veröffentlicht (DIN EN 1111:2024-07 – Entwurf). Die Abschnitte über den Druckwiderstand, die Verdrehfestigkeit und zur mechanischen Dauerbeständigkeit wurden aktualisiert. Neue Anhänge A, B, C und D wurden angefügt.

Hinweis

Zwischenzeitlich hat die europäische Einspruchsberatung stattgefunden. Es werden einige redaktionelle, aber keine wesentlichen technischen Änderungen in der neuen Norm gegenüber dem Norm-Entwurf erwartet. Davon betroffen sind voraussichtlich u. a. Überarbeitungen einiger Abbildungen. Mit einer Ausgabe der neuen DIN EN 1111 wird im Sommer 2025 gerechnet. Zuständiges nationales Arbeitsgremium ist der Arbeitsausschuss NA 003-02-01 AA „Sanitärarmaturen" im DIN-Normenausschuss Armaturen (NAA).

Inhalt der Norm

Die DIN EN 1111 gliedert sich in 17 Abschnitte und 4 Anhänge. Die Inhalte der einzelnen Abschnitte werden im Folgenden kurz skizziert.

Abschnitt 1 Anwendungsbereich

Grenzbereiche und empfohlene Bereiche, unter denen der Einsatz der Mischer im häuslichen Bereich gewährleistet sein soll, sind in Tabelle 1 – Anwendungsbedingungen zusammengefasst.

Die DIN EN 1111 gilt für thermostatische Mischer zur Wasserentnahme an häuslichen Sanitärobjekten in Küchen, Waschräumen, Bädern sowie Toiletten mit den folgenden Randbedingungen:

- Ruhedruck ≤ 10 bar,
- Fließdruck ≥ 0,5 bar sowie
- Warmwassertemperatur zw. 55 °C und 65 °C (Grenzwert ≤ 90 °C) und
- Kaltwassertemperatur zw. 5 °C und 20 °C (Grenzwert ≤ 25 °C).

Abschnitt 2 Normative Verweisungen

Im Abschnitt 2 „Normative Verweisungen“ wird auf zahlreiche Dokumente verwiesen, die dieser Norm zugrunde liegen.

Bei datierten Verweisungen gilt jeweils die Norm, auf die Bezug genommen wurde, bei undatierten Verweisungen die letzte Ausgabe der Norm, auf die verwiesen wurde.

Insbesondere werden die Normen EN 200 Sanitärarmaturen, EN 1112 zu Brausen, EN 1717 zu Sicherungseinrichtungen gegen

Rückfließen, EN 13618 zu flexiblen Schlauchverbindungen, EN 14506 zu Automatischen Umstellern als Sicherungseinrichtungen sowie die EN ISO 3822-1 bis 3 zu Akustik und EN ISO 3822-4:1997 zur Prüfung des Geräuschverhaltens von Armaturen und Geräten der Wasserinstallation im Laboratorium als besonders erwähnenswert eingestuft.

Im nationalen Anhang (NA) wird außerdem auf die DIN EN ISO 9886 Ergonomie – Ermittlung der thermischen Beanspruchung durch physiologische Messungen hingewiesen.

Abschnitt 3 Begriffe sowie Abschnitt 4 Symbole und Einheiten

Kurz erläutert wird, wie die in der Norm verwendeten Begriffe thermostatischer Mischer (engl. thermostatic mixing valve, TMV), Genauigkeit, Absperrorgan, Auslauf 1 (voreingestellte Position des Umstellers) und Auslauf 2 (von Auslauf 1 abweichend) zu verstehen sind. Die verwendeten Symbole und Einheiten sind tabellarisch zusammengestellt.

Abschnitt 5 Einteilung

Es werden die unterschiedlichen Bauarten von Mischern in sechs Typen eingeteilt. Davon sind die ersten drei Typen die wohl am häufigsten vorkommenden Bauarten:

- Typ 1 – Einhandmischer: Es gibt nur ein Betätigungsorgan für die Einstellung des Volumenstroms und der Temperatur mittels Verstellung in zwei Ebenen.
- Typ 2 – Zweihandmischer: Es gibt zwei Betätigungsorgane, mit denen der Volumenstrom für Warm- und Kaltwasser getrennt eingestellt werden kann. Die Kombination ergibt die Auslauftemperatur des Wassers.

- Typ 3 – Sequentielle Einzelregelung: Sicherheitsmischer mit einem Betätigungsorgan zur Verstellung von Durchfluss und Temperatur innerhalb fester vorgegebener Grenzen. Hiermit regelt der Mischer innerhalb einer vorbestimmten Einstellung Durchfluss und Temperatur des Mischwassers. Der Mischer muss über eine Absperreinrichtung verfügen.

Typ 4, Typ 5 und Typ 6 sind Mischer ohne Betätigungsorgan zum Einstellen des Durchflusses, voreingestellte Mischer, die durch Nutzer der Sanitäreinrichtung nicht verstellbar sind, bzw. andere Mischer mit speziellen Betätigungsorganen.

Abschnitt 6 Bezeichnung

Erläutert wird, wie die im Dokument verwendeten Bezeichnungen für Mischer in Abhängigkeit u. a. von Nennweite des Zuflusses, Ausführung des Gehäuses, Ausführung des Auslaufs usw. zu verstehen sind.

Abschnitt 7 Kennzeichnung und Identifizierung

In diesem Abschnitt werden kurz die Kriterien für die verpflichtende Kennzeichnung der Mischer mit dem Namen oder Zeichen des Herstellers, auf dem Gehäuse oder Griff, einschließlich der Akustikgruppe sowie der Durchflussklasse(n) definiert. Außerdem müssen Kalt- und Warmwasserzulauf sowie die Temperatureinstellung für den Nutzer mittels Skala oder Symbolen klar identifizierbar sein.

Herstellerseitig sind Installateuren und Anwendern angemessene Angaben zur Verfügung zu stellen.

Abschnitt 8 Werkstoffe

Es werden in Übereinstimmung mit § 14 TrinkwV 2023 die chemischen und hygienischen Anforderungen an die Werkstoffe definiert, die mit Trinkwasser in Berührung kommen.

Es darf von den Werkstoffen keine Gefahr für die Gesundheit und die Qualität oder das Aussehen des Trinkwassers ausgehen.

Werden verchromte Oberflächen eingesetzt oder sind Nickel-Chrom-Überzüge vorhanden, so ist die EN 248 mit Anforderungen für elektrolytische Ni-Cr-Überzüge einzuhalten.

Abschnitt 9 Maße

Tabellarisch sind die geforderten Maße für Einloch- und Mehrloch-Mischer zusammengestellt: Tabelle 4 Maße des Zulaufs, Tabelle 5 Maße des Auslaufs (auch für separate Ausläufe) und Tabelle 6 Einbaumaße.

Festgelegt wird, wie bei Sonderfällen für besondere Anwendungsfälle (bspw. Montage von Sanitärausstattungen, die nicht EU-Normen entsprechen) zu verfahren ist.

Bezüglich von Auslaufschläuchen und Ausläufen (in Verbindung mit Auslauf 2 nach Abschnitt 3.5 der Norm) wird auf EN 1113 bzw. EN 1112 verwiesen.

Abschnitt 10 Schutz gegen Rückfließen

Zum Schutz gegen Rückfließen wird auf die EN 1717 und die darin beschriebenen Maßnahmen verwiesen. Umsteller mit automatischer Rückstellung als Sicherungseinrichtung müssen der Norm EN 14506 entsprechen. Rückflussverhinderer müssen die EN 13959 erfüllen.

Abschnitt 11 bis Abschnitt 16

In Abschnitt 11 „Prüffolgen“ ist die Reihenfolge der Prüfschritte zusammengestellt, der Prüfstücke in Abhängigkeit von den durchzuführenden Prüfungen unterzogen werden müssen.

Abschnitt 12 „Dichtheit“ beschreibt das Vorgehen bei der Überprüfung der Dichtheit des Mischers mit Kaltwasserdruck.

Gegenstand von Abschnitt 13 ist die Überprüfung des „Verhaltens (Funktion)“ unter unterschiedlichen Bedingungen (z. B. verschiedene Ausläufe).

In Abschnitt 14 „Druckfestigkeit“ werden Verfahren zur Prüfung möglicher Verformungen des Mischers bei hohem Kaltwasserdruck beschrieben.

Abschnitt 15 „Prüfung der Verdrehfestigkeit von Betätigungsorganen“ gibt ein Verfahren vor, mit dem die Festigkeit eines Betätigungsorgans beim Öffnen, Schließen und Schwenken bei Anlegen eines vorgegebenen Drehmoments nachzuweisen ist.

In Abschnitt 16 „Anforderungen an die mechanische Dauerfestigkeit“ werden Prüfverfahren zum Nachweis der Dauerfestigkeit von Bauteilen des Mischers (Teile zur Durchflusseinstellung, Umsteller, Schwenkausläufe und Thermoelemente) festgelegt.

Abschnitt 17 Geräuschverhalten

Es werden Prüfverfahren definiert, mit denen Mischer in Akustikgruppen und ggf. Durchflussklassen eingeteilt werden können.

Anhänge A bis D

Anhang A beschäftigt sich mit der „Beschreibung des Prüfaufbaus“, um eine Prüfung unter gleichen Bedingungen an beliebigen Orten zu gewährleisten. Dieser Abschnitt ist normativ, d. h. verbindlich wie die anderen Abschnitte der Norm.

Anhang B beschreibt „Messungen“ und Messunsicherheiten für Druck, Durchfluss, Temperatur, Winkelstellung und Dauer der Übergänge. In der Norm DIN EN 1111:2017-10 ist er normativ, im Norm-Entwurf wie auch die Anhänge C zum positiven und negativen „Temperaturübergang“ und D zur „Bestimmung der Akustikgruppe“ für verschiedene Beispiele informativ.

Anwendung der DIN-Norm

Die DIN EN 1111 macht einheitliche Vorgaben für die Typprüfung von Mischern und fordert eine einheitliche Symbolik zur Bedienung der Mischer. Dadurch werden einerseits Mischer verschiedener Hersteller vergleichbar und andererseits ist die Bedienung gleichartiger Mischer für Benutzer gleich.

Für den Fachhandwerker stellen Mischer, welche nach dieser Norm gefertigt sind, eine Vereinfachung beim Einbau dar, da beispielsweise Zuläufe mit definierten Abmessungen gefertigt wurden.

Betroffen von dieser Norm sind primär die Hersteller von Mischern. Prüfinstitutionen können auf Grundlage der Norm die Daten der Mischer verifizieren.

Alle anderen Gruppen profitieren von der Anwendung der DIN-Norm in Form von Vereinfachungen und Standardisierungen.

Ausführung der Pflichten

Beachtet werden müssen von Herstellern die in den Abschnitten 7 bis 16 beschriebenen Anforderungen an thermostatische Mischer.

Darunter fallen die beschriebenen Maßhaltigkeiten, Werkstoffe, Anforderungen an die Trinkwasserqualität sowie die Bezeichnung und Symbolik auf den Produkten.

Bei der Prüfung der Mischer müssen zusätzlich noch der Anhang A „Beschreibung des Prüfaufbaus“ und ggf. der Anhang B „Messungen“ (normativ in der DIN EN 1111:2017-10, eventuell nur informativ nach Verabschiedung des Norm-Entwurfs DIN EN 1111:2024-07) beachtet werden.

Wie alle Teile, welche der Verteilung von Trinkwasser dienen, müssen auch die Mischer den Vorgaben der TrinkwV entsprechen. §§ 14, 15 TrinkwV 2023 geben allgemeine Anforderungen an Werkstoffe und Materialien bzw. Grundlagen für ihre Bewertung im Kontakt mit Trinkwasser vor.

Hinweis

Der DVGW weist darauf hin, dass in Umsetzung der EU-Trinkwasserrichtlinie u. a. die Anforderungen an Materialien, die in Kontakt mit Trinkwasser kommen, mit dem Durchführungsbeschluss (EU) 2024/367 der Kommission EU-weit verbindlich und einheitlich geregelt sind, was auch dem Warenverkehr im EU-Binnenmarkt zugutekommen soll.

4.6 Korrosionsschutz (DIN EN 12502-1:2005-03, DIN EN 12502-2:2005-03, DIN EN 12502-3:2005-03, DIN EN 12502-4:2005-03, DIN EN 12502-5:2005-03)

Einführung

Allgemeine Anforderungen an Materialien, die in Kontakt mit Trinkwasser-Installationen kommen können, sind in § 14 TrinkwV beschrieben. Sie dürfen nicht:

- den Schutz der menschlichen Gesundheit unmittelbar oder mittelbar mindern,
- die Färbung, den Geruch oder den Geschmack des Wassers beeinträchtigen,
- die Vermehrung von Mikroorganismen fördern oder
- Stoffe in größeren Mengen in das Wasser abgeben als unvermeidbar.

Die allgemeinen Anforderungen sind in der entsprechenden Bewertungsgrundlage für metallene Werkstoffe (Metall-BWGL) des Umweltbundesamtes nach § 15 Abs. 1 TrinkwV konkretisiert. Die Bewertungsgrundlage enthält auch eine Positivliste der trinkwasserhygienisch geeigneten metallenen Werkstoffe. Ab dem 31.12.2026 gilt eine Übergangszeit, in der die UBA-Bewertungsgrundlage durch geänderte Bewertungsgrundlagen entsprechend EU-Recht abgelöst werden, die im Bundesanzeiger veröffentlicht werden sollen.

Die Anforderungen der Bewertungsgrundlagen für die Auswahl metallener Werkstoffe, die dazu dienen, den trinkwasserhygienischen Anforderungen Rechnung zu tragen, sind zwingend zu berücksichtigen. Neben den hygienischen Anforderungen ist aber auch der Korrosionseinfluss metallischer Werkstoffe durch Trinkwasser bei der Konstruktion, Installation oder dem Betrieb von Wasserverteilungs- und -speichersystemen zu berücksichtigen. Über Korrosionsursachen und -schutzmöglichkeiten informiert die DIN EN 12502.

In fünf Teilen werden neben allgemeinen auch konkrete Informationen zu verschiedenen Werkstoffen behandelt:

- Teil 1: Allgemeines
- Teil 2: Kupfer und Kupferlegierungen
- Teil 3: Schmelztauchverzinkte Eisenwerkstoffe
- Teil 4: Nichtrostende Stähle
- Teil 5: Gusseisen, unlegierte und niedriglegierte Stähle

Inhalte und Anwendung der Norm

Die Bildung von Korrosionsprodukten führt größtenteils zu negativen Auswirkungen, welche die Funktion einer Trinkwasser-Installation beeinträchtigen können, Das kann zu gravierenden materiellen Schäden führen. Aber auch die Qualität des Trinkwassers kann negativ beeinträchtigt werden. Die Anforderungen der TrinkwV, reines und genusstaugliches Wasser zur Verfügung zu stellen, werden eventuell nicht mehr erfüllt. Als mögliche Folgen von Korrosion sind Leckagen, Verstopfungen der Komponenten und eine Beeinträchtigung der Wasserqualität zu nennen. Welche Auswirkungen auftreten, hängt von der Korrosionsart ab. Eine Abschätzung des möglichen Ausmaßes und der Geschwindigkeit der Korrosion ist aufgrund einer Vielzahl von Einflussfaktoren meist schwer möglich.

Die am häufigsten auftretenden Korrosionsarten sind:

- gleichmäßige Flächenkorrosion
- örtliche Korrosion
- Lochkorrosion
- Spaltkorrosion
- selektive Korrosion
- Messerschnittkorrosion
- Bimetallkorrosion
- Erosionskorrosion
- Spannungskorrosion
- Korrosionsermüdung

Neben den Eigenschaften von Wasser und Werkstoff haben auch Aspekte der Konstruktion und des Betriebs einen Einfluss auf die Korrosionswahrscheinlichkeit.

Die in der Norm DIN EN 12502 immer wieder für die verschiedenen Materialien und Korrosionsarten analysierten Faktoren sind in nachfolgender Tabelle 1 zusammengefasst:

Tabelle 1: *Korrosion beeinflussende Faktoren (Quelle: Oestreich)*

Werkstoffeigenschaften	**Wasserbeschaffenheit**	**Planung und Ausführung**	**Dichtheitsprüfung und Inbetriebnahme**	**Betriebsbedingungen**
• chemische Zusammensetzung/ Gefüge • Oberflächenbeschaffenheit	• physikalische und chemische Eigenschaften • Feststoffe	• Geometrie • Mischinstallation • Verbindungen • Zugspannungen	• Spülung • Entleerung • Desinfektion/ Nachspülung	• Temperatur und Temperaturveränderungen • Strömungsverhältnisse • Desinfektion

Die zu beachtenden Werkstoffeigenschaften beziehen sich vorwiegend auf die Legierungsbestandteile des verwendeten Metalls. Diese geben ersten Aufschluss darüber, wie korrosionsbeständig das Material ist. Oberflächeneigenschaften, wie die Rauheit, haben ebenso Einfluss auf die Korrosion.

Die Wahrscheinlichkeit für das Auftreten der einzelnen Korrosionsformen hängt neben den verwendeten Werkstoffen, den Betriebsbedingungen (u. a. Wassertemperatur) und der Durchführung der Installation stark von der Wasserbeschaffenheit ab, gekennzeichnet u. a. durch:

- pH-Wert und Säurekapazität
- Kalzium-, Chlorid- und Sulfatgehalt
- TOC (gesamter organischer Kohlenstoff)
- Werte für Natrium, Kalium und Nitrat.

Mit der Ermittlung dieser Werte kann bei Eigenüberwachung ggf. ein Sachverständiger nach § 1 Nr. 7 VPSW beauftragt werden. Zu beachten ist bei der Beurteilung der Korrosionseigenschaften der Bereich, in dem die Werte schwanken können. Das ist insbesondere dann zu berücksichtigen, wenn verschiedene Wässer vermischt werden (vgl. DVGW-Arbeitsblatt W 216) und von den ungünstigsten Werten ausgegangen werden muss.

Vermieden werden sollten im Zuge von Planung und Ausführung u. a.:

- Bereiche turbulenter Strömung und scharfe Umlenkungen (Erosionskorrosions-Gefahr)
- stagnierendes Wasser (Gefahr von Lochkorrosion und von Ablagerungen)

- Mischinstallationen mit verschiedenen Metallen (Gefahr von Bimetallkorrosion)
- Zugspannungen an der Verbindung von Komponenten (Spannungsrisskorrosion und Korrosionsermüdung)
- mechanische Spannungen infolge starker Schwankungen der Wassertemperatur (mögliches Abplatzen von Korrosionsprodukten in Leitungen)
- zu hohe Strömungsgeschwindigkeiten des Wassers mit schleifender Wirkung

Nach der Entleerung im Anschluss an die Dichtheitsprüfung kann es vorkommen, dass kleinere Mengen Wasser im System verbleiben. Diese führen v. a. im Bereich der Wasserlinie zu einer erhöhten Korrosionswirkung bereits vor Inbetriebnahme des Systems. Deshalb ist es zu empfehlen, das gesamte Speicher- und Verteilungssystem mit Wasser gefüllt zu halten. Vor Inbetriebnahme empfiehlt sich außerdem ein gründlicher Spülvorgang, der alle Fremdstoffe entfernt, welche als Ablagerungen später Korrosion hervorrufen können.

Die einzelnen metallenen Werkstoffe haben typische Korrosionsarten zur Folge.

Tabelle 2: *Auftretende Korrosionsarten bei verschiedenen Werkstoffen (Quelle: Oestreich)*

Werkstoff Korrosionsart	Kupfer, Kupferlegierungen	verzinkte Eisenwerkstoffe	nichtrostende Stähle	Gusseisen, unlegierte und niedriglegierte Stähle
gleichmäßige Flächenkorrosion	x	x		x
Lochkorrosion	x	x	x	x
Spaltkorrosion			x	
selektive Korrosion	x	x		x
Messerschnittkorrosion			x	
Bimetallkorrosion	x	x		x
Erosionskorrosion	x			x
Spannungskorrosion	x		x	
Korrosionsermüdung	x		x	

Einen Überblick über Möglichkeiten zur Vermeidung von Schäden durch Korrosion oder Steinbildung in der Trinkwasser-Installation gibt die DVGW-Information Wasser Nr. 112 vom Mai 2022. Die Information enthält:

- Grundlagen der Korrosion
- Grundsätze der korrosionsgeschützten Anlagenplanung und Anlagenausführung
- Grundsätze des korrosionsgeschützten Anlagenbetriebs
- Vermeidung von Schäden durch Steinbildung

Im Folgenden wird für verschiedene metallene Werkstoffe auf einzelne Korrosionsarten eingegangen.

Teil 2: Kupfer und Kupferlegierungen

Bei Kupfer und Kupferlegierungen treten neben Flächenkorrosion auch einige Arten örtlicher Korrosion auf. Zusammenfassend gibt die folgende Tabelle einen Überblick für alle wichtigen Korrosionsarten sowie Merkmale, die bei Komponenten aus Kupfer und dessen Legierungen auftreten können.

Tabelle 3: *Merkmale der Korrosion von Kupfer und Kupferlegierungen (Quelle: Oestreich)*

Korrosions-art / Merkmale	Gleichmäßige Flächenkorrosion			Lochkorrosion		Erosions-korrosion	Selektive Korrosion	Spannungs-korrosion	Korrosions-ermüdung
Aussehen	dünne, haftende Schicht	haftende Schicht	nicht haftende Schicht	örtlich zerstörte Schutzschicht		mechanisch zerstörte oder entfernte Schutzschicht	Entzinkung	Risse senkrecht zur größten Zugspannung	Risse senkrecht zur größten Zugspannung und parallel zur Biegespannung
Sichtbare Korrosions-produkte	braun/schwarz	grün	blau, grün	Lochfraßstellen, bedeckt mit Pusteln	keine	keine	weiße Produkte	keine	keine

Tabelle 3: *Merkmale der Korrosion von Kupfer und Kupferlegierungen (Quelle: Oestreich)*

Korrosionsart Merkmale	Gleichmäßige Flächenkorrosion			Lochkorrosion	Erosionskorrosion	Selektive Korrosion	Spannungskorrosion	Korrosionsermüdung
Korrosionserscheinung	geringfügiger gleichmäßiger Flächenabtrag		starker gleichmäßiger Flächenabtrag mit Freisetzung von Korrosionsprodukten	Lochfraß	Angriff mit Kontur	Änderung von Farbe und Struktur	sichtbare Risse	
Möglicher Korrosionsschaden	keine	keine	Verfärbungen von Sanitäreinrichtungen	Leckage	Leckage	Leckage, Fehlfunktion von Ventilen	Leckage	

Die **Flächenkorrosion** nimmt mit abnehmendem pH-Wert zu. Ist dieser Wert größer als 7,5, ist sie i. d. R. vernachlässigbar. Sie ist auch unwahrscheinlich, wenn der pH-Wert zwischen 7,0 und 7,5 liegt und der TOC-Gehalt kleiner als 1,5 mg/l ist. Indikatoren für ein durch Flächenkorrosion betroffenes System sind blaugrüne Flecken oder in gleicher Farbe verfärbtes Wasser. Dies lässt auf Kupfer-Ionen im Wasser schließen.

Lochkorrosion tritt allgemein seltener auf, wenn häufig Wasserwechsel stattfinden oder turbulente Strömung vorherrscht. Bei der Lochkorrosion von Kupfer wird zwischen Kalt- und Warmwasser sowie mikrobiologischer Beeinflussung unterschieden. Die Korrosionsrate bei Kaltwasser von unter 30 °C ist relativ hoch. Im Warmwasser ist sie geringer. Im Gegensatz zu Sulfat und Nitrat verringern Hydrogencarbonat und Chlorid im Wasser die Wahrscheinlichkeit von Lochkorrosion. Der Einbau von Wasserfiltern kann Ablagerungen verhindern, die Korrosionen begünstigen. Flussmittel für Lötarbeiten sollten wasserlöslich und wenig aggressiv sein, da diese sonst die Metalloberfläche angreifen. Ein gründliches Spülen nach der Installation beugt ebenfalls Schäden vor.

Selektive Korrosion ist die Entzinkung von Messing. Sie wird durch stagnierendes Wasser, geringe Hydrogencarbonat-Gehalte und höhere Temperaturen begünstigt. Ein erhöhter Kupfergehalt verringert die Wahrscheinlichkeit selektiver Korrosion. Kupfergehalte über 85 % weisen gute Beständigkeiten auf.

Bimetallkorrosion ist aufgrund der edlen Legierungsbestandteile meist kein Problem. Bei der Verbindung mit nichtrostenden Stählen kann jedoch bei großem Verhältnis von Kathoden- zu Anodenfläche Korrosion auftreten. Daher ist auf konstruktive

Aspekte zu achten. Erosionskorrosion tritt vorwiegend in Zirkulationssystemen auf und wird durch erhöhte Feststoff- und Gasblasen-Konzentrationen begünstigt. Turbulente Strömungsverhältnisse führen zu ungleichmäßigen Korrosionsbildern, die vor allem an Stellen der Strömungsumlenkung auftreten. Spannungskorrosion ist in Form von Rissen erkennbar, die durch Korrosion bei gleichzeitiger Zugspannung auftreten.

Teil 3: Schmelztauchverzinkte Eisenwerkstoffe

Korrosion bei verzinktem Stahl und Temperguss tritt durch die Inhomogenität der Beschichtung auf. Diese weist örtliche Unterschiede hinsichtlich ihrer Bestandteile auf. Dabei sind Zonen reinen Zinks und Zonen bestehend aus einer Kombination von Zinklegierungen und Eisen möglich.

Dadurch entstehen ebenfalls Korrosionsprodukte aus Eisenbestandteilen. Da diese jedoch schlechter löslich als die Zinkverbindungen sind, bleiben vorwiegend Eisenkorrosionsprodukte als Deckschicht in Form von Rost zurück.

Tabelle 4: *Merkmale der Korrosion von schmelztauchverzinkten Eisenwerkstoffen (Quelle: Oestreich)*

Korrosionsart **Merkmale**	**Geringe gleichmäßige Flächenkorrosion**	**Starke gleichmäßige Flächenkorrosion**		**Lochkorrosion**	**Selektive Korrosion**
Korrosionserscheinung des Zinküberzugs	Bildung einer schützenden Deckschicht, die während der gesamten Nutzungsdauer erhalten bleibt	vollständiger Abtrag des Zinküberzugs		örtlicher Abtrag des Metallüberzugs	interkristalliner Angriff, der zum vollständigen Verlust der Zinkphase führt
Korrosionserscheinung des Grundwerkstoffs	keine	gleichmäßiger Flächenabtrag, geringer Massenverlust, schützende Rostschicht	ungleichmäßiger Abtrag, Anfressungen, Rostknollen	geringer gleichmäßiger Flächenabtrag, Rostschutzschichten	Lochfraß, Rostknollen

Tabelle 4: *Merkmale der Korrosion von schmelztauchverzinkten Eisenwerkstoffen (Quelle: Oestreich)*

Korrosionsart **Merkmale**	**Geringe gleichmäßige Flächen-korrosion**	**Starke gleichmäßige Flächenkorrosion**		**Loch-korrosion**	**Selektive Korrosion**
möglicher Korrosions-schaden	keiner	anfängliche hohe Gehalte an Metall-Ionen im Wasser	Querschnittsverminderung	Querschnittsverminderung, Verunreinigung durch Eisen-Korrosionsprodukte, Blockierung von Systemkomponenten, Wanddurchbruch	anfänglicher Austrag von Zink-Korrosionsprodukten, Verunreinigung des Wassers mit Eisenkorrosionsprodukten

Es ist nicht bekannt, welchen Einfluss Werkstoffzusammensetzung und Oberflächenbeschaffenheit auf die gleichmäßige Flächenkorrosion haben. Bei fließendem Wasser nimmt die gleichmäßige Flächenkorrosion mit abnehmendem pH-Wert zu. Durch die regelmäßige Erneuerung des Wassers und die Vermeidung von stagnierendem Wasser wird die Bildung von Schutzschichten begünstigt. Im Bereich bis 35 °C verstärkt sich die Flächenkorrosion mit steigender Temperatur. Danach verlangsamt sich die Korrosionsgeschwindigkeit.

Lochkorrosion in Kaltwasser hat eine muldenförmige Abtragung von Material zur Folge. In Wasser mit einer Temperatur von mehr als 35 °C erfolgt sie ausgehend von defekten Stellen im Metallüberzug. Sie wird häufig durch Blasenbildung ausgelöst. Die Wahrscheinlichkeit von Lochkorrosion nimmt mit wachsendem Konzentrationskoeffizienten S_1 zu – unwahrscheinlich unterhalb 0,5 – sehr wahrscheinlich oberhalb 3. Zu vermeiden sind feste Stoffe, die durch Verunreinigungen in das Leitungssystem gelangen. Dagegen kann Filtration helfen.

Durch schwankende Wassertemperaturen können Korrosionsprodukte abplatzen, da diese eine andere Wärmeausdehnung als der Grundwerkstoff aufweisen. Ungleichmäßige oder raue Oberflächen und Schweißnähte sind zu vermeiden. Ein gründlicher Spülvorgang ist auch bei verzinkten Werkstoffen zu empfehlen, um Fremdstoffe wie Sand zu entfernen und somit Korrosion infolge von Ablagerungen zu verhindern. Bei der Verwendung von Gewindeschneidölen ist auf wasserlösliche Produkte zurückzugreifen.

Selektive Korrosion tritt vorwiegend im Kaltwasserbereich auf und gilt als Vorstufe einer Lochkorrosion, die nach Zerstörung der Zinkschicht eintritt. Die Wahrscheinlichkeit ist gering, wenn der Konzentrationskoeffizient S_2 für Anionen kleiner als 1 oder größer als 3 ist, oder wenn die Nitrat-Ionen-Konzentration den Wert von 0,3 mmol/l unterschreitet.

Bimetallkorrosion kann bei einer Mischinstallation mit nichtrostenden Stählen sowie mit Kupfer und Kupferlegierungen bei direktem oder indirektem Kontakt auftreten. Bei einer Kombination mit nichtrostenden Stählen ist das Verhältnis zwischen Anoden- und Kathodenfläche entscheidend. Die Beeinflussung durch die Betriebsbedingungen ist ähnlich der bei Lochkorrosion.

Teil 4: Nichtrostende Stähle

Lochkorrosion wird wasserseitig begünstigt durch stagnierende Verhältnisse, höhere Temperaturen und einen erhöhten Anteil Chlor-Ionen. Mangelhafte Wärmebehandlungen, Schweißarbeiten oder die Beschädigung der Oberfläche durch Kratzen oder grobes Schleifen können bei nichtrostenden Stählen zu örtlicher Korrosion führen. Beim Schweißen sind Durchtropfungen, Schweißspritzer und Schlackenreste zu vermeiden. Durch Beizen und Schleifen kann Korrosion vorgebeugt werden.

Spaltkorrosion kann bei kleinen Abständen von unter 0,5 mm zwischen zwei Metallen oder einem Metall und Kunststoff auftreten. Zu Problemen kann deshalb die Verwendung von Kunststoffgewindebändern führen, wenn der Anteil aus dem Wasser extrahierter Chlorid-Ionen einen Wert von 0,05 Mass-% überschreitet. Die Korrosionswahrscheinlichkeit steigt mit der Verschmutzung des Wassers. Das kann durch Wasserfilter und Spülung nach der Installation verhindert werden.

Spannungskorrosion tritt bei nichtrostendem Stahl auf, wenn bereits durch andere Korrosionsarten geschädigte Bereiche mit Rissen vorhanden sind und auf diese eine Zugspannung wirkt. Solche Risse können durch den Betrieb, die Montage oder Wärme entstehen.

Messerschnittkorrosion kann durch Verlust der Bindung zwischen nichtrostendem Stahl und Hartloten auftreten. Daher ist Hartlöten bei nichtrostenden Stählen zu vermeiden.

Teil 5: Gusseisen, unlegierte und niedriglegierte Stähle

Gleichmäßige Flächenkorrosion kann auftreten, wenn Eisen(II)-Ionen (Fe^{2+}, zweiwertiges Eisen) im Wasser mit Sauerstoff reagieren und sich Eisen(III)-Hydroxyd bildet. Nach Aussage der Norm DIN EN 12502-5 (Abschnitt 4.2.1) kommt es dabei zwar zu Trübung und Schlammbildung, aber diese Korrosionserscheinungen führen in strömenden Wässern mit ausreichendem Gehalt an Kalziumkarbonat normalerweise nicht zu Korrosionsschäden. In stagnierendem Wasser ist aber immer mit Lokalkorrosion zu rechnen.

Lochkorrosion ist die am häufigsten auftretende Form bei unlegierten und niedriglegierten Eisenwerkstoffen. Sie kann nach relativ kurzer Zeit zu Wanddurchbrüchen führen. Dieser Prozess ist vorwiegend von der Oberfläche, der Wasserbeschaffenheit und den Betriebsbedingungen abhängig. Lochkorrosion zeigt sich durch Rostpusteln und Korrosionsmulden. Mikrobielle Aktivität beschleunigen den Prozess noch weiter. Systeme mit stagnierenden Bedingungen und regelmäßigem Wasserwechsel sind besonders gefährdet.

Bimetallkorrosion kann bei Mischinstallationen mit nichtrostenden Stählen oder Kupfer auftreten. Lochkorrosion kann damit eingeleitet werden. Eine zunehmende elektrische Leitfähigkeit des Elektrolyts erhöht die Wahrscheinlichkeit für eine Bimetallkorrosion. Mischinstallationen mit Messing sind weniger kritisch als solche mit Rotguss.

Selektive Korrosion tritt bei Gusseisen und Stählen selten auf. Ausnahmen sind die Korrosion von alten Grauguss-Rohren und die sog. Grabenkorrosion.

Erosionskorrosion führt selten zu Korrosionsschäden. Allerdings steigt mit ansteigender Strömungsgeschwindigkeit die Korrosionsgefahr. Bei der Planung der Trinkwasser-Installation sollte darauf geachtet werden, dass dauerhafte lokale turbulente Strömungen vermieden werden.

4.7 Anlagen zur Behandlung von Trinkwasser (DIN EN 15161:2007-02)

Einführung

Die DIN EN 15161 „Anlagen zur Behandlung von Trinkwasser innerhalb von Gebäuden" handelt vor allem von Einbau, Betrieb, Wartung und Reparatur derartiger Anlagen.

Neben den allgemeinen Anforderungen werden auch Verfahren zur Prüfung der Funktionsfähigkeit bei gewöhnlichem Betrieb festgelegt.

Anlagen zur Behandlung von Trinkwasser sind u. a. auch die in jüngerer Zeit vermehrt verwendeten Enthärtungsanlagen zur Reduktion des Kalkgehalts in Trinkwasser-Installationen, womit die Norm in ihrer Zielsetzung unveränderte Themenaktualität genießt.

Inhalte der Norm

Die Norm führt wesentliche Aspekte sowohl für die Auswahl als auch Größe der Anlagen zur Trinkwasserbehandlung aus und beschreibt diese für die übliche und tägliche Nutzung sowie weiter die erforderlichen Maßnahmen, um die jeweilige Anlage in einem guten Betriebszustand zu halten.

Darüber hinaus werden auch Maßnahmen beschrieben, die erforderlich sind, um vorhersehbare Ereignisse zu handhaben und eine möglichst störungsfreie Wartung durchführen zu können.

Das betrifft auch unspezifisch ausgebildete Personen, die im Bedarfsfall fachspezifisches Personal im Reparaturfall hinzuziehen können.

Die Norm ist sehr offen gehalten und definiert selbst nicht einschränkend vorgenannte Kriterien für alle möglichen Anlagen zur Trinkwasserbehandlung.

Anwendung der Norm

Die Norm ist allgemein verständlich formuliert und verzichtet aufgrund ihrer Internationalität auf die Nennung bestimmter europauneinheitlicher Begrifflichkeiten. Entsprechend richtet sie sich an einen denkbar großen Adressatenkreis, der auch unspezifisch ausgebildetes Personal zur Begutachtung des äußeren Zustands einer derartigen Anlage umfasst (z. B. den Hausmeister).

Darüber hinaus trifft die Norm selbst keine Einschränkungen und nimmt keinen technikorientierten Fokus, wodurch ihr Inhalt über einen längeren Zeitraum aktuell bleibt.

Ausführung der Pflichten

Bei der Ausführung der sich aus der Norm ergebenden Pflichten sind die übrigen Vorgaben der TrinkwV sowie weitere sich ergebenden Pflichten, z. B. aus der Verkehrssicherungspflicht, zu beachten.

Weiterführende Normen und Richtlinien

Weiterführende Normen und Richtlinien sind, neben den in den Anhängen der Norm ausgeführten, die DIN EN 806-5 über die allgemeine Wartung und den Betrieb von Trinkwasser-Installationen.

Bezug zur TrinkwV

Die DIN EN 15161 führt allgemeine Grundlagen bereits für den Einbau von Trinkwasseranlagen aus und beschreibt darüber hinaus auch notwendige Begleitprotokolle, die für den bestimmungsgemäßen Betrieb einer Anlage unabdingbar sind. Dazu gehören z. B. das Logbuch zur Trinkwasser-Installation. Die Norm unterstützt nicht nur Fachfirmen, wie Installateure, sondern auch den Betreiber einer Gebäudewasserversorgungsanlage (ehemals „UsI") und beauftragte Personen, wie Hausmeister, im Umgang auch mit im Bau befindlichen Installationen.

4.8 Anlagenbetrieb und -sicherheit 4.0

Einführung

Der Schutz kritischer Infrastrukturen (KRITIS) ist eine zentrale Aufgabe von Wirtschaft und Staat. Mögliche Risiken müssen rechtzeitig erkannt und geeignete Maßnahmen zu ihrer Reduzierung umgesetzt werden. Davon betroffen sind auch immer mehr Betreiber und Dienstleister, die Trinkwasserversorgung und Abwasserbehandlung sicherstellen. Zu schützen sind sowohl die Wasserversorgungsanlagen als auch die für ihren Betrieb erforderliche IT-Infrastruktur.

Vorgaben gibt es in diesem Zusammenhang durch zwei EU-Richtlinien. Das sind die Richtlinie (EU) 2022/2557 über die Resilienz kritischer Einrichtungen (CER-Richtlinie) und die Richtlinie (EU) 2022/2555 über Maßnahmen für ein hohes gemeinsames Cybersicherheitsniveau (NIS-2-Richtlinie). Beide Richtlinien sind am 14.12.2023 ausgegeben worden und waren bis zum 17.10.2024 in nationales Recht umzusetzen.

CER ist eine Abkürzung für Critical Entities Resilience. NIS steht für Network and Information Security. Für die Umsetzung der CER-Richtlinie gibt es mittlerweile einen zweiten Gesetzentwurf der Bundesregierung für ein KRITIS-Dachgesetz (KRITISDachG-E2, vgl. BT-Drs. 25/2510 vom 03.11.2025). Änderungen des endgültigen Gesetzes gegenüber diesem Entwurf müssen ggf. beachtet werden.

Die NIS-2-Richtlinie wurde mit dem Gesetz zur Umsetzung der NIS-2-Richtlinie und zur Regelung wesentlicher Grundzüge des Informationsmanagementsystems in der Bundesverwaltung in nationales Recht umgesetzt. Das Gesetz wurde am 13.11.2025 vom Deutschen Bundestag beschlossen (BT-StenBer. 21/41 – 4574 D; BR-Drs. 369/25) und wird zu gegebener Zeit im Bundesgesetzblatt Teil I veröffentlicht. Mit dem Gesetzentwurf für das KRITIS-Dachgesetz (KRITISDachG-E2) und dem Gesetz zur Umsetzung der NIS-2-Richtlinie werden bestehende Regelungen aktualisiert und neue eingeführt. Die Vorgaben der EU-Richtlinien sind dabei für den deutschen Gesetzgeber bindend.

Konkrete Pflichten der Betreiber von Wasserversorgungsanlagen sind in der Trinkwasserverordnung vorgegeben. Das Water-Safety-Plan-Konzept (WSP-Konzept) ist ein speziell auf die Wasserversorgung zugeschnittenes Managementkonzept, mit dem systematisch und vorbeugend Risiken in einem derartigen System bewertet und beherrscht werden sollen. Grundsätze eines guten Risikomanagements beschreibt die DIN EN 15975-2:2013-12. Sie gibt Leitlinien für das Risiko- und Krisenmanagement in der Trinkwasserversorgung vor.

Betroffene Einrichtungen, Inhalte und Anwendung der Regeln

Erfordernisse bei der Umsetzung der CER-Richtlinie

Nach der CER-Richtlinie sind im Sektor Trinkwasser Lieferanten von/und Unternehmen der Versorgung mit „Wasser für den menschlichen Gebrauch" kritische Einrichtungen. Gleiches gilt im Sektor Abwasser für Unternehmen, die kommunales, häusliches oder industrielles Abwasser sammeln, entsorgen oder behandeln. Nicht betroffen sind in beiden Fällen Unternehmen, für die diese Tätigkeiten nicht wesentlicher Bestandteil ihrer allgemeinen Tätigkeit sind (vgl. Anlage der CER-RL). Das KRITIS-Dachgesetz gilt auch für die „Betreiber kritischer Anlagen" im Sektor Wasser (vgl. § 4 Abs. 1 Nr. 6 KRITISDachG-E2). Eine „kritische Anlage" ist eine Anlage, die für die Erbringung einer „kritischen Dienstleistung" zur Versorgung der Allgemeinheit erheblich ist (vgl. § 2 KRITISDachG-E2). Bis zum 17.06.2026 sollen die EU-Mitgliedstaaten die kritischen Einrichtungen ermitteln und in der Folge sicherstellen, dass sie über ihre Einstufung unterrichtet werden (vgl. Art. 6 Abs. 3 CER-RL).

Der Entwurf für das KRITIS-Dachgesetz (KRITISDachG-E2) macht Vorgaben für physische Maßnahmen zur Stärkung der Resilienz kritischer Anlagen. Er enthält u. a. folgende Regelungen:

- Vorgaben zur Identifizierung und Registrierung von Betreibern kritischer Anlagen (§ 8 KRITISDachG-E2, siehe auch § 33 BSIG n.F.)
- Risikoanalyse und Risikobewertung des Betreibers kritischer Anlagen (§ 12 KRITISDachG-E2)
- Resilienzpflichten und Resilienzplan der Betreiber kritischer Anlagen (§ 13 KRITISDachG-E2)
- Meldewesen für Vorfälle (§ 18 KRITISDachG-E2)
- Umsetzungs- und Überwachungspflicht für Geschäftsleitungen (§ 20 KRITISDachG-E2)
- Bußgeldvorschriften (§ 24 KRITISDachG-E2)

Betreibern kritischer Anlagen und ihre Branchenverbände, also auch denen der Sektoren Trinkwasser und Abwasser, soll es möglich sein, branchenspezifische Resilienzstandards durch das Bundesamt für Bevölkerungsschutz und Katastrophenhilfe

(BBK) anerkennen zu lassen (vgl. § 14 Abs. 2 KRITISDachG-E2), nachdem das KRITIS-Dachgesetz vom Deutschen Bundestag verabschiedet worden ist.

Erfordernisse bei der Umsetzung der NIS-2-Richtlinie

Artikel 1 des Entwurfs des Gesetzes zur Umsetzung der NIS2-Richtlinie in deutsches Recht (NIS2UmsuCG-E) enthält den Entwurf eines novellierten BSI-Gesetzes

(BSIG n.F.). Im Anhang 1 des BSIG n.F. werden als besonders wichtige und wichtige Einrichtungen im Sektor Wasser die folgenden Einrichtungsarten in den Branchen Trinkwasserversorgung bzw. Abwasserbeseitigung genannt:

- Betreiber von Wasserversorgungsanlagen im Sinne von § 2 Nr. 3 TrinkwV (d. h. Unternehmer oder sonstige Inhaber) einer Wasserversorgungsanlage, jedoch unter Ausschluss der Lieferanten, für die die Lieferung von Wasser für den menschlichen Gebrauch ein nicht wesentlicher Teil ihrer allgemeinen Tätigkeit der Lieferung anderer Rohstoffe und Güter ist,
- Unternehmen, die Abwasser nach § 54 Abs. 1 WHG (d. h. Schmutz- sowie Niederschlagswasser) sammeln, entsorgen oder behandeln, jedoch unter Ausschluss der Unternehmen, für die das Sammeln, die Entsorgung oder die Behandlung solchen Abwassers ein nicht wesentlicher Teil ihrer allgemeinen Tätigkeit ist.

Als besonders wichtige Einrichtungen gelten Betreiber kritischer Anlagen (§ 28 Abs. 1 Nr. 1 BSIG n.F.).

Registrierungspflicht (§ 33 BSIG n.F.)

Besonders wichtige und wichtige Einrichtungen ebenso wie Betreiber kritischer Anlagen sind verpflichtet, sich spätestens drei Monate, nachdem sie erstmals oder erneut als eine der vorgenannten Einrichtungen gelten, registrieren zu lassen. Das Bundesamt für Sicherheit in der Informationsverarbeitung (BSI) legt die Einzelheiten zur Ausgestaltung des Registrierungsverfahrens im Einvernehmen mit dem Bundesamt für Bevölkerungsschutz und Katastrophenhilfe (BBK) fest. Die Festlegung erfolgt durch eine öffentliche Mitteilung auf der Internetseite des BSI.

Risikomanagementmaßnahmen (§ 30 BSIG n.F.)

Nach § 30 BSIG n.F. sind besonders wichtige Einrichtungen und wichtige Einrichtungen verpflichtet, geeignete, verhältnismäßige und wirksame technische und organisatorische Maßnahmen zu ergreifen, um Störungen der Verfügbarkeit, Integrität und Vertraulichkeit der informationstechnischen Systeme, Komponenten und Prozesse sicherzustellen. Dazu gehören Maßnahmen, die u. a. mindestens Folgendes umfassen müssen:

- Konzepte in Bezug auf Risikoanalyse und Sicherheit in der Informationstechnik,
- Bewältigung von Sicherheitsvorfällen,
- Aufrechterhaltung des Betriebs, wie Backup-Management und Wiederherstellung nach einem Notfall- und Krisenmanagement,
- Sicherheitsmaßnahmen bei Erwerb, Entwicklung und Wartung von informationstechnischen Systemen, Komponenten und Prozessen, einschließlich Management und Offenlegung von Schwachstellen,

- Konzepte und Verfahren zur Bewertung der Wirksamkeit von Risikomanagementmaßnahmen im Bereich der Sicherheit in der Informationstechnik,
- grundlegende Schulungen und Sensibilisierungsmaßnahmen im Bereich der Sicherheit in der Informationstechnik,
- Erstellung von Konzepten für die Sicherheit des Personals, die Zugriffskontrolle und für die Verwaltung von IKT-Systemen, -Produkten und -Prozessen,
- Verwendung von Lösungen zur Multi-Faktor-Authentifizierung oder kontinuierlichen Authentifizierung, gesicherte Sprach-, Video- und Textkommunikation sowie gegebenenfalls gesicherte Notfallkommunikationssysteme innerhalb der Einrichtung.

Durch Rechtsverordnung dürfen bei wichtigen und besonders wichtigen Einrichtungen ggf. bestimmte IKT-Produkte, IKT-Dienste und IKT-Prozesse nur verwendet werden, wenn diese über eine Cybersicherheitszertifizierung verfügen.

Risikomanagementmaßnahmen von Betreibern kritischer Anlagen (§ 31 BSIG n.F.)

Die Maßnahmen, die von wichtigen und besonders wichtigen Einrichtungen gefordert werden, betreffen auch die Betreiber kritischer Anlagen. Von ihnen können aber ggf. Maßnahmen gefordert werden, die weitergehen. Insbesondere sind Betreiber kritischer Anlagen verpflichtet, Systeme zur Angriffserkennung einzusetzen, die geeignete Parameter und Merkmale aus dem laufenden Betrieb kontinuierlich und automatisch erfassen und auswerten, um fortwährend Bedrohungen zu identifizieren und zu vermeiden.

Untersagung des Einsatzes kritischer Komponenten (§ 41 BSIG n.F.)

Betreiber kritischer Anlagen müssen den geplanten erstmaligen Einsatz von IKT-Produkten, die als „kritische Komponenten" eingesetzt werden (vgl. § 2 Nr. 23 BISIG n.F.), dem BMI vor dem ersten Einsatz anzeigen. Zu Einzelheiten wird auf den Text des Gesetzes verwiesen.

Nachweispflichten für Betreiber kritischer Anlagen (§ 39 BSIG n.F.)

Alle drei Jahre müssen Betreiber kritischer Anlagen dem BSI die Umsetzung der Maßnahmen im Rahmen des Risikomanagements nachweisen.

Meldepflicht von Sicherheitsvorfällen (§ 32 BSIG n.F.)

Besonders wichtige Einrichtungen und wichtige Einrichtungen sind verpflichtet, Informationen über erhebliche Sicherheitsvorfälle an eine gemeinsame Meldestelle von BSI und BBK zu übermitteln. Eine frühe Erstmeldung muss unverzüglich, jedoch spätestens innerhalb von 24 Stunden erfolgen. Im Rahmen dieser Meldung ist einzuschätzen, ob der Vorfall auf rechtswidrige oder böswillige Handlungen zurückzuführen ist oder grenzüberschreitende Auswirkungen haben könnte. Unverzüglich, jedoch spätestens innerhalb von 72 Stunden nach Kenntniserlangung von dem Vorfall müssen die Informationen der Erstmeldung bestätigt oder aktualisiert werden. Dabei sind der Schweregrad des Vorfalls und seiner Auswirkungen, ggf. auch für Dritte, einzuschätzen. Bundesnetzagentur oder BSI können eventuell ersuchen, dass sie mit Zwischenmeldungen über relevante Statusveränderungen informiert werden. Spätestens nach einem Monat muss eine Abschlussmeldung zu dem erheblichen Sicherheitsvorfall an die Meldestelle abgegeben werden. Dauert der Vorfall an, ist anstelle der Abschlussmeldung eine Fortschrittsmeldung abzugeben. Nach einer Erstmeldung übermittelt das BSI auf Ersuchen der meldenden Stelle Orientierungshilfen oder Beratung zu Abhilfemaßnahmen, unter Umständen kann auch zusätzliche technische Unterstützung geleistet werden (vgl. § 36 BSIG n.F.).

Verantwortlichkeit der Geschäftsleitungen (§ 38 BSIG n.F.)

Geschäftsleitungen besonders wichtiger und wichtiger Einrichtungen sind für die Einrichtung und Umsetzung der zu ergreifenden Sicherheitsmaßnahmen verantwortlich. Sie haften ihrer Einrichtung für einen schuldhaft verursachten Schaden. Geschäftsleitungen besonders wichtiger Einrichtungen und wichtiger Einrichtungen müssen regelmäßig an Schulungen teilnehmen, um ausreichende Kenntnisse und Fähigkeiten zur Erkennung und Bewertung von Risiken und von Risikomanagementpraktiken im Bereich der Sicherheit in der Informationstechnik zu erlangen sowie um die Auswirkungen von Risiken sowie Risikomanagementpraktiken auf die von der Einrichtung erbrachten Dienste beurteilen zu können.

Bußgeldvorschriften (§ 65 BSIG n.F.)

Vorsätzlich oder fahrlässig begangene Ordnungswidrigkeiten können mit Bußgeldern i. H. v. 10 Mio. Euro oder bis zu 2 % des Gesamtumsatzes gegen besonders wichtige Einrichtungen bzw. i. H. v. 7 Mio. Euro oder 1,4 % des Gesamtumsatzes gegenüber wichtigen Einrichtungen geahndet werden.

Das BSI bietet zum Umgang mit Cyberrisiken aktuelle Informationen und Möglichkeiten zum Wissens- und Informationsaustausch im Rahmen der Allianz für Cyber-Sicherheit (ACS) an. Betreibern kritischer Infrastruktur wird die Teilnahme an der Kooperationsplattform Unabhängige Partnerschaft KRITIS (UP KRITIS) empfohlen. Im Branchenarbeitskreis (BAK) Wasser/Abwasser der UP KRITIS gibt es Ansprechpartner für die Sektoren Trinkwasser und Abwasser von DGVW bzw. DWA – vgl. www.bsi.bund.de (Suche: UP KRITIS).

Branchenspezifischer IT-/OT-Sicherheitsstandard Wasser/Abwasser (B3S WA)

Die Edition 2023 des Branchenspezifische Sicherheitsstandard Wasser/Abwasser (B3S WA) beschreibt einen pragmatischen Ansatz, mit dem die gesetzlichen Anforderungen für die IT-Sicherheit für die Sektoren Trinkwasserversorgung und Abwasserbeseitigung erfüllt werden können. Den gleichen Inhalt enthalten das DVGW-Merkblatt 1060 bzw. das DWA-Merkblatt 1060 „IT-Sicherheit – Branchenspezifischer Sicherheitsstandard Wasser/Abwasser“. Die Edition 2023 konnte noch nicht die Umsetzung von CER- und NIS-2-Richtlinie in nationales Recht berücksichtigen. Sie enthält für verschiedene Kategorien der einzelnen Ebenen der Infrastruktur für Informations-Technik (IT) und Operative Technologie (OT) für Steuerung, Absicherung und Kontrolle der Betriebsabläufe in Wasserversorgungssystemen Hinweise.

Ebene 1: Organisatorische und technische Verantwortung für IT-Sicherheit:

- Verantwortung der Einrichtungsleitung und Zuständigkeiten für die IT-Sicherheit
- Sicherung der Infrastruktur
- Verantwortung und Zuständigkeiten für Systeme zur Angriffserkennung und Reaktion

Ebene 2: IT-Sicherheit der IT-/OT-Infrastruktur:

- Architektur der Kommunikationsinfrastruktur (LAN für Betriebsanlage, Fernzugriff u. Ä.)
- Architektur der Systeminfrastruktur (Leitsystem, Visualisierung, IoT-Komponenten)
- Ordnungsgemäßer Betrieb der Infrastruktur (regulärer Betrieb, Einbeziehung von Dritten)

Ebene 3: IT-Sicherheit bei der Nutzung der IT-/OT-Infrastruktur:

- Datenaustausch mit externen Systemen (Senden und Empfangen)
- Interner Zugriff und Fernzugriff auf die IT-/OT-Systeme des Anlagenbetriebs
- Programmierung und Wartung der Automatisierungskomponenten

Der Standard soll als Grundlage für den Ausbau eines Informationssicherheits-Managementsystems von Betreibern in der Wasserwirtschaft dienen.

Water-Safety-Plan-Konzept (WSP-Konzept)

Das Water-Safety-Plan-Konzept wird aktuell in den „Guidelines for drinking-water quality“ (4. Ausgabe, 2022, 4. Kapitel) der WHO vorgestellt. Es dient der Sicherstellung der Wasserqualität vom Trinkwassereinzugsgebiet bis zum Verbraucher. Dazu werden mögliche Gefährdungen analysiert, Risiken abgeschätzt und Maßnahmen zu ihrer Reduzierung identifiziert.

Die vom Umweltbundesamt herausgegebene Broschüre „Das Water-Safety-Plan-Konzept: Handbuch für kleine Wasserversorgungen“ beschreibt die einzelnen Schritte bei der Entwicklung und Umsetzung des WSP-Konzepts. Das dazu gebildete Team sollte von einer technischen Führungskraft geleitet werden, deren Qualifikation mindestens den Anforderungen des DVGW-Arbeitsblattes W 1000 „Anforderungen an die Qualifikation und die Organisation von Trinkwasserversorgern“ entspricht. Das für die Entwicklung und Umsetzung des WSP-Konzepts gebildete Team muss folgende Aufgaben lösen:

- Vollständige, überprüfte und bestätigte Beschreibung des Wasserversorgungssystems
- Analyse möglicher Gefährdungen und der Ereignisse, die diese auslösen können
- Abschätzung des Ausgangsrisikos und Definition des erforderlichen Handlungsbedarfs
- Erfassung von Maßnahmen zur Risikobeherrschung und Bestätigung ihrer Eignung
- Abschätzung des Restrisikos und Ableitung von Handlungsbedarf
- Überwachungssystem für gewählte Maßnahmen und Festlegung von Korrekturmaßnahmen

- Nachweis der Versorgungssicherheit mit Erreichen der Ziele des WSP
- Einrichtung eines Dokumentationssystems zur Erfassung der Arbeitsergebnisse des WSP
- Zyklen und Verfahrensweisen für die Revision und Fortschreibung des WSP

Die grundlegenden Elemente des WSP-Konzepts wurden in die DIN EN 15975-2:2013-12 Sicherheit der Trinkwasserversorgung – Leitlinien für das Risiko- und Krisenmanagement – Teil 2: Risikomanagement einbezogen, die sich ausschließlich mit dem Risikomanagement von Wasserversorgungsunternehmen befasst.

Umfangreiche Beispiellisten zu Gefährdungsereignissen und Auslösern von Krisen sowie Maßnahmen zur Risikobeherrschung sind im DVGW-Merkblatt W 1001:2020-11 „Sicherheit in der Trinkwasserversorgung – Risiko- und Krisenmanagement" enthalten.

Stichwortverzeichnis

A

B

D

E

F

G

I

K

L

M

N

P